哈佛百年经典

民间传说与寓言

伊索寓言/格林童话/安徒生童话

[古希腊]伊　索 / [德]格林兄弟 / [丹麦]安徒生◎著

[美]查尔斯·艾略特◎主编

毛　智◎译

北京理工大学出版社

BEIJING INSTITUTE OF TECHNOLOGY PRESS

图书在版编目（CIP）数据

民间传说与寓言 /（古希腊）伊索，（德）格林兄弟，（丹）安徒生著；毛智译. —北京：北京理工大学出版社，2013.10（2019.9重印）

（哈佛百年经典 /（美）艾略特主编）

ISBN 978-7-5640-7774-7

Ⅰ. ①民… Ⅱ. ①伊… ②格… ③安… ④毛… Ⅲ. ①寓言 – 作品集 – 古希腊 ②童话 – 作品集 – 德国 – 近代 ③童话 – 作品集 – 丹麦 – 近代 Ⅳ. ①I545.74 ②I516.88 ③I534.88

中国版本图书馆CIP数据核字(2013)第114761号

出版发行 / 北京理工大学出版社有限责任公司

社　　址 / 北京市海淀区中关村南大街 5 号

邮　　编 / 100081

电　　话 /（010）68914775（总编室）

82562903（教材售后服务热线）

68948351（其他图书服务热线）

网　　址 / http: //www.bitpress.com.cn

经　　销 / 全国各地新华书店

印　　刷 / 三河市金元印装有限公司

开　　本 / 700 毫米 × 1000 毫米　1/16

印　　张 / 21.5

字　　数 / 301千字

版　　次 / 2013年 10 月第 1 版　2019 年 9 月第 3 次印刷

定　　价 / 58.00元

责任编辑 / 梁铜华

文案编辑 / 吴　博

责任校对 / 周瑞红

责任印制 / 边心超

出版前言

人类对知识的追求是永无止境的，从苏格拉底到亚里士多德，从孔子到释迦摩尼，人类先哲的思想闪烁着智慧的光芒。将这些优秀的文明汇编成书奉献给大家，是一件多么功德无量、造福人类的事情！1901年，哈佛大学第二任校长查尔斯·艾略特，联合哈佛大学及美国其他名校一百多位享誉全球的教授，历时四年整理推出了一系列这样的书——《Harvard Classics》。这套丛书一经推出即引起了西方教育界、文化界的广泛关注和热烈赞扬，并因其庞大的规模，被文化界人士称为The Five-foot Shelf of Books——五尺丛书。

关于这套丛书的出版，我们不得不谈一下与哈佛的渊源。当然，《Harvard Classics》与哈佛的渊源并不仅仅限于主编是哈佛大学的校长，《Harvard Classics》其实是哈佛精神传承的载体，是哈佛学子之所以优秀的底层基因。

哈佛，早已成为一个璀璨夺目的文化名词。就像两千多年前的雅典学院，或者山东曲阜的“杏坛”，哈佛大学已经取得了人类文化史上的“经典”地位。哈佛人以“先有哈佛，后有美国”而自豪。在1775—1783年美国独立战争中，几乎所有著名的革命者都是哈佛大学的毕业生。从1636年建校至今，哈佛大学已培养出了7位美国总统、40位诺贝尔奖得主和30位普利策奖获奖者。这是一个高不可攀的记录。它还培养了数不清的社会精英，其中包括政治家、科学家、企业家、作家、学者和卓有成就的新闻记者。哈佛是美国精神的代表，同时也是世界人文的奇迹。

而将哈佛的魅力承载起来的，正是这套《Harvard Classics》。在本丛书里，你会看到精英文化的本质：崇尚真理。正如哈佛大学的校训："与柏拉图为友，与亚里士多德为友，更与真理为友。"这种求真、求实的精神，正代表了现代文明的本质和方向。

哈佛人相信以柏拉图、亚里士多德为代表的希腊人文传统，相信在伟大的传统中有永恒的智慧，所以哈佛人从来不全盘反传统、反历史。哈佛人强调，追求真理是最高的原则，无论是世俗的权贵，还是神圣的权威都不能代替真理，都不能阻碍人对真理的追求。

对于这套承载着哈佛精神的丛书，丛书主编查尔斯·艾略特说："我选编《Harvard Classics》，旨在为认真、执著的读者提供文学养分，他们将可以从中大致了解人类从古代直至19世纪末观察、记录、发明以及想象的进程。"

"在这50卷书、约22000页的篇幅内，我试图为一个20世纪的文化人提供获取古代和现代知识的手段。"

"作为一个20世纪的文化人，他不仅理所当然的要有开明的理念或思维方法，而且还必须拥有一座人类从蛮荒发展到文明的进程中所积累起来的、有文字记载的关于发现、经历以及思索的宝藏。"

可以说，50卷的《Harvard Classics》忠实记录了人类文明的发展历程，传承了人类探索和发现的精神和勇气。而对于这类书籍的阅读，是每一个时代的人都不可错过的。

这套丛书内容极其丰富。从学科领域来看，涵盖了历史、传记、哲学、宗教、游记、自然科学、政府与政治、教育、评论、戏剧、叙事和抒情诗、散文等各大学科领域。从文化的代表性来看，既展现了希腊、罗马、法国、意大利、西班牙、英国、德国、美国等西方国家古代和近代文明的最优秀成果，也撷取了中国、印度、希伯来、阿拉伯、斯堪的纳维亚、爱尔兰文明最有代表性的作品。从年代来看，从最古老的宗教经典和作为西方文明起源的古希腊和罗马文化，到东方、意大利、法国、斯堪的纳维亚、爱尔兰、英国、德国、拉丁美洲的中世纪文化，其中包括意大利、法国、德国、英国、西班牙等国文艺复兴时期的思想，再到意大利、法国三个世纪、德国两个世纪、英格兰三个世纪和美国两个多世纪的现代文明。从特色来看，纳入了17、18、19世纪科学发展的最权威文献，收集了近代以来最有影响的随笔、历史文献、前言、后记，可为读者进入某一学科领域起到引导的作用。

这套丛书自1901年开始推出至今，已经影响西方百余年。然而，遗憾的是中文版本却因为各种各样的原因，始终未能面市。

2006年，万卷出版公司推出了《Harvard Classics》全套英文版本，这套经典著作才得以和国人见面。但是能够阅读英文著作的中国读者毕竟有限，于是2010年，我社开始酝酿推出这套经典著作的中文版本。

在确定这套丛书的中文出版系列名时，我们考虑到这套丛书已经诞生并畅销百余年，故选用了“哈佛百年经典”这个系列名，以向国内读者传达这套丛书的不朽地位。

同时，根据国情以及国人的阅读习惯，本次出版的中文版做了如下变动：

第一，因这套丛书的工程浩大，考虑到翻译、制作、印刷等各种环节的不可掌控因素，中文版的序号没有按照英文原书的序号排列。

第二，这套丛书原有50卷，由于种种原因，以下几卷暂不能出版：

英文原书第4卷：《弥尔顿诗集》

英文原书第6卷：《彭斯诗集》

英文原书第7卷：《圣奥古斯丁忏悔录 效法基督》

英文原书第27卷：《英国名家随笔》

英文原书第40卷：《英文诗集1：从乔叟到格雷》

英文原书第41卷：《英文诗集2：从科林斯到费兹杰拉德》

英文原书第42卷：《英文诗集3：从丁尼生到惠特曼》

英文原书第44卷：《圣书（卷Ⅰ）：孔子；希伯来书；基督圣经（Ⅰ）》

英文原书第45卷：《圣书（卷Ⅱ）：基督圣经（Ⅱ）；佛陀；印度教；穆罕默德》

英文原书第48卷：《帕斯卡尔文集》

这套丛书的出版，耗费了我社众多工作人员的心血。首先，翻译的工作就非常困难。为了保证译文的质量，我们向全国各大院校的数百位教授发出翻译邀请，从中择优选出了最能体现原书风范的译文。之后，我们又对译文进行了大量的勘校，以确保译文的准确和精炼。

由于这套丛书所使用的英语年代相对比较早，丛书中收录的作品很多还是由其他文字翻译成英文的，翻译的难度非常大。所以，我们的译文还可能存在艰涩、不准确等问题。感谢读者的谅解，同时也欢迎各界人士批评和指正。

我们期待这套丛书能为读者提供一个相对完善的中文读本，也期待这套承载着哈佛精神、影响西方百年的经典图书，可以拨动中国读者的心灵，影响人们的情感、性格、精神与灵魂。

目录 Contents

伊索寓言

Æsop's Fables

〔古希腊〕伊索

主编序言

讲故事是人类最古老的一种文明形式。我们现在之所以能够了解最古老的文明，了解最原始时期的野蛮状况，都要归功于研究者们根据那些经久相传的故事还原出了真相。从有文字记录以来，历朝历代都有人深入各个地区、各个角落，收集那里口口相传的故事样本，并加以整理，使得这些故事得以保存下来。更有统治者，将这些故事用于宗教与教育，表现爱国与政治思想。更重要的是，这些经久不衰的故事中，蕴含着人类永恒的智慧。

最古老的故事形式是神话，不是古希腊史诗和戏剧中华丽与繁冗的故事，而是纯粹简单的神话。神话是原始科学对一些自然现象的解答，比如对打雷和下雨的解释、对人类起源的解释以及火是怎么来的，还有人类的疾病与死亡是怎么回事等。这些神话的形成源于“泛灵论”理论，它认为每一种物体、每一种现象都有性格生命，认为世间的各种存在，比如人类、狗或石头都没有任何不同。神话这种形式具有全球性，同样的神话也在美洲印第安人中口口相传。这可能是因为一个故事从一个男人传到一本日志上，或者因为婚姻而传到一个女人那里。这些动物故事起源于人类的信仰状态，表现了人类起源的迹象，并成为神话的源泉。

因此在远古神话中，自然力量的各种神灵并不是人类的化身，当时的故事中就没有出现人。神话述说者口中的风暴、海洋以及饥荒实际上就是人本身。文学神话中的象征性部分是后来发展的结果，只有人类逐渐从非人类意识中独立出来，这种象征性才成为可能。随着这种意识的觉醒，人类尝试把神话故事从原始的形态变成新的思维模式，这是一个让神话故事开始变得更加合乎情理、更加可信的漫长过程。

但也因此，当神话被改编成文明人的宗教时，那些产生原始宗教的思维方式，才能在一定程度上通过通俗的故事延续下去。这些故事从不伪装成科学或宗教，又因为它们能娱乐大众，所以在相对简单的环境中，这类故事通过口口相传的方式流传至今。后来，随着印刷的出现，在广泛传播的出版物冲击下，这种口口相传的传播方式已经濒临消失。不过令人欣慰的是，许多神话故事都被收集成册，而在本书中，格林兄弟搜集的童话和家庭故事就是其中的杰出代表。

成书较为久远，但在形式上又不“原始”的当属《伊索寓言》。这些寓言故事中，有泛灵论时期的典型特征，故事主角并无任何人或动物的特征可言，这些故事有意识地传递双重内涵，旨在通过故事的形式传达智慧和道理。这些寓言不是民间的产物，而是作家的作品。尽管有时是通过口口相传而来，但它仍被认为是真正的文学作品。

创作时期与形式上更进一步的是以汉斯·克里斯蒂安·安徒生为代表的现代故事。19世纪，丹麦诞生了一位不同寻常的讲幽默故事的人，他反复讲述格林童话，而后又去尝试讲自己创作的新故事，这些新故事很受欢迎。安徒生的新童话多半是受传统故事启发而来，因而现代学者认为安徒生童话是在原始民间故事影响下创作完成的。

伊索不仅仅是一个虚名。据希罗多德记载，伊索来自公元前16世纪中叶繁荣的萨摩斯岛。他的名字曾一度出现在希腊暴力统治者赤裸裸的威胁演讲中。距离伊索生活的时代250年后，来自法勒伦的德米特里厄斯收集了大量寓言，并用伊索的名字命名。到了奥古斯都时代，一个名叫费德若斯的人把其中一个版本改编成了拉丁语言。费德若斯的这一版本是现代伊索寓言的主要来源，但没有人敢断言今天的寓言版本就是萨摩斯岛奴隶伊索所作。

与希腊一样，印度的民间故事很早就开始盛行。我们这个时代伊始，出现了一部来自西方亚历山大大帝时期与德米特里厄斯有关的僧人合集，并由瓦勒留·巴布里乌斯翻译成希腊版本。几个世纪以来，巴布里乌斯的希腊散文版本被认为是伊索寓言的原创版。这一收集道德寓言故事的习惯也促进了东方寓言文学的发展。

欧洲历史上的合集中，瓦勒留与巴布里乌斯合著的寓言是目前最优秀的文本之一，里面有很多细节还有待商榷。另外，通过其他途径还有很多版本，这些故事经过多次转述，与原著已有不小差异；而伊索作为著作的名字继续保留下来，成为这类口述性野兽动物类寓言故事的代表。在本版本中，这些寓言故事由约瑟夫·雅各布用简单的语言叙述而来，并选择了当今最流行的故事。只要稍加阅读，就能发现这些简单的故事早已成为人类各个民族最宝贵的财富。

查尔斯·艾略特

1.公鸡和珍珠

一天，有一只公鸡和母鸡们正满地啄来啄去，寻找着食物。突然，公鸡在草堆中发现有东西在闪闪发光。

“吼吼！”公鸡说道，“那是我的啦！”很快就把那个闪光的东西从草堆里挖了出来，居然是一颗被人丢在地上的珍珠！

公鸡感叹道：“对喜欢珍珠的人类来说，这的确是一个宝贝啊！但对于我这只公鸡而言，我情愿找到的是一粒米而不是珍珠啊！”

珍贵的物品只为懂它的人而存在。

2.狼和小羊

狼来到山间的小溪边喝水。抬头一看，发现不远处的小溪下游有只小羊正在喝水。

“真是送上门的晚餐啊！”狼心里想，“我抓他前得找个借口。”于是狼冲着小羊大声喊：“你好大的胆子，竟敢把我喝的水弄脏！”

“不是这样的，狼先生。”小羊辩解道，“即使您那里的水脏了，也不可能是我弄脏的，因为这水流是从您那里流到我这里的啊！”

狼气冲冲地说：“就算是这样吧，你这个坏家伙！我听说，去年你背地里说了我不少坏话！”

小羊喊道：“那是不可能的，狼先生。我现在只有六个月大，去年我还没有生下来呢！”

“我不管，说我坏话的不是你，就是你爸爸！”说着狼就恶狠狠地向小羊身上扑去，哇哇地，很快就把小羊吃掉了。

临死前，小羊喘着气说：

“暴君总能找到借口。”

3.狗和倒影

狗碰巧得到一块肉，就叼着它准备回家慢慢吃。

在他回家的路上，需要穿过一座木板桥。经过桥时，他看到桥下河水里自己的倒影，误将其当成了另一只狗。

他看河水里的狗也叼着一块肉，就决心把那块肉抢过来。于是他向水里的影子狂吠，但当他张开嘴的时候，自己叼着的肉却掉进了水里，再也看不到了。

切莫追逐幻影而丢失已有的东西。

4.狮子的份额

一天，狮子和狐狸、豺、狼一起去打猎，在途中发现一只牡鹿。他们很快就把牡鹿咬死了。接下来就是要研究如何分配这个猎物。

“给我把这猎物分成四份！”狮子咆哮着。于是狐狸、豺和狼把牡鹿剥皮后分成了四份。

然后，狮子站在牡鹿残骸前，宣布分配方案：“第一份归我，因为我是百兽之王；第二份也归我，因为我充当了裁判；第三份还是我的，因为我在追逐猎物中起到了很大的作用；至于第四份嘛，我倒是很想看看你们谁敢动他一下试试。”

“哼！”狐狸夹着尾巴边走边嘟囔，低声抱怨道，

“弱小者往往出最多的力，分最少的羹。”

5.狼和鹤

狼在大口吞食自己的猎物时，一块小骨头突然卡在他的喉咙里，无法下咽。很快，狼就感到了喉咙剧痛，他向自己遇到的每一个动物求救，希望可以把喉咙里的骨头取出来。

“如果谁能帮我把骨头取出来，我愿意回报他任何东西。”狼说。

最后，鹤表示愿意试试。他让狼躺下，尽可能地张大嘴巴，接着鹤把自己的脖子伸进狼的喉咙里，用嘴巴一点点移动骨头直到将它取出来。

“你可以把你答应过的报酬给我了吗？”鹤很有礼貌地问。

狼咧开嘴，露着牙齿，说：“知足吧，你把脖子伸进我的嘴巴里还能安然无恙地出来，这就是足够的奖赏了。”

不要试图让贪婪的人感激你。

6.农夫与蛇

农夫的儿子偶然踩到了蛇的尾巴，蛇转过身来把他咬死了。父亲愤怒地拎着斧子去追蛇，追逐中砍掉了蛇的尾巴。于是，蛇就咬农夫的牛作为报复，农夫遭受了很大的损失。

后来，农夫认为他最好与蛇和解，就带着食物和蜂蜜来到蛇的洞穴，说：“让我们忘掉过去的事，互相原谅吧。也许你咬死我的儿子，弄伤我的牛是应该的，同样地，我为儿子报仇也没有错。现在我们都应该满意了，今后我们为什么不友好相处呢？”

“不，不可能！”蛇说，“拿走你的东西！你永远也不可能忘掉你儿子的死，我也不可能忘掉自己失去的尾巴。”

伤害也许会被原谅，但从不可能被遗忘。

7.城里老鼠和乡下老鼠

一天，城里老鼠到他的乡下表弟家做客。乡下老鼠举止粗野，但他非常高兴城里的表哥能来串门，于是热情地款待了他。乡下老鼠慷慨地拿出自己所有的食物招待城里来的表哥，有黄豆、腌肉、奶酪和面包。

城里老鼠仅仅伸了下鼻子闻了闻，说：“我真无法理解，表弟，你竟然吃得这么寒酸，当然，乡下顶多也就是这种水平了。跟我走吧，去看看城里的生活。”说罢两只老鼠就动身了，当天晚上就到了城里老鼠的住处。

“走了这么远的路，你应该需要点儿点心充饥了吧？”城里老鼠有礼貌地说道，然后就带着自己的乡下表弟来到了豪华的餐厅。这里刚刚结束了一场宴会，两只老鼠很快吃光了美味的果酱和蛋糕。

突然，外面传来咆哮声。

“什么声音？”乡下老鼠问。

“那只不过是看守这所房子的狗而已。”城里老鼠回答。

“只不过？！”乡下老鼠说，“我可受不了吃东西的时候听到狗叫声。”

话音刚落，门就开了，冲进来两只巨大的狗，两只老鼠立刻仓皇而逃。

“表哥，我要走了。”乡下老鼠说。

城里老鼠很是不解：“这么快就走？”

“是的。”乡下老鼠回答，“粗陋简朴的安稳生活远好于担惊受怕的风光生活。”

8.狐狸和乌鸦

乌鸦叼着一块奶酪，站在树上休息，被狐狸看到了。

狐狸自言自语道：“我要想办法吃到奶酪。”

狐狸走到了乌鸦休息的树下，说：“亲爱的乌鸦小姐，你好。你今天看起来真漂亮啊，羽毛闪闪发光，眼睛炯炯有神。我想，你的歌喉也一定像你的美貌一样无与伦比吧。请鸟中女王乌鸦小姐赏脸为我高歌一曲吧！”

听完狐狸的话，乌鸦抬头大声地唱了起来，刚一张嘴，奶酪就掉下去了，狐狸立刻叼住了它。

“奶酪是我的了。”狐狸说，“作为交换，我给你一个建议吧——以后不要轻信别人的奉承。”

9.生病的狮子

一头年老体衰的狮子病得有气无力，奄奄一息地躺在自己的洞口。看着他越来越衰弱，他的仇敌们围在他的周围。发现狮子快要死的时候，他们认为报仇的时候到了。

一头野猪冲到狮子身边，用牙咬他。接着，一头野牛用角顶他。狮子毫无办法。

当驴子看到可以对这个庞大的野兽为所欲为时，也用自己的蹄子去踩狮子的脸。

这头快要断气的狮子说：“我已经勉强忍受了勇者的施暴，还要含羞忍耐你们这帮小丑的侮辱，真是死不瞑目啊。”

只有懦夫才会羞辱濒死的强者。

10.驴和狗

一天，农夫来到马厩里看望饲养的牲畜。农夫最喜欢驴了，不仅精心喂养，还常常牵着它到处溜达。

农夫来到马厩，身后的狗围着主人蹦蹦跳跳，高兴地不时舔着主人的手。农夫从口袋里掏出好吃的东西递给狗，然后坐下来吩咐仆人做事。狗趴在农夫的腿上，舒服地眨巴着眼睛享受主人给它挠耳朵。

驴看到了，挣脱了缰绳，模仿着狗的样子欢快地跳过来。农夫看到不禁哈哈大笑。驴兴奋地跑过来，像狗一样把前蹄子搭在农夫的肩膀上，试图爬上主人的膝盖。

仆人们见状立刻拿着木棍和草耙把驴打开，驴很快就知道了：

“笨拙的把戏可不是闹着玩的。”

11.狮子和老鼠

一天，狮子正在睡觉，一只小老鼠从它身边跑过去把他吵醒了。狮子伸出自己巨大的爪子抓住了老鼠，张开血盆大口要把老鼠吃掉。

“狮子大王，”小老鼠大喊，“您饶了我这次吧，我会永远记着您的大恩大德，我一定会报答您的。”

尽管狮子不相信老鼠能在什么地方帮上自己，但还是把老鼠放走了。

没过多久，狮子掉到了猎人挖好的陷阱里。猎人们打算呈献给国王一只活狮子，就把它拴在了一棵树上，然后他们就去寻找能拉狮子的车了。

刚巧，老鼠从这里经过，看到了被绑住的狮子，就过来把捆着狮子的绳子咬断了。

老鼠说：“我说对了吧！”

弱小的朋友也可能会给你带来很大的帮助。

12.燕子和其他的鸟

一个乡下人正在往地里播撒茼麻种子。燕子和其他的鸟都希望能吃些种子充饥。

“小心那个农夫。”燕子说。

“为什么，他在做什么？”别的鸟问。

“他在播种茼麻种子。咱们最好把那些茼麻种子全拣出来，不然将来我们会后悔的。”

但是其他的鸟并没把燕子的话放在心上。

不久以后，这些苘麻都长好了并被制成绳子，这些绳子又被做成了网。这些网被人们用来捕捉鸟类，那些忽视燕子的警告的鸟，都被网子捉走了。

“我以前告诉过你们的。”燕子说。

邪恶的种子，如果不及时除掉，任其生长，将后患无穷。

13.想要被统治的青蛙

一群青蛙在适宜生存的湿软的沼泽地里快乐地生活着，他们嬉戏玩耍，过着无拘无束、自由自在的日子。一些青蛙觉得这样生活是不对的，他们应该有一个国王与合适的宪法，于是他们就向神请愿赐给他们一个国王。

“伟大的神啊，”他们喊着，“请赐给我们一个统治我们的国王吧，他能让我们过上有秩序的生活。”

神被他们吵烦了，就向沼泽地里扔了一根大圆木。圆木“扑通”一声掉在了沼泽地里，青蛙们被这巨响吓坏了，全都躲到暗处打量着这个可怕的怪物。但过了一会儿，“怪物”一动也不动。几个胆大的青蛙冒险来到圆木跟前，甚至大着胆子去碰它，它还是一动也不动。最勇敢的青蛙英雄跳到圆木上跳起舞来，其他青蛙也都学着他的样子跳了起来。

接下来的一段日子，青蛙们每天都忙自己的事情，不用再小心翼翼地观察躺在沼泽中央的新国王的一举一动。

但这并不是他们想要的，所以他们再次向神请求，说：“我们想要一个真正能统治我们的国王。”这次神真的生气了，他决定派仙鹤给青蛙们当国王。

仙鹤很快就把青蛙们吃掉了，青蛙们后悔都来不及了。

没有统治比残暴的统治好得多。

14.大山临盆

一天，人们注意到大山要分娩了，浓烟从山顶上不断冒出，山脚下的地面也不断颤抖，树木都断裂了，大石头不断滚落。人们认为一定有可怕的事情要发生了。于是，大家聚在一起等待着可怕的事情降临。他们等啊等，但是什么也没发生。

后来发生了一场更强烈的地震，一条巨大的裂缝从大山中间裂开。人们都跪下来等候着。最后的最后，一只极小极小的老鼠从裂缝中探出了它的小脑袋，然后爬出来跑向人群。

从此之后，人们就常常说："雷声大，雨点小。"

15.兔子和青蛙

兔子们被其他野兽吓得不知道该往哪里去了。只要一有动物接近他们，他们立刻拔腿就逃。

一天，他们看到一群野马蜂拥逃窜，兔子们陷入了巨大的恐慌之中。他们觉得与其这样担惊受怕地活着，不如干脆投湖自尽的好。

他们跑到湖边，一群青蛙听到兔子的脚步声害怕极了，他们纷纷惊慌失措地跳入水中。一只兔子说：

"事情并不像看上去那么糟糕，总有一些人比我们还要弱小。"

16.狼和小孩

一个小孩爬到了房顶上，看到一只狼在下面经过。他立刻张口大骂，嘲笑狼："杀人犯！小偷！你来人们居住的地方做什么？你做了那么多的坏事，居然还有胆子出现！"

"尽情地骂吧，小孩！"狼说，"站在安全的地方是很容易表现得勇敢的。"

17.樵夫与蛇

寒冷的一天，樵夫忙完了一天的工作正往家里走，看到雪地上躺着一个黑色的东西。当他走近一些，他看到是一条快要冻死的蛇。他把蛇捡起来放到自己的胸前给它取暖，并匆匆地往家赶。一进门，他就把蛇放在炉火旁边的炉床上。

孩子们见了，看着蛇一点点苏醒过来。一个孩子弯下腰来去摸蛇，但蛇立刻抬起头来伸出它的毒牙把孩子咬死了。樵夫举起斧子砍向蛇，一下把蛇砍成两半。

“唉，”樵夫说，“就不能对坏人发善心啊！”

18.秃头男人和苍蝇

炎热的夏天，一个秃头男人忙完了一天的工作坐下来休息。一只苍蝇飞过来，在他光秃秃的脑袋上嗡嗡作响，不时地叮他一下。秃头男人瞄准苍蝇打过去，但“啪”的一声，他打到了自己的脑袋。过了一会儿苍蝇又来骚扰他，但这次秃头男人学聪明了，他说：

“老是盯着卑劣的敌人不放，最后伤到的只能是自己。”

19.狐狸和鹳

狐狸和鹳互相串门，就像好朋友一样。

一天，狐狸邀请鹳来吃饭。但是狐狸好像开玩笑一样，什么都没准备，只是在很浅的盘子里倒了一点儿汤。狐狸可以很轻易地喝到汤，但鹳只能把嘴在盘子里沾湿。吃罢这顿饭他依然像没吃前一样饿。

“很抱歉，”狐狸说，“这汤不合你的口味。”

“请不要道歉，”鹳说，“我希望你能回访我家，很快我们就又可以共进午餐了。”

于是，狐狸约好了拜访鹳的时间。

到了那天，他坐到餐桌前，发现桌上所有的食物都盛放在长长的细口瓶里。狐狸根本没办法把鼻子塞进去，所以他只能舔舔瓶子的外面。

“我不会为这顿饭抱歉的，”鹳说，“不周的招待理应得到不周的回报。”

20.狐狸与面具

狐狸设法进入了剧场的储物间。忽然，他发现有一双眼正瞪着自己，就害怕起来。狐狸凑近了再看，发现它只不过是演员经常戴的面具而已。

“嗨，”狐狸说，“你看上去很不错，但可惜的是没有脑子。”

没有内涵，也仅仅是徒有其表罢了。

21.松鸡和孔雀

一只松鸡壮着胆子走到孔雀们经常散步的院子里，发现地上有很多孔雀换毛时掉下来的羽毛。松鸡把这些孔雀羽毛系在自己的尾巴上，趾高气扬地走向孔雀们。

当松鸡走近的时候，孔雀们立刻发现了这个冒牌货，他们走向松鸡啄他，把他插着的孔雀羽毛全拽了下来。

这只松鸡没办法，只能回到松鸡群里去，其他松鸡远远看到了他刚才的所作所为，他们也都像孔雀一样嘲笑他：

“华丽的外表并不能带来充实的内心。”

22.青蛙和公牛

“哦，爸爸，”小青蛙对坐在水塘边上的老青蛙说，“我看到了一只可怕的怪物！他像山那么大，头上有角，还有一根长长的尾巴，他的蹄子会分成两瓣。”

“镇静，孩子。镇静一点儿，”老青蛙说，“那只不过是农夫怀特的公牛而已。他也没有那么大，也许只是比我高一点，我可以很容易让自己变大，你看着。”

于是，老青蛙就吹啊，吹啊，不停地吹。

“他是这么大吗？”老青蛙问。

“哦，比这大多了。”小青蛙说。

老青蛙把自己又吹大了一点儿，问小青蛙自己是不是像公牛一样大。

“大一点，爸爸，再大一点。”小青蛙回答道。

于是老青蛙又深吸一口气，让自己变得更加膨胀。

他说：“我确信公牛没有我这么大——”但就在这时，老青蛙把自己吹爆了。

盲目自大将导致自我毁灭。

23.安德鲁克里斯

一个名叫安德鲁克里斯的奴隶从他的主人那里逃了出来，跑向森林。他发现森林里有一只狮子正躺在地上不停地呻吟。

开始的时候，他没有理会，继续跑。但是那只狮子并没有来追赶他，最后他决定返回狮子身边。

当他走近的时候，狮子伸出自己的爪子。它的爪子肿着，并不停地流血。安德鲁克里斯发现有一根巨大的刺扎在狮子的爪子上，是这根刺引起的疼痛。他把这根刺拔了出来，并给狮子的爪子包扎好。康复了的狮子非常感谢安德鲁克里斯，它像狗一样舔他的手。

狮子把安德鲁克里斯带到自己的洞穴，每天都带肉给他吃。但是不久，人们找到了安德鲁克里斯，并把他和狮子一起捉住了。

残酷的人们把安德鲁克里斯捆好，把狮子带走并饿了好几天，他们想要在竞技场上让这只饥饿的狮子吃掉自己的恩人安德鲁克里斯。

那一天很快就来了，皇帝和大臣们也都来看这一幕。

安德鲁克里斯被带到了竞技场的中心，很快，狮子也被从笼子里放了出来。

它快速地冲过栏杆，咆哮着冲向他的食物。

但当他来到安德鲁克里斯身边时，他认出了自己的朋友。他没有吃他，反而像只可爱的狗一样舔他的手。

皇帝看到眼前的这一幕非常吃惊，就把安德鲁克里斯叫来询问。安德鲁克里斯把事情的整个经过讲给了皇帝听。

后来，奴隶安德鲁克里斯被赦免并释放了，狮子也重归大森林。

懂得感恩是灵魂高贵的标志。

24.蝙蝠，鸟类和野兽

鸟类和野兽之间爆发了一场大的冲突。当两只军队都在集结的时候，蝙蝠犹豫了，他不知道该加入哪一边。

鸟类经过他栖息的地方时说："加入我们吧。"

但蝙蝠说："我是野兽。"

不久，一些野兽从他栖息的地方经过，抬头看到他时说："加入我们吧。"

但蝙蝠说："我是只鸟。"

幸运的是，最后时刻和平降临了，战争没有爆发。于是蝙蝠就来到鸟类中间想与他们一起庆祝。但所有的鸟都不理他，他只能飞走了。蝙蝠又去到野兽那里，但很快也撤回来了，不然他会被撕成碎片。

"唉，"蝙蝠说，

"我明白了，没有立场的人是没有朋友的。"

25.鹿和猎人

鹿在水塘边喝水，陶醉地看着自己在水中的美丽倒影。

“啊，”他说，“哪里能看到这么漂亮的鹿角啊，还有这么美丽的鹿茸！我多希望我的腿也能配得上我头上这‘美丽的王冠’。啊，可惜，它们却是这样的瘦弱和苗条。”

这时，猎人接近了鹿，并且拿箭射向了他。

鹿跳起来就跑，很快，凭借他敏捷的腿，几乎逃离了猎人的视线。但当他跑过那些树时，低矮的树枝缠住了他的鹿角。这时猎人赶到了。

“唉！”鹿哀嚎道，“我们经常轻视那些对我们最有用的东西。”

26.蛇和锉刀

一条蛇在溜达的时候进入了一个盔甲店。当他在地面上滑行的时候，他发觉自己的皮肤被地上的一把锉刀戳伤了。出于报复心理，蛇绕了回来，伸出自己的毒牙咬向锉刀，但他根本不能对这厚重的铁器造成任何伤害。很快，他平息了自己的愤怒。

攻击麻木不仁的东西是毫无用处的。

27.人和树林

一个人手里拎着把斧子走进小树林，他请求这些树能给他一根小树枝，说自己有特殊的用途。

树很好心，给了他一根树枝。

这个人得到树枝后，就把树枝安到了斧头上，很快便砍倒了一棵又一棵的树。

这时，树才意识到自己多么愚蠢——

自己教给敌人毁掉自己的方法。

28.狗和狼

一只枯瘦的狼快要饿死了，这时他碰到了一只刚好经过这里的家养小狗。

“嗨，堂哥，”小狗说，“我知道是怎么回事了，你不规律的生活将很快毁掉你的。为什么不像我一样找份稳定的工作，按时吃有规律的食物呢？”

“我不反对，”狼说，“如果你能找到这么个地方。”

“我很容易就能为你安排好的，”狗说，“跟我一起去见我的主人吧。你可以和我一起工作。”

于是狼和狗一起回到了镇上。

在路上，狼看到狗脖子上有一圈毛磨损得很厉害，于是狼问狗是怎么回事。

“哦，没关系的，”狗说，“就是工作的时候，主人会给我套上链子，有一点磨，不过很快就能习惯的。”

“就这些吗？”狼说，“拜拜吧，主人的狗。”

与其做个饱餐终日的奴隶，宁愿自由自在地饿着。

29.胃和其他器官

人体的各个器官都承担着各种工作，而胃却吃掉了所有的食物。所以他们开了一个会，经过了长时间的讨论，决定罢工，直到胃同意承担适当份额的工作。

接下来的几天里，手拒绝去取食物，嘴拒绝张开来接收食物，牙齿也不去咀嚼。

又过了几天，器官们发现他们自己陷入了一种不太好的状态中：手几乎无法动弹了，嘴巴也干透了，腿根本无法支撑起身体。

于是，他们发现胃一直以来不太显眼的安静工作是身体正常运转的必要条件，他们必须通力合作，不然身体就只是一堆零件。

30.畜栏里的鹿

一只鹿被一群猎狗追赶，躲到了牛的畜栏里。它用一堆干草把自己埋了起来，只露出鹿角来。很快猎人们就到了，询问是否有人看到一只鹿。看牛的孩子们刚刚吃饭回来，四下张望了一圈，没看到鹿，于是猎人们就走了。

不一会儿，主人回来了，到处逛了逛，发觉有些不对劲儿。他指着这干草堆问："草堆上插着的两个奇怪东西是什么？"男孩们走过去察看，发现原来是鹿角，很快就把鹿抓住了。

男孩发自内心地觉得——

没有什么东西能逃得过主人的眼睛。

31.狐狸和葡萄

一个炎热的夏天，狐狸散步来到一个果园，他发现有一串葡萄看上去已经成熟了，高高地挂在修剪过的葡萄藤上。

"正是解渴的好东西啊！"狐狸想。

狐狸退后几步，冲过来起跳，但还是没能够到那串葡萄。

一次又一次地尝试，但始终也没能摘到葡萄。

一次又一次的失败后，葡萄的诱惑变小了。

最终，狐狸决定放弃，走开的时候还深深地吸了口气，说："这葡萄肯定是酸的。"

贬低自己得不到的东西是件很容易的事。

32.马、猎人和牡鹿

马和牡鹿因为吵架而反目成仇，马找到猎人请求他帮助自己去报复牡鹿。

猎人同意了，但他说："如果你非常想征服牡鹿的话，你必须允许我把这铁片勒在你的嘴巴里，这样我就可以用这缰绳来驾驭你；还要允许我把这马鞍放在你背上，这样我就可以稳稳地坐在你的背上，以尽可能快地去追赶敌人。"

马答应了这些条件。

猎人很快就给马套好了缰绳并装上了马鞍。在猎人的帮助下，马很快就打败了牡鹿。

马对猎人说："好了，下来吧，把这些东西从我嘴里和背上拿走。"

"没有这么快，朋友。"猎人说，"我给你戴上了马嚼子和马鞍，并且很喜欢你现在的样子。"

如果你允许人们为了实现你的目的利用你，那么他们就会为了实现他们自己的目的而利用你。

33.孔雀和朱诺

孔雀向朱诺请求，使自己拥有夜莺一般的嗓音，以增加自己其他方面的魅力。但朱诺拒绝了他的请求。

孔雀坚持想要那样的嗓音，他说自己是朱诺最喜欢的鸟。

朱诺说：

"你对自己已有的特长要知足，谁也不可能在每个方面都是最好的。"

34.狐狸和狮子

当狐狸第一次看到狮子时，他吓坏了，拔腿就跑，并把自己藏在树丛中。

第二次看到狮子，狐狸站在离这百兽之王足够远的安全的地方看着狮子经过。

第三次，狐狸离狮子就很近了。

再一次见到狮子时，狐狸径直走向狮子和他一起待了一整天，询问狮子的家庭情况，并表示自己很高兴能再次看到狮子，然后就转身离开了。与狮子道别时狐狸还省去了应有的礼仪。

熟悉会滋生轻视。

35.狮子和雕像

人和狮子在讨论普遍意义上是人的力量大还是狮子的力量更大。

人坚称他自己和同伴们比狮子们更强大，因为人类更聪明。“你跟我来，”人说，“我将证明给你看我是正确的。”

于是人带着狮子来到一个公园里，指给狮子看一尊大力神的雕像，这雕像描述的是大力神打败了狮子并把狮子的嘴巴撕成了两半。

“的确不错。”狮子说，“但这证明不了什么，因为这雕像就是你们人类塑造的。”

我们很容易按照预想的样子来描绘事物。

36.蚂蚁和蚱蜢

夏日里的一天，一只蚱蜢在田地里跳来跳去，兴高采烈地叽叽喳喳唱着歌。一只蚂蚁路过，他正努力地背着一粒玉米种子返回自己的蚁穴。

“为什么不过来和我聊聊天，”蚱蜢问，“而是这样辛苦地劳作呢？”

“我在忙着储备过冬的粮食。”蚂蚁说，“我提醒你也准备些过冬的食物吧。”

“为什么要为冬天发愁呢？”蚱蜢说，“我们现在有足够的食物啊。”

但蚂蚁没有停下来，继续搬着食物。

冬天到了，蚱蜢没有食物可吃，发现自己快要饿死了。这时他看到蚂蚁们每天都从储物间里拿出夏天储存的谷物进行分配。

蚱蜢明白了——

未雨绸缪是多么的明智。

37.树和芦苇

“嗨，小个子，”树对自己脚下生长的芦苇说，“为什么你不把自己的脚使劲往地下伸呢，把你的头伸展在空中，就像我一样？”

“我很满意自己的现状。”芦苇说，“我可能并不显眼，但我更安全。”

“安全？”树冷笑道，“谁能把我连根拔起或者把我摁倒在地呢？”

但树很快就为自己的狂妄悔恨不已，因为一场飓风把他连根拔起，并像一根毫无用处的木头一样抛落在地。而芦苇则弯下腰来抵挡这狂风，当暴风雨过去后很快就重新站直了。

低调常常更安全。

38.狐狸和猫

狐狸向猫吹嘘自己有很多摆脱敌人的聪明计策。

“我有整整一麻袋的主意，”狐狸说，“包括一百种摆脱敌人的方法。”

“我只有一个，”猫说，“但我每次都能用它摆脱困境。”

这时候，他们听到了一群猎犬正在靠近，猫立刻跳上一棵树把自己藏在了树枝里。

“这就是我的方案。”猫说，“你打算怎么办呢？”

狐狸先想出一个办法，接着又想出另一个。当他正在考虑的时候，猎犬已经越来越近了。最后狐狸被猎犬抓到了，并且很快就被猎人打死了。

猫看着发生的一切，感慨道：

“一个管用的办法比一百个指望不上的主意更可靠。”

39.披着羊皮的狼

狼发现，在牧羊人及他的狗的监视下，自己很难靠近羊群。

一天，狼发现了一张被剥下来扔到一边的羊皮。他把羊皮披在自己身上，溜达着走向羊群。狼披着的羊皮是这群羊里的小羊的皮。于是，有一只小羊跟在狼身后。狼领着这只小羊走远了一些，然后很快就把小羊吃掉了。

狼偶尔伪装成羊混入羊群，成功地吃到了好几顿美味。

外表是有迷惑性的。

40.牛槽里的狗

狗要找个地方午睡，所以就跳到了牛槽里。他舒服地躺在稻草上，很快就睡着了。

不一会儿，牛结束了上午的劳作回到牛圈里。他想吃一些牛槽里的稻草。狗从睡梦中被惊醒，非常生气，他站起来冲着牛狂吠。牛一靠近，狗就试图去咬他。

最后，牛放弃了想要吃些稻草的念头。走开的时候，他喃喃地说：

“人们常常因为自己不开心就迁怒于他人。”

41.男人和木偶像

很久以前，人们崇拜树木、石头和木偶像，祈祷它们能带给人类幸运。

一个男人常常向他父亲给他的木偶像祈祷，但似乎他的运气并没有好转。他一次又一次地祈祷，但他仍然像往常一样不走运。

一天，他非常愤怒，走向那个木制的偶像，一下把这个木制的偶像从基座上打翻在地，偶像被摔成了两半。

他看到了什么?

不计其数的钱币飞落在地上。

42.渔夫

一个渔夫带着他的风笛来到河边演奏，希望笛声能把鱼引出来，但是没有一条鱼跳出水面。于是，他就把渔网撒向河里，很快就拉上来很多的鱼。

后来，他就又带着他的风笛，就像他祈祷的那样，鱼又跳进了网里。

“啊，当我演奏风笛的时候你们在跳舞。”渔夫说。

“是的。”一条老鱼回答道，“当在人类的权力范围内时，我们就必须听从你们的吩咐。”

43.放羊的孩子

从前，有个年幼的牧童在靠近森林的山脚下放羊。他整天都非常无聊，于是就想出一个计划，或许能获得同伴的陪伴，增加一些乐趣。

他冲出去朝着山下的村庄大喊：“狼来了，狼来了！”于是村民们都赶来了。一些人还陪他待了很长一段时间才离开。

这个把戏使牧童很高兴，几天后他又一次故技重施，村民们又赶来给他帮忙。

不久后，狼真的从森林里出来了，牧童担心羊群，就立即大喊起来：“狼来了，狼来了！”

声音比以前还要大。但这次，被愚弄了两次的村民们认为牧童又在戏弄他们，没有人再赶来帮忙了。

于是狼就美美地饱餐了一顿。

在牧童抱怨没有人来帮忙之时，村里的智者说：

“一个说谎的人是不会被相信的，即便他有时讲的是真话。”

44.年轻的小偷和他的母亲

一个年轻的小偷在一次重大盗窃案中被抓住了，他被宣判有罪，将要被处死。他强烈地要求见一下自己的母亲，他有话要同母亲讲，他的要求自然被许可了。

当母亲来看他时，他说：“我想小声地告诉你。”

当他的母亲把耳朵凑近儿子时，小偷几乎要把母亲的耳朵咬了下来。

所有的守卫们都被吓到了，他们问小偷为什么做出这么残忍和不人道的行为。

“这是对她的惩罚。”小偷说，“在我小时候，我开始偷一些小东西，然后把它们拿回家给妈妈。她并没有制止和惩罚我，而是笑着说：‘这不会被发现的。’正是因为她，我今天才会有这样的结果。”

“他是对的，夫人。”神父说，“上帝说过：‘孩子小时候受的教育会影响他的一生。’”

45.男人和他的两个妻子

很久以前，男人可以娶很多妻子。一个中年男人有一个年长的妻子和一个年轻的妻子。每一个妻子都很爱他，也都希望男人只爱自己。

现在男人渐渐有了白头发，年轻妻子不喜欢他现在的样子，作为自己的丈夫，男人显得太老了。所以每个晚上，她都为他梳理头发并将白头发拔掉。

但年长的妻子看到她的丈夫有了白头发很高兴，因为她不喜欢被误认为是丈夫的母亲。所以每天早晨她都为丈夫整理头发，尽可能多地拔掉那些黑头发。

这样一来，男人很快发现自己几乎秃顶了。

一味地妥协的结果就是没有继续妥协的资本了。

46.保姆和狼

“现在安静一些，”一位老保姆对坐在她膝盖上的孩子说，“如果你继续吵闹，我就把你扔给狼吃了。”

碰巧的是，一只狼正好从窗下走过，听到了老保姆的话，所以狼就在这栋房子外面徘徊等待。

“我今天真走运啊，”狼想，“孩子很快就会哭的，我已经很长时间没有吃到这么美味的食物了。”

狼等啊等，等啊等，直到所有的孩子都开始哭了起来。狼来到窗户前，冲着保姆摇尾巴。但保姆立刻就把窗户关上了，并大呼救命。院子里的狗听到声音后马上冲了出来。

“唉！”狼迅速跑掉了。

敌人的诺言是不可信的。

47.乌龟和鸟

乌龟强烈地希望换个居住环境，于是他请求老鹰帮他搬家，并许诺老鹰将会给他很大的奖励。老鹰同意了，他用爪子抓着乌龟的壳，高高地飞在空中。

路上他们遇到了一只乌鸦，乌鸦对老鹰说：“乌龟肉很好吃的。”

“乌龟壳太坚硬了。”老鹰说。

“把乌龟撞在岩石上就会裂开了。”乌鸦回答道。

老鹰得到了乌鸦的提示，把乌龟抛向了一块坚硬的岩石。两只鸟饱餐了一顿，把乌龟吃掉了。

永远不要借助敌人的翅膀翱翔在空中。

48.两只螃蟹

一天，天气很好，两只螃蟹从家里出来到沙滩上散步。

“孩子，”母亲说，“你走路的样子很不优雅。你应该让自己直着向前走，而不是从一边扭到另一边。”

“哦，妈妈，”小螃蟹说，“请给我做个样子吧，我会跟着您学习的。”

榜样是最好的说教。

49.披着狮子皮的驴

一头驴偶然发现了一张猎人们遗弃的狮子皮，在烈日暴晒下狮子皮都干了。驴披上了狮子皮，向自己居住的村庄走去。

一路上，人和动物们看到它都逃走了，驴非常骄傲——这是属于它的一天。

驴兴奋地叫了起来，这下每个人都认出了它。它的主人走过来狠狠地给了它一棍子，作为对它刚刚吓唬大家的惩罚。

不久，一只狐狸走到驴面前说：“嗨，我是通过你的声音认出你的。”

外表可以掩饰，但愚蠢的话语将会让傻子露馅。

50.两个朋友和熊

两个朋友在森林里郊游，一只熊冲到了他们面前。碰巧走在前面的那个人面前有一棵树，他立刻爬上树，藏在树叶里面。另一个人看到没什么能帮自己逃跑的，就脸朝下躺倒在地上装死。熊走向了躺在地上的人，用自己的鼻子靠近人的耳朵，使劲地闻了闻。最后，熊咆哮了一声，耷拉着脑袋走了，因为熊不吃死人。

这时，树上的那个家伙下来了，走到同伴面前笑着问："熊先生都对你说了些什么啊？"

"他告诉我，"另一个人说，"永远不要相信在困境中遗弃你的朋友。"

51.两个罐子

两个罐子被遗落在河边，一个是黄铜做的，另一个是陶瓷做的。涨潮了，他们都被冲到了小溪里。陶罐子尽自己最大努力与黄铜罐子保持距离，黄铜罐子大喊："别害怕，朋友，我不会撞到你的。"

"但我可能会碰到你。"陶罐说，"如果我们离得太近了，不管是我碰到你，还是你碰到我，我都会粉身碎骨的。"

强者和弱者不能离得太近。

52.四头牛和狮子

一头狮子经常到四头牛居住的地方徘徊。很多次狮子试图攻击牛群，但他一靠近，牛就尾巴对着尾巴地靠拢在一起，所以狮子不论从哪个方向进攻他们，都会撞到其中一头牛的牛角上。后来，四头牛发生了争执，每一头牛都在田地的一个角落里独自吃草。这时，狮子一个接一个地袭击了他们，很快就把四头牛都吃掉了。

联合，我们就胜利；分裂，我们就失败。

53.渔夫和小鱼

渔夫钓了一天的鱼，最后只抓到一条很小的鱼。

“求求你，放了我吧，先生。”小鱼说，“我太小了，现在根本不够你吃的。如果你把我放回河里，我会很快长大的，那时你就可以用我来做一顿美味的饭了。”

“哈哈，我的小鱼。”渔夫笑道，“我现在抓到了你，以后可不一定能抓到你了。”

抓在手中的东西虽小，也胜过美妙的幻想。

54.贪婪的人和嫉妒的人

两个人一起来到朱庇特面前，祈求能实现他们的心愿。这两个人是一对邻居。其中一个人满心的贪婪，另一个人满脑子都是嫉妒。

为了惩罚这两个人，朱庇特答应会实现他们的愿望，但在他们的愿望实现的同时，他的邻居会获得两倍于他所获得的。

贪婪的人祈求自己能有一屋子的金子。

很快，他的愿望就实现了。但是他的邻居也同时获得了两屋子的金子。他的喜悦很快就变成了痛苦。

现在该轮到那个充满嫉妒心的人了。

他不能容忍自己的邻居有一点快乐，于是他祈求自己失去一只眼睛。这样一来，他的邻居就失明了。

恶有恶报。

55.乌鸦喝水

一只乌鸦快要渴死了，他飞到一个曾经装满了水的罐子跟前。但是现在水罐里的水太少了，乌鸦喝不到水。他试了又试，最后绝望地打算放弃。

这时，他忽然看见附近有一些石子，心中便想出了一个好主意：他把石子一颗颗地衔进水罐里，水面就升高了。他不停地往水罐里衔石子，水面也就越升越高，当最后水面终于升到罐子口了，他才停下来，大口地喝着这救命的水。

“耐心和聪明常常使人如愿以偿！”

56.男人和森林之神

一个寒冷的冬夜，男人在树林里迷了路。当他四处游荡的时候，森林之神来到了他的面前，答应让他在一间小木屋里过夜，第二天一早带他走出森林。跟着森林之神前往他的住处时，男人因为感到冷而不停地把手放到嘴上呵气。

“你在做什么？”森林之神问。

“我的手都要冻僵了，”男人说，“我吹热气暖和暖和手。”

当他们来到了森林之神的家里，森林之神很快就端上来一锅热气腾腾的粥。男人举起勺子递到嘴边吹了吹。

“你在做什么？”森林之神问。

“粥太烫了，我吹一吹让它凉一些。”

“你走吧，”森林之神说，“我不想跟一张嘴既可以吹热又可以吹寒的人[①]来往。”

---

① 指出尔反尔。

57.下金蛋的鹅

一天，农夫来到自己的鹅窝，发现里面有一个黄色闪光的蛋。当他把它捡起来时，他发现这个蛋像铅一样重。他打算把这个蛋扔掉，因为他觉得一定是有人要捉弄他而搞的恶作剧。但思考再三，他还是把这个蛋带回了家，很快，他高兴地发现这是一个纯金的蛋。

此后的每天早上，他都会收获一个金蛋。农夫把金蛋卖了，很快就富裕了起来。他越来越富裕的同时，也变得越来越贪婪了。他想立刻就得到所有金子，于是他把鹅杀了，打开鹅肚子一看，发现什么都没有。

贪婪者常常自食其果。

58.工人和夜莺

一个工人在夏夜里躺着听夜莺的歌声。

第二天晚上，工人做了一个陷阱把夜莺抓住了。

“现在我抓住你了，”他说，“你以后就一直唱歌给我听吧。”

“我们夜莺从来不在笼子里唱歌。”夜莺说。

“那我就吃了你，”工人说，“我听说烤夜莺是道很美味的食物。”

“不，别杀我！”夜莺说，“你把我放了，我会给你三条建议，这比我瘦小的身体重要多了。”

工人把夜莺放了，夜莺飞到了树枝上，说：“不要相信俘虏的诺言，这是第一个建议；第二个建议是珍惜你所拥有的；第三个建议是永远不要为失去的东西懊悔。”说罢，会唱歌的夜莺飞走了。

59.狐狸、公鸡和狗

在一个月夜，一只狐狸在农夫的鸡棚附近徘徊，看到一只公鸡在自己够不到的高处栖息。

“好消息！好消息！”狐狸大喊。

“怎么回事，什么好消息？”公鸡问。

“狮子大王宣布了一条广泛的停战协定。从此以后，任何野兽都不能再伤害别人了，我们所有人都要像兄弟般友爱和睦地生活。”

“哦，这真是个好消息。”公鸡说，“我看到有人过来了，我们和他一起分享这个好消息吧。”这么说着，公鸡就伸长了脖子向远处张望。

“你看到什么了？”狐狸问。

“我主人家的狗朝我们走过来了。”

“什么，很快就过来了吗？”狐狸问，听到这个消息后他立即拔腿就跑。

“你为什么不停下来与狗一起庆祝这难得的和平呢？”

“我当然愿意了，”狐狸说，“但我估计狗可能还没有听到狮子大王的宣言。”

狡诈之徒就爱自作聪明。

60.风和太阳

风和太阳争论谁更强大。他们看到一个旅人走在路上。

太阳说：“我有办法来解决我们的争执了。我们中谁能够让这个人脱掉他的斗篷，谁就更强大。你先来。”

于是，太阳躲到了云的背后，风开始冲着旅人尽可能使劲地刮了起来。但是，风刮得越厉害，旅人就把自己的斗篷裹得越紧。最后，风绝望地放弃了。

然后，太阳出来了，施展他所有的光和热照射在旅人身上。很快，旅人就觉得穿着斗篷走路太热，把斗篷脱掉了。

友好比严厉更能起作用。

61.大力神和马车夫

一个阴雨天，一辆运货马车行驶在一条泥泞的道路上。最后，马车行驶到半路，车轮子陷入了泥潭里。马越往外拉，轮子就陷得越深。马车夫扔掉了鞭子，跪下来向大力神祈祷。

“哦，大力神，请在我陷入困境时帮帮我吧。”他请求道。

大力神出现在他面前，说：“啧，你不要在这里吵了。从马车上下来，把你的肩膀抵在轮子上向前推。”

天助自助者。

62.大人、孩子和驴

一个大人带着他的儿子牵着驴去市场。在路上，一个乡下人看到了他们，说：“你们真是傻瓜，为什么不骑着驴呢？”

于是，大人把孩子放到了驴背上，他们继续赶路。很快，他们又遇到了一群人，其中一个人说：“看那个懒惰的年轻人，自己骑着驴却让父亲走着。”

于是，父亲命令儿子下来，自己骑上了驴。没走多久，他们又遇到了两个妇女，其中一个人说：“那么懒惰的人真应该感到羞耻，让那么小的孩子徒步跋涉。”

于是，大人不知道该怎么办了，最后他把儿子放在自己身前，一起骑在驴身上。当他们来到镇上后，路人们开始嘲笑他们并指指点点。大人停下来，问他们为什么要嘲笑自己。那人回答道：“难道你们不觉得羞愧吗？你和你笨重的儿子都骑在这可怜的驴身上。”

大人和孩子都下了驴，试图想明白到底该怎么办。他们想啊想，直到最后，他们砍倒了一根杆子，把驴的蹄子系在杆子上，然后把杆子放在肩膀上，抬着驴走。他们一路被人嘲笑着来到了市场的桥边，驴的一个蹄子松开了，踢了一脚，孩子这头的杆子掉了下来。经过挣扎，驴子掉到了桥下，因为它的前蹄系在一起，驴子淹死了。

“我来告诉你，”一个一路都走在他们父子俩身后的老人说，“要想使人人都满意，结果往往人人都不满意。”

63.守财奴和他的金币

从前有个守财奴，他把自己的金币都藏在花园里的一棵树底下，但每周他都会去把金币挖出来心满意足地欣赏一番。一个盗贼注意到了守财奴的行为，挖出他的金币并带着金币逃走了。当守财奴再次来欣赏自己的财富时，他只发现了一个空树洞，里面什么也没有。他撕扯自己的头发，大声尖叫着，所有的邻居都来了。守财奴告诉他们自己常常来查看自己的金币，但是现在却什么都没有了。

“你从没有带走一枚金币吗？”一个人问。

“哦，”守财奴说，“我只是来看一下金币。”

“那么就看一下这个树洞吧，”一个邻居说，“就像里面放满了金币一般。”

有钱不用，等于没有。

64.狐狸和蚊子

狐狸穿过一条河后，尾巴被灌木丛缠住了，无法动弹。一群蚊子看到狐狸陷入困境后，就开始攻击狐狸，并且毫不畏惧狐狸的尾巴，大口大口喝着狐狸的血。

一只散步的刺猬很同情狐狸，走过去问他：“你现在情况不太好，邻居。需要我帮你赶走这些吸血的蚊子吗？”

“谢谢你，刺猬先生。”狐狸说，“但我还是不麻烦你了。”

“为什么呢？”刺猬问。

“哦，你看，”狐狸回答道，“这些蚊子都已经吃饱了，如果你把他们赶走，另外一些饿着的蚊子就会过来吸我的血，我就会因失血过多而死掉。”

65没有尾巴的狐狸

一只狐狸的尾巴被陷阱夹住了，他费了好大的力气才逃走，但却失去了自己的尾巴。一开始，这只狐狸很不好意思出现在其他狐狸面前。后来，他决定勇敢地面对自己的不幸。他召集所有的狐狸召开大会，在会上他打算提出一个建议让大家讨论。当狐狸们聚在一起的时候，这只狐狸提议大家都应该去掉自己的尾巴。他指出当他们被猎狗等敌人追赶时，有一条尾巴是多么不方便；当他们想坐下来与其他狐狸进行一场友好的谈话时，这条尾巴又是多么碍事。他几乎没有发现这条尾巴在什么场合能派上用场。

“说得很好！”一只年长的狐狸说，“但我想如果你没有失去自己的尾巴，你是不会提议我们都去除掉身体的主要装饰物的。”

莫信出于私心的建议。

66.一只眼的母鹿

一只母鹿不幸失去了一只眼睛，所以她无法看清楚靠近她失明眼睛那边的东西。为尽量避免危险，她经常待在靠近大海的悬崖边上，这样她那只完好的眼睛就可以看到陆地上发生的事情。通过这种方式，陆地上一有猎人接近她，她就能发现并且很快地逃走。

后来，猎人们发现她有一只眼睛失明了，就雇了一只船来到她居住在悬崖下面的海边，从海的方向打了她一枪。“啊，”她用濒死的声音喊道：

“你永远无法逃避命运。”

67.给猫系铃铛

很久以前，老鼠们召开了一次大会来研究用什么办法来对付他们的天敌——猫。有些老鼠说东，有些老鼠则说西。最后，一只年轻的老鼠站出来说自己有个主意，应该能有效。

年轻的老鼠说："我们的主要危险是猫靠近我们时狡诈的方式。所以，如果在猫靠近时能得到提示，我们就能轻松地逃掉。我斗胆提出建议，我们要设法弄到一个铃铛，然后用带子把铃铛系在猫的脖子上。这样一来，猫一来我们就能发觉，当猫来到附近时，我们就能轻松地逃掉了。"

这个主意得到了很多老鼠的赞同，但一只年长的老鼠站出来说："这个主意的确不错，但谁去给猫系铃铛呢？"

老鼠们你看看我，我看看你，没有一个出声。年长的老鼠说：

"说说空话，是最容易不过的事了。"

68.兔子和乌龟

兔子经常在其他动物面前吹嘘自己的速度："我从来没有被打败过，"兔子说，"尤其是我全速冲刺的时候。你们谁不服，就跟我来一场赛跑。"

乌龟静静地说："我愿意与你比试比试。"

"真是天大的笑话，"兔子说，"我一边跑一边围着你跳舞都能赢你。"

"你跑赢了再吹牛吧！"乌龟说，"那我们就比比看吧。"

比赛路线和起点很快就选好了。比赛刚一开始，兔子就立刻冲出了人们的视线，但没多久他就停了下来。他完全没把乌龟当回事儿，居然睡起觉来。

乌龟一直慢慢地走啊走，等到兔子睡醒了，乌龟已经离终点非常近了。

这时，兔子已经来不及超过乌龟赢得比赛了。

乌龟说：“踏踏实实，一步步前进，你就会赢得比赛。”

69.老人与死神

一位老人由于上了年纪和过度劳作已经直不起腰了，只能在森林里以捡树枝为生。终于有一天，他厌倦了、绝望了。他扔掉了捆好的树枝，大声喊道：“我再也无法忍受这样的生活了，我现在只希望死神能把我带走！”

他的话音刚落，死神——一个可怕的骷髅出现在他面前：“你想怎么样，人类？我听到你在呼唤我。”

“麻烦您，先生。”老人回答道，“您能帮我把那捆柴火放到我的肩膀上吗？”

如果所有的愿望都能实现，我们反倒会常常后悔。

70.交友广泛的兔子

兔子非常受其他动物的欢迎，他们都自称是兔子的朋友。

一天，兔子被猎狗追赶，他希望朋友们能伸出援手。

兔子来见马，希望马能把自己放在背上，从而躲避猎狗的追赶，但马拒绝了。他说主人有很重要的事情要自己去做：“我的主人相信你的其他朋友一定会帮助你的。”马说。

兔子向公牛求助，希望公牛能用自己的角顶退猎狗。公牛回答道：“我非常抱歉，我与一位小姐有非常重要的约会。我敢肯定我们的朋友山羊会帮助你的。”

山羊害怕把兔子放到自己的背上会伤到自己，认为公羊才是最适合的选择。

于是兔子找到了公羊，把事情的前因后果告诉了他。公羊却说：“下一次吧，我的朋友。我不希望介入这样的事情，猎狗们吃兔子就如同狼吃绵羊一样正常。”

兔子带着最后一线希望找到了小牛，小牛也很抱歉不能帮助他，那么多比他年长的动物们都拒绝帮忙，他也不愿意独自去冒这风险。

猎狗们越来越近了，兔子撒腿飞奔，幸运地逃掉了。

朋友太多，等于没有朋友。

71.恋爱中的狮子

狮子爱上了一位美丽的少女，就向少女的父母提亲了。这对老夫妇不知道怎么办才好，他们当然不希望把自己的女儿嫁给狮子，但他们也不愿意惹怒这个百兽之王。最后，父亲说："您能来求婚，我们感到非常荣幸。但我们的女儿如此娇小柔弱，我们害怕您这强烈的喜爱会不小心伤到她。我可以斗胆请求您把爪子剪掉、牙齿拔掉吗？那样的话，我们将会很乐意再次考虑您的求婚。"狮子非常非常爱那位少女，就把爪子剪掉，牙齿也拔掉了。当它再次来见少女的父母时，他们大肆地嘲笑它，让它使出最厉害的本事。

爱情可以驯服最狂野者。

72.成捆的木棍

一位老人在临终之际把儿子们叫到一起听他遗言。

他叫仆人抱来一捆木棍，让自己的大儿子去弄断它们，大儿子一次又一次地用力，使出全身解数也没能掰断这捆木棍。其他儿子也都试图去弄断这捆木棍，但没有一个人成功的。

"解开这捆木棍，"老人说，"你们每人拿一根。"儿子们照做之后，父亲吩咐他们，"现在，把手里的木棍弄断。"每一根木棍都很容易就被弄断了。

"你们明白我的意思了吧？"父亲说，"团结就是力量。"

73.狮子、狐狸和动物们

狮子宣称自己快要病死了，召集动物们来听他的遗愿和遗言。山羊来到狮子的洞穴里，待在那里听了好长时间。后来绵羊也进去了，在绵羊出来之前，一只小牛也赶来聆听百兽之王的心愿。但不多久狮子看起来就恢复了精神，它来到洞口，看到狐狸好像在外面已经待了一段时间。“你为什么不进去表达对我的敬意呢？”狮子问狐狸。

“我请求大王的原谅，”狐狸说，“我看到很多动物到山洞里探望您的足迹，但我只看到了进去的蹄印，却没看到出来的。所以，在有动物从洞里出来之前，我更愿意待在外面。”

逃出陷阱比掉入陷阱难千百倍。

74.驴的脑子

狮子和狐狸一起去打猎。

狮子听从狐狸的建议，给驴送了一封信，信上说狮子家族愿意与驴及其家族结成联盟。

驴相信了信上的话，来到与狮子约定的地方，兴奋地畅想着与皇族结盟的美好前景。

狮子看到驴，一下猛扑上去把驴咬死了。

狮子对狐狸说：“这就是我们今天的晚餐了。你在这里看着他，我要去打个盹儿。如果你敢动他一下，你就等着倒霉吧！”说完，狮子走了。

狐狸一直守在那里，可是狮子总也不回来。狐狸就壮着胆子取出驴的脑子吃掉了。

狮子回来后发现驴的脑子不见了，就对着狐狸怒吼：“你把驴的脑子怎么样了？”

“脑子？尊敬的陛下，驴根本就没有脑子，不然他怎么会中了你的圈套呢？”

智慧就是现成的答案。

75.鹰和箭

一只鹰在空中翱翔，突然他听到箭嗖嗖飞来的声音，然后就身受重伤。鹰从空中摔落到地面上，鲜血从身体里喷出来。他轻蔑地看着穿过自己身体的这支箭，却发现箭的手柄处居然插着自己的羽毛以维持平衡。“唉！”鹰大声喊完，就死了。

我们常常教给敌人毁灭自己的办法。

76.挤奶女工和她的桶

一个名叫帕蒂的挤奶女工要去市场卖牛奶，她把牛奶倒进桶里，然后把桶顶在自己的头上。她一边走，一边就开始盘算着卖牛奶赚来的钱要怎么花。

“我要向农夫布朗买些鸡。”她想，“这些鸡每天早上都可以下蛋，然后我就把鸡蛋卖给牧师的妻子。卖鸡蛋得来的钱，我可以给自己买一条新款的连衣裙和一顶带花边的帽子。当我再次出现在市场的时候，所有的年轻小伙子都会走过来跟我说话。菠利·肖恩一定会非常嫉妒，不过我可顾不上她了，我要把头这样仰起来去看她。”帕蒂边说边抬起头来向后仰，这时桶掉了下来，所有的牛奶都洒了。她不得不回家去告诉妈妈牛奶洒掉了。

“哦，孩子啊，”妈妈说，“小鸡没孵出来之前，先别忙着数数。”

77.变成少女的猫

一天，众神聚在一起讨论生命能否改变本性。

朱庇特说：“能。”

维纳斯说：“不能。”

他们打了个赌。

朱庇特把一只猫变成了一个未婚的少女，并把她嫁给一个年轻的男子做妻子。婚礼如期举行，新郎和新娘坐下来准备享用婚宴。

“看，”朱庇特对维纳斯说，“看她的举止多端庄啊！谁能想到昨天她只不过是一只猫呢？生命的本性是可以改变的吧！”

“等一下。”维纳斯说，她在房间里放了一只老鼠。新娘一看到老鼠就立刻站起来，扑过去想要把老鼠抓住。“你看，”维纳斯说，“原形毕露了吧！”

78.马和驴

马和驴一起上路了，马戴着漂亮的饰物轻松前行，驴子则背着驮筐里的重物艰难行进。

“我多么希望和你换一下啊！”驴说，“什么也不用干，好吃好喝的，还有上好的马具可以用。”

第二天，这里爆发了一场激烈的战争。马在战斗中奉命冲锋，结果负了重伤，眼看就快要死了。

驴正巧路过了这里，看到即将死去的马。

“我错了。”驴说，“卑微的安全胜过炫耀的危险。”

79.被俘的号兵

一个号兵在打仗时由于离敌人阵营太近而被俘虏了。敌人打算处死这个号兵。号兵乞求他们能发发善心，听一下自己的请求。

“我并没有参与战斗，”号兵说，“事实上我连武器也没有。我只是吹了这把小号，而这号声并不能伤到你们。你们为什么要杀我？”

“你确实没有亲自参加战斗，”敌人说，“但是你的号声鼓励和指导着你们的军队去战斗。”

语言有时候也能产生行动的力量。

80.小丑和农夫

在一个美丽的小山村里，有一个小丑，他常常模仿各种动物的叫声来逗笑人们。

一次，他模仿猪的叫声，学得惟妙惟肖，人们都怀疑他藏起了一头猪。这时，一个农夫站起来说：“猪的叫声不是那样的，你们明天早上再来这里，我让你们听听真的猪叫声是什么样子。”观众们都笑了。

第二天，农夫如约出现在舞台上，他低下头发出很可怕的叫声。观众们听了都发出嘘声，并向他扔石头让他停下来。

“你们这帮傻瓜！”农夫喊道，“看看你们自己嘲笑的是什么！”说罢农夫举起一头小猪，刚才的尖叫声就是它发出的，因为农夫扯了小猪的耳朵。

人经常为模仿品而喝彩，对真品却嗤之以鼻。

81.老太婆和酒瓶

有些老太婆是很喜欢喝酒的。

有一天，一个爱喝酒的老太婆在路上捡到了一个酒瓶。她很希望瓶子里装满了酒，但捡起来后却发现酒早就被喝光了。但她仍然贪婪地吮吸着酒香，“啊！”老太婆感叹道，“装过酒的瓶子都这么好闻呢。”

美好的事物总会留下印记让人们难以忘怀！

82.狐狸和山羊

一只狐狸很不走运地掉进一口深井里，爬不出来了。没多久，一只山羊从这里路过看到了，就问狐狸在井里待着干什么。

“你没有听说吗？”狐狸说，“很快就要有一场大干旱了。我跳进井里是为了保证自己能有水喝。你也跳进来吧！”山羊一听觉得是个好主意，也跳到井里去了。这时候狐狸却立刻跳到山羊的背上，踩着山羊角跳出了井口。“再见了，朋友！”狐狸说，“下回你可要记住了——千万不要相信身处困境的人说的话。”

格林童话

Grimm 'Tales

〔德〕格林兄弟

主编序言

格林兄弟的家庭童话故事，是德国人第一次尝试用简单的语言来叙述传统的民间故事。这些故事于1812—1815年间分卷出版，并在后期陆续修订增补。这些故事由格林兄弟从普鲁士的哈瑙以及海塞的农村里收集而来，德国的其他省份以及德意志普鲁士帝国乃至瑞士都有涉及。收集者的目的就是最大限度地还原真实，本能地搜寻真正受欢迎的作品，并竭力避免在整理的过程中对内容进行修改或艺术加工，即最大限度地保留农民讲述时的真实语言，剔除所有外来加工以及繁文缛节。

多年后，格林兄弟的努力产生了两方面的结果：一方面，他们创作了世界上最优秀的童话故事；另一方面，他们也为研究神话学和民间故事的学者们提供了大量宝贵的研究素材。尽管在整理的过程中，还是不可避免地会出现遗失。更进一步讲，世界各地对他们收集的这些寓言故事进行各种各样的讨论与分类，大大推动了相对神话学的发展。

弟弟威廉·格林于1786年2月24日出生在哈瑙，他完成了主要资料的收集以及修订工作。威廉担任过卡塞尔图书管理员、哥廷根大学以及柏林大学教授，于1859年12月16日去世。除了与哥哥合作完成的这部著作，他自己还有一部关于德国英雄传奇的有名著作。

1785年，哥哥雅各布·格林也出生于哈瑙，1863年在柏林去世。他以在日耳曼语文学方面的研究而闻名，他在德语语法方面的研究实际上成为这个学科分支的基础。兄弟俩生活亲密，住在同一间房子，也研究同一门学科，还有以他们名字命名的德语词典，以及下文中他俩合著的童话集。

查尔斯·艾略特

青蛙王子

在梦想还能成真的古代，有一个国王，他的女儿都很漂亮，尤其是小女儿更是天生丽质，即使是见多识广的太阳照在她脸上时，也惊讶不已。国王城堡附近有一大片森林，森林里有一棵老菩提树，树下有一口井。每逢天气很热的时候，小公主就来到森林里，坐在凉爽的井台边。无聊时，她就拿出一个金球，高高抛起来再接住。这个金球是她最心爱的玩具。

有一次，公主抛起球后，球没有落到她的手中，而是掉落在地上，滚到水中。公主盯着球赶忙去追，但球还是不见了，井水深不见底。看到球不见了，公主开始哭起来，声音越来越大，越来越伤心。正当公主伤心的时候，有一个声音对她说："公主，你在哭什么？你这么伤心，即使一块石头见了也会心软。"公主循着声音向四周看了看，看到一只青蛙，从水里伸出他那厚实而奇怪的头。"啊！游泳健将，是你吗？"公主说，"我把金球弄丢了，金球掉进井里去了。"

"好了，别哭了。"青蛙说道，"我能帮助你。但如果我把你的玩具取回来，你要怎么谢我呢？"

"你想要什么都可以。"公主说，"我的衣服、我的珍珠和珠宝，甚至是我头上戴的皇冠都可以。"

青蛙回答说："我不在乎你的衣服、你的珍珠和珠宝，甚至是你头上戴的皇冠。但如果你能爱上我，让我成为你的伴侣，坐在你的小桌子旁边，吃你小盘子里的食物，喝你小杯子里面的酒，还睡你的小床，如果你能答应这些，那我就跳下水去帮你把金球拿上来。”

“哦，好的。”公主回答道，“如果你能把我的金球拿回来，我就答应你所有的要求。”公主转而又想，“这只青蛙真是异想天开啊！它与其他青蛙生活在井中，整天呱呱叫，怎么可能和人类在一起生活！”

而青蛙听到公主许下的诺言后，就扎进水中，不久就游了上来，衔着公主的金球，扔在草坪上。公主再次看到自己心爱的玩具，非常开心，拿起球，直接跑回家去了。

青蛙喊道：“等一等，等一等啊！带上我啊，我跑不了你那么快。”

公主没有听到，径直跑回家去，很快就把可怜的青蛙忘记了。而青蛙却不得不又回到井里面去。

第二天，公主和国王以及众大臣坐下就餐，这时听到敲门声：“公主，小公主，快给我开门。”

公主跑出去看究竟是谁在外面。她开门后，看到一只青蛙蹲在面前。公主猛地关上门，又坐回餐桌，心里非常害怕。国王看到公主有些慌乱，就问道：“我的孩子，你在害怕什么啊？外面是有什么巨人怪兽要把你掳走吗？”

“啊，不是的，”公主答道，“不是巨人，是一只丑陋的青蛙。”

“青蛙想让你做什么呢？”

“啊，亲爱的父亲，昨天我在森林里的井边玩的时候，不小心将我的金球掉进水中。由于我一直在哭，那只青蛙就帮我拿了回来。由于它一再坚持，我答应了让它做我的丈夫，但我从来没想到它能从水里跳出来。现在它就在外面，想来找我。”

正好青蛙又敲门：“公主！小公主！快帮我开门！难道你忘了昨天在井台边答应我的话吗？公主！小公主！快帮我开门啊！”

于是国王说道：“既然你承诺了，那就必须履行诺言。去开门让它进来吧。”

公主去开门，青蛙蹦蹦跳跳地跟着公主进来了，一步一步跳到公主的椅子边。青蛙坐在那里说："快把我放到你旁边来。"公主迟疑了，但国王命令她照做。

青蛙坐到椅子上后它还想上桌子，然后上了桌子，它说："快把你的金色小盘子挪到我身边，这样我们就能一起吃了。"公主照做了，但很明显她并不情愿。青蛙吃得很香，公主却每一口都难以下咽。

青蛙又说道："我吃饱了，也累了，现在就把我带到你的房间，把你的小丝绒被子铺好，这样我们就能一起睡觉了。"

公主开始哭了起来，因为她实在是非常害怕这只冰冷的青蛙，不愿意碰它一下，更何况还要让它睡自己漂亮干净的小床。

但国王发怒了，说道："你不能歧视那些在你困难时帮助过你的人。"于是小公主用两个手指夹起青蛙，带着它上楼去，把它丢在墙角。

但在公主上床后，青蛙也爬过去，说道："我累了，我想像你一样睡个好觉，快帮我上去，否则我就去告诉你父亲。"公主被完全激怒了，抓起青蛙，用尽全力摔到墙上。

"现在，你可以安静些了吧，可恶的青蛙！"她说道。但当青蛙从墙上掉下来的时候，却变成了一个王子，长着美丽的大眼睛。

公主遵从父亲的旨意，青蛙王子成了她的丈夫。

王子告诉公主，自己是被一个巫婆施了魔法，除了她没有其他人能够把他从井里面解救出来。他们商量第二天出发去王子的国家，接着就休息了。

第二天早上，太阳升起来了，他们醒来后发现一辆由八匹马拉的马车停在门口，马头上插着白色的鸵鸟羽毛，身上套着金色的链子，后面坐着王子的仆人——忠诚的亨利。看到主人变成青蛙，亨利非常伤心，就铸了三条金锁链，缠住自己的心，以免自己的悲伤与痛苦发泄出来。

忠诚的亨利让他们坐进来，自己再次坐好后，马车拉着王子和公主驶向他的王国。亨利一直在为王子摆脱巫婆的魔咒而满心欢喜。

当他们走到半路上时，王子听到后面咔嚓一声巨响，像是什么东西破裂了。于是他转身喊道："亨利，车子坏了！"

"不，主人，不是车子。是缠在我心上的锁链。在你变成青蛙被囚禁在井里的时候，这条锁链让我痛苦万分。”

接着他们又听到一声响，王子又在想是不是车子坏了，其实那是缠在忠诚的亨利心上的锁链断裂的声音，那是忠诚的亨利在为王子重获自由而高兴。

玛利亚代养的孩子

森林里住着一对伐木工夫妇，他们只有一个三岁的女儿。他们实在是太穷了，连最廉价的面包都没有，不知道该怎么养活女儿。

一天早上，伐木工又怏怏地去森林作业。正砍木头时，突然出现了一个又高又美丽的女人，头上戴着闪闪发光的皇冠。

女人对他说：“我是圣母玛利亚，耶稣的母亲。看到你这么贫穷与无助，就把你的孩子给我吧，我会把她带在身边，像亲生母亲一样照顾她。”

伐木工答应了，并把孩子带出来，送给了圣母玛利亚。圣母玛利亚把孩子带到了天堂，孩子从此过着丰衣足食的生活，吃着糖果蛋糕，喝着香甜的牛奶，穿着金色的衣服，还有小天使陪着她玩。

小女孩十四岁的一天，圣母玛利亚把她叫到身边，叮嘱道：“亲爱的孩子，我要出门远行，你来保管天堂的十三把门钥匙吧。你可以打开其中的十二道门，那会带给你荣誉与光亮，但这把开启第十三道门的小钥匙是不可以用的，如果你打开它，就会给自己带来灾难。”小女孩答应了。

圣母玛利亚走了以后，她开始参观天堂王国的房间。她每天开启一道门，直到把十二道门都开遍了。每一道门里面都站着一个传道者，光彩夺目，女孩沉浸在壮丽与绚烂之中，陪伴她的小天使们也随小女孩一起接受这种洗礼。

最后，就剩下被禁止开启的这道门了。小姑娘特别想知道这道门后面到底藏着什么，于是对天使们说：“我想打开这道门的锁，但不会打开门，也不会进去，这样我们就能从门缝里看到里面。”

“哦，不，”天使们说道，“那将会是一种罪过。圣母玛利亚禁止你开启这道门，这会给你带来不幸的。”

于是她不再说话，但她的愿望并没有熄灭，反而越来越强烈，让她寝食难安。

有一次，天使们都出门了，她想：“现在就我一个人，我可以偷偷看看里面。我这样做，没有人会知道。”她取出钥匙插进锁里面旋转，门打开了。

她看到一个三头怪物坐在熊熊燃烧的火中，她呆住了，惊奇地看着里面的一切。她情不自禁地伸出手碰了一下火光，手指立刻变成金色。突然她心生恐惧，快速关上门，跑开了。但她心里的恐惧感并没有消失，不论做什么事情，她心里都跳个不停，而且那块金印也一直留在手指上，无论怎么刮，也没办法去除。

不久，圣母玛利亚旅行归来。她把小女孩叫过来，让她把钥匙还回来。小女孩把那串钥匙拿过去时，圣母玛利亚看着小女孩的眼睛，说：“你有没有开启第十三道门？”

“没有。”她回答道。

圣母玛利亚又把手放在小女孩胸前，感受着小女孩的心跳，发现小女孩违背了她的命令，开启了那道门。于是她再次问道：“你确定没有开那道门？”

小女孩第二次回答：“没有。”

圣母玛利亚又看到了她由于碰到天堂之火而变成金色的手指，更加确信小女孩犯下的罪恶，于是第三次问道：“你真的没有做吗？”

小女孩第三次回答说：“没有。”

圣母玛利亚说：“你背叛了我的命令，还说谎，你不配再留在天堂。”

小女孩沉睡过去。当她再次醒来时，发现自己回到了地面上，身处荒郊野外。她想喊，但发现自己说不了话。她站起来想逃离这里，但无论她怎么走，都会遇到厚厚的灌木丛，无法破开，被挡了回来。

碰巧野外有一棵中空的老橡树，老橡树就成了她的栖身之所。每当夜晚降临的时候，她就爬进去，睡在里面。生活很艰难，每当想起天堂的幸福生活，以及天使们和她玩耍的情景，她都忍不住抽泣。

树根和野草莓是她仅有的食物，而这些食物也是她费尽心思才找到的。在秋天，她捡来掉落的坚果和树叶，放到树洞里。这些坚果是她冬天的食物，她就像动物一样蜷缩在树洞里面，以免冻僵。不久她的衣服全都破了，一点一点地掉下来。当大地回暖的时候，她从树洞里爬出来，长长的头发像斗篷一样盖住全身。她就这样过了一年又一年，体味着世间的痛苦与悲凉。

有一天，森林里万物复苏，这个国家的国王到森林里打猎，追逐一只獐。獐跑进灌木丛里，国王跳下马，劈开灌木丛，用剑开出一条路来，走进去，发现了一个异常美丽的少女坐在树下，金色的长发从头到脚盖着全身。

国王站在那里，惊奇地看着女孩，对女孩说："你是谁？你为什么坐在这荒郊野外？"但女孩无法开口说话，没有回答。国王继续问："你愿意跟我回我的城堡吗？"女孩轻轻点了点头。国王抱着女孩放到马背上，带她一起回了家。来到王宫后，国王让女孩穿上漂亮的衣服，给她各种各样的东西。

尽管她没办法说话，但依然那么吸引人。国王爱上了她，不久国王就迎娶了她。

大约一年后，王后生下一个儿子。而在一个夜晚，只有她一人时，圣母玛利亚出现在她面前："如果你告诉我实话，承认曾经开过那道禁开之门，我就让你开口说话；如若执迷不悟，我就把你新生的儿子带走。"于是王后被允许开口说话，但她依然坚持说："不，我没有开启那道门。"于是，圣母玛利亚从她手里抢走小孩一起消失了。

第二天早上，当发现孩子不见的时候，就有人议论王后是个吃人恶魔，是她杀死了自己的儿子。她听到这一切但又无法开口解释，幸好国王不相信这些谣言，他依然深爱着她。

又过了一年，王后又生下一个儿子。晚上，圣母玛利亚又出现在她面前，说："如果你承认曾经开过那道禁启之门，我就把你的孩子带回来，还让你开口说话。如果你仍然固守罪恶，拒绝承认，我将把你的第二个儿子带走。"但是王后再次说道："不，我没有开启那道门。"圣母玛利亚再次从她手里抢走小孩，回了天堂。

第二天早上，当看到孩子又消失了，人们开始大声议论，是王后吃了自己的小孩，国王应该把她送到审判庭。然而国王依然深爱着她，他没有相信这些话，并命令所有人不要再提起这件事，否则将被处死。

第三年，王后生下一个漂亮的女儿。圣母玛利亚第三次出现了，说道："跟我来。"圣母玛利亚带着王后回到天堂，看到自己的两个儿子冲着她笑，王后很开心。

圣母玛利亚说："你的心还没有融化吗？如果你愿意承认开过那道门，我将还回你的两个孩子。"但王后第三次回答："不，不是我开的那道门。"于是圣母玛利亚抢走了她的第三个孩子，让她跌落到地面上。

第二天早上，孩子丢失的消息再次传出来时，所有人都大声斥责道："王后是个吃人恶魔！""她必须接受审判。"而国王再也不能阻止大臣了。

审判开始举行，由于她不能开口说话为自己辩护，被判处火刑。柴火堆在一起，王后被绑在铁柱上，火燃烧起来，她心里的坚冰终于融化了，她终于悔过了。于是，她想："但愿我能在临死前承认自己曾经开过那道门。"她听到了自己的声音。她大喊道："是的，玛利亚，是我开的那道门！"很快大雨滂沱，浇灭了火焰，一道亮光在她头顶闪过，圣母玛利亚带着三个孩子来到她身边。

圣母玛利亚和蔼地对她说："那些真心悔过并承认错误的人是值得原谅的。"于是她把三个孩子都还给了她，也让她开口说话了，从此她幸福快乐地生活了下去。

狼和七只小羊

从前有一只老山羊，生下七只小羊，老山羊深深爱着自己的孩子。

有一天，老山羊想去森林找些食物，于是把七个孩子叫到一起："孩子们，我得去森林里一趟，你们要对狼提高警惕，如果让狼进来了，他会把你们都吃掉，连羊皮、羊毛都不剩。狡猾的家伙总是会乔装打扮自己，你们只要听到粗嗓音，看到黑爪子，就能认出他来。”

孩子们回答道：“亲爱的妈妈，我们会照顾好自己，你放心去吧。”

于是老山羊咩咩叫着，放心地上路了。

不久就传来敲门声，外面有人喊道：“快开门，亲爱的孩子们，你们的妈妈回来了，还给你们每个人带了好吃的。”

小羊们听到粗粗的嗓音，一下就认出那是大灰狼：“我们不会给你开门的，你不是我们的妈妈。她的嗓音又细又温柔，但你的嗓音很粗，你是大灰狼。”

狼离开了，去商店买了很多石灰块吃了下去，他的嗓音变细变柔了。于是狼又返回来，继续敲门，喊道：“快开门，亲爱的孩子们，你们的妈妈回来了，还给你们每个人带了好吃的。”

但狼趴在窗户上的时候，露出了黑黑的爪子，孩子们看到了：“我们不会给你开门，我们的妈妈没有像你一样的黑爪子，你是大灰狼。”

于是狼又跑向面包师那里去：“我把脚弄伤了，快给我在脚上涂一些白面团。”狼在脚上涂完面团后，又跑向磨坊那里，“快在我脚上涂一些白米饭。”磨坊主想道，狼肯定又是想去欺骗什么人，于是拒绝了。但狼威胁道：“如果你不照做，我就吃了你。”磨坊主害怕了，不得不把狼的爪子涂成白色。结果狼装扮得还真的像那么回事了。

于是狼第三次来到小羊家来敲门：“孩子们，快开门，你们亲爱的妈妈回来了，还从森林里给你们每个人都带了好吃的。”

孩子们喊道：“先让我们看看你的爪子，我们才知道你是不是我们的妈妈。”于是狼把爪子伸进窗户。孩子们看到雪白的脚，他们相信了狼的话，打开了门。

但是进来的却是狼！小羊们吓坏了，赶忙躲起来。一只小羊蹲在桌子下面，第二只小羊钻进床底，第三只小羊藏进炉子，第四只小羊跑进厨房，第五只小羊跳进橱柜，第六只小羊钻进洗碗池里，还有第七只小羊蜷缩在钟表箱里。但狼不费吹灰之力就把他们都找到了，一只一只吞进肚子里，只有最年幼的小羊没有被发现。享受完小羊后，狼离开了，在绿色草坪上的一棵大树下躺下，呼呼大睡起来。

不久，老山羊从森林里回到家。啊！眼前的情景让老山羊惊讶不已：房子的门大开着，桌子、椅子、长凳都被弄翻了，洗碗池被敲碎了，被子和枕头也被扔出床外。老山羊开始找小羊，但却没有发现他们。老山羊一只接一只地叫他们，却没有回应。最后叫到最小的那只时，一个声音轻轻地传出来："亲爱的妈妈，我在钟表柜里面呢。"

老山羊把小羊弄出来，小羊告诉妈妈是狼来过了，把哥哥姐姐都吃掉了。老山羊难过地哭了起来。老山羊伤心地出了门，最小的小羊跟在后面。他们来到草坪上，看到树底下睡着的狼，他正在呼呼打鼾，震得树枝乱颤。老山羊仔细看了看狼，看到有什么东西在老狼隆起的肚子里面动来动去。

"啊，天哪！"她说道，"我那些被吞掉的孩子是不是还活着？"

于是小羊跑回家取来剪刀和针线，老山羊切开了这个家伙的肚子。还没等她完全切开，就有一只小羊钻出头来，等她再往深里切，六只小羊都活着出来了，而且没有受伤。原来这只贪婪的老狼是把小羊整只吞进肚子的。

这是多么开心的事啊！孩子们拥抱着妈妈，像婚礼上的小裁缝一样开心地蹦蹦跳跳。

老山羊说："现在快去找些大石头来，趁狼还在睡觉，我来把他的肚子再填满。"

于是七只小羊迅速找了好多石头回来，大家使劲往老狼的肚子里面塞了尽可能多的石头。羊妈妈再次快速地缝上，就像什么事也没有发生一样。

终于老狼睡醒了，他伸腿想站起来，胃里的石头让他变得很口渴，他想去井边喝点水。但当老狼起身走路时，胃里的石头来回碰撞，嘎嘎作响。

"是什么东西在撞击我脆弱的骨头啊？应该是六只小羊才对啊，但怎么听着像是大石头啊？"

老狼来到井边后，弯下腰去够水，胃里的石头太重了，老狼掉到井里去了。没有任何人来帮他，他开始急速下沉。

七只小羊看到这一切后，跑来井边，大喊道：“狼被淹死了，狼被淹死了！”他们围着妈妈开心地跳起舞来。

忠诚的约翰

从前有个年迈的国王，重病在床，心想，我的时日已经不多了。于是他说道：“让忠诚的约翰来找我。”

忠诚的约翰是他最心爱的仆人，这么称呼他，是因为他一生都对自己忠心耿耿。约翰来到国王床前，国王对他说：“最忠诚的约翰，我觉得自己大限已近，除了我的儿子，没有其他牵挂了。他还年幼，不知道如何辨别是非。如果你答应我做他的养父，教导他学习应该知道的一切，我就可以安心闭眼了。”

忠诚的约翰回答道：“我不会离王子而去，会恪尽职守辅佐王子，即使付出生命也在所不惜。”

听到这些，老国王说：“现在我就可以放心离去了。”接着国王又说道，“我死后，你就带着他参观这座城堡的房间、大厅、地下室以及珍藏珠宝，但是走廊尽头的那个房间，里面挂着金屋王国的公主的画像，你不能让他看到。如果看到那幅画，他就会无可救药地爱上她。甚至会因为激动而晕倒，这会给他带来极大的危险，因此你千万不能让他看到。”

忠诚的约翰想向老国王许诺的时候，老国王已经不再说话，静静地躺在床上，去世了。

老国王被安葬以后，忠诚的约翰告诉小国王自己在老国王病榻前许诺的事情，说道：“我一定会遵守诺言，就像对老国王一样对您忠心耿耿，哪怕付出生命也在所不惜。现在是时候带您去参观您父王留下的遗产了。请让我带您参观您父亲的王宫。”

于是他带着国王转遍了城堡，上上下下，看到了所有的珍奇异宝和富丽堂皇的房间，唯有一间屋子没有打开，就是那间挂着公主画像的房间。而那幅画就挂在墙壁的正中央，门一打开第一眼就能看到它。画像惟妙惟肖，看起来就像能呼吸的真人一样，世上再也没有比这幅画上的人更美丽的人了。

年轻的国王看到忠诚的约翰急匆匆走过那个房间，于是问道："为什么不把那个房间打开给我看？"

他答道："房间里面的东西可能会吓到您。"

但国王回答道："我看过王宫的所有地方，我也要知道这个房间里有什么东西。"于是国王自己过去试图撬开门。

忠诚的约翰把国王拉回来，说："我在您父亲临终前答应过他，您不能看到这个房间里的东西，这会给您和我带来极大的危险与不幸。"

年轻的国王回答道："哦，不是的。如果我不进去，那才是我最大的不幸呢。如果一天看不到里面，我将一天不得安心，寝食难安。如果你不打开这扇门，我就不离开这里。"

忠诚的约翰看到实在无法说服国王，叹了口气，心情沉重地拿出钥匙。打开门后，他先冲了进去，本想站在国王面前挡住画像，可国王还是踮起脚尖，隔过他的肩膀看到了那幅画像。

当看到那幅美丽异常、金光闪闪的画像时，年轻的国王一下子晕了过去。忠诚的约翰将他扶到床上，难过地想："灾难将要降临，上帝啊，怎么才能终结这场灾难啊？"于是他给国王灌了些酒，国王再次恢复了知觉。

国王醒来后说的第一句话就是："啊，真是个美丽的画像！画像里的人是谁？"

忠诚的约翰答道："那是金屋国的公主。"

国王说："我对她的爱绵绵不绝，即使所有的树叶开口说话，也无法倾诉我的爱意，我的生命属于她。我最忠诚的约翰，你必须帮助我。"

忠诚的奴仆努力地想办法实现国王的愿望，但事实上，即使见这位公主一面，也是异常艰难的事情。最终他想到了一个办法。他对国王说："一切和她有关的东西都是黄金——黄金的桌子、椅子、盘子、杯子、碗，还有家具。您的财产里有五吨黄金，找来王国的金匠，让他把黄金打造成各式各样的黄金器皿或者动物造型的摆设，这些东西可能会取悦于她。让我们带上这些东西去试试运气吧。”

国王下命令召集来所有的金匠，他们日夜赶工，终于将这些奇特的物件全部备齐了。所有东西都装上船后，忠诚的约翰穿上商人的衣服，也让国王穿上商人的衣服，以便掩人耳目。于是他们横穿大洋，一直航行到公主居住的金屋国。到了那里之后，忠诚的约翰让国王留在船上等他。

他说：“我试着把公主带上船，因此要把东西都布置好，摆好黄金器皿。”他在自己裙摆里面装上各式黄金物件，来到岸上，直接向王宫走去。

在王宫后院，他看到一个漂亮的女孩正在井边打水，手中提着两只金桶。当她转身准备提走波光粼粼的两桶水时，她看到了这个陌生人，就问他是谁。

他答道：“我是一个商人。”于是打开裙摆，让女孩看过去。

她大叫起来：“啊，好漂亮的黄金啊！”女孩就把桶放下，一件接一件看着这些黄金制品。

女孩说：“如果公主看到这些，她一定会爱不释手，然后全部买下来。”

她带着他上楼，原来她只是宫里的侍应。公主看到这些黄金制品后非常开心，说：“这些黄金物件做工精良，我要都买下来。”

但忠诚的约翰说道：“我只是一个富商的仆人。我身上的这些东西与我主人船上的比起来，实在微不足道。那是我在这个世界上见过的最美丽、最昂贵的黄金。”公主想让他把所有的东西都带过来，但他说：“上面东西实在是太多，全部搬下来要花上好几天，还需要很多房间才能装满，您的房子实在是不够大啊！”公主很好奇，最后她说：“带我上船，我要亲自去看看你主人的那些珍宝。”

听了这句话，忠诚的约翰非常高兴，带着公主就上船了。

年轻的国王见到公主后，发现她的美貌远远超过画像。国王的心怦怦直跳，他将公主引入船内。忠诚的约翰命令船员起航：“升满帆，让船像空中的小鸟一样疾驰如飞。”

船里面，国王给公主看了他的每一件黄金器皿，还有各种黄金野兽和其他奇怪的动物造型的黄金制品。公主着迷地欣赏着每一件物品。好几个小时过去了，她都没有意识到船已经起航了。看完最后一件，公主向商人道谢后打算回家，但走出来一看，发现船正急速航行，现在已经在大海中央了。

“啊！”公主惊醒过来，“我被骗了！我被挟持了！与其落入一个商人的手中，我宁愿去死。”

然而国王抓住她的手说：“我不是商人，而是一个国王，我对你没有任何恶意。如果说我悄悄把你带走不对的话，那也是因为我对你无与伦比的爱，这是可以被原谅的。你不知道，第一眼看到你的画像时，我就晕倒在地。”公主听到这些，心里稍稍放松了些，也对他有了好感。最后公主答应做他的妻子。

船在大海深处航行，忠诚的约翰坐在船前演奏音乐。这时，他看到三只乌鸦盘旋在空中，向他飞过来。

忠诚的约翰能听懂乌鸦的对话，他仔细听了起来。

一只乌鸦喊道：“看，这个国王得到了金屋国的公主。”

“是的。”第二只回答道，“但他还没有真正得到她。”

第三只说：“但你看船里，她已经坐在他的身旁了。”

第一只乌鸦又开口说：“那又有什么用呢？当他们靠岸的时候，就会有一匹枣红色的马迎上去，而王子一定会想要骑上去。如果他真这么做的话，马就会腾空而起，载着国王远去，那他就再也见不到他的爱人了。”

第二只说：“有什么可以逃避的办法吗？”

“哦，有的。如果有其他人快速骑上去，拔出枪——必须是从枪套里面，开枪把马打死，那小国王就得救了。但又有谁知道呢？况且知道这件事的人将这些告诉国王的话，那他从脚趾到膝盖就会变成石头。”第一只乌鸦回答道。

第二只乌鸦说：“我知道的还不止这些。即使马被射杀了，小国王也无法得到这个新娘。因为即使他没有被马带走，最后来到城堡，也一定会在托盘里看到一件新婚礼服。那新婚礼服看起来就像用黄金和白银织成的一样，但实际上是由硫黄和沥青做成的。如果小国王穿上这件衣服，那他就会被烧得只剩下骨头。”

第三只说：“有什么可以逃避的办法吗？”

“哦，有的。”第二只乌鸦回答道，“如果有人戴着手套抢先抓起衣服扔进火里烧掉，那国王就能获救了。但又有什么用呢？知道这件事的人将这些告诉国王的话，那他从膝盖到心脏的半个身子就会变成石头。”

第三只乌鸦说：“我知道的更多。即使这件新婚礼服被烧了，小国王也无法得到这个新娘。因为婚礼过后的舞会上，王后跳舞的时候，她会突然脸色苍白晕倒在地，就像死了一样。如果没有人扶她起来，从她右边的乳房上吸出三滴血并吐掉，那她就会死去。但知道这件事的人将这些说出去的话，那他从头到脚整个身体就会变成石头。”

乌鸦们说完就飞走了，但忠诚的约翰全都听到了。也从那一刻起，他变得忧伤而寡言，因为如果他不把他知道的告诉国王，那国王就会遭遇不幸；而如果他告诉了国王，那他自己就会丧命。最终他告诉自己：“即使献出我的生命，我也要救我的主人。”

当船靠岸的时候，乌鸦预言的事情果真应验了——一匹枣红色的马跳了出来。

“不错，”国王说道，“我可以骑这匹马回宫。”

国王正要骑上去，忠诚的约翰抢先跳了上去。他从枪套里拔出手枪，开枪把马打死了。

国王的另一个随从本来就对忠诚的约翰心存不满，看到后大声叫道：“你真不知羞耻，怎么杀死了这么漂亮的马呢？国王正要骑它回宫呢！”但国王说：“住嘴！别管他！他是我最忠诚的约翰，谁知道那匹马有什么玄机呢！”

他们回到王宫，在大厅正中央放着一个盘子，里面放着一件新婚礼服，看起来就像用黄金和白银织成的一样。年轻的国王走过去正准备穿上，忠诚的约翰一把把国王推开，戴上手套拿起衣服，快速扔到火里烧掉了。

另一个随从又开始嘀咕，说：“看，他又把国王的新婚礼服烧掉了。”但国王说道：“谁知道他做的对我有什么帮助呢？不要管他，他是我最忠诚的约翰。”

接下来婚礼开始举行，舞会也开始了，新娘开始翩翩起舞。约翰紧紧盯着新娘的脸，突然新娘的脸变得苍白，摔倒在地就像死了一样。约翰看到后快速跑了过去，扶起公主放到她的房间躺下，然后又跪下从她右边的乳房里吸出三滴血后吐了出来。很快新娘又恢复了呼吸，慢慢恢复了意识。

年轻的国王看到了这一切，觉得约翰冒犯了新的王后。他大怒道：“把他扔到地牢！”

第二天，忠诚的约翰被判死罪，很快就被绑到绞刑架上。他被绑在高处，准备接受绞刑。

忠诚的约翰大声说：“每一个临死的人都被允许做最后一次演说，我可以行使我的这一权利吗？”

国王答道：“是的，这是你的权利。”

于是忠诚的约翰说：“我得到了不公正的审判！我对你一直忠心耿耿！”接着他把自己在大海上听到的乌鸦的对话如实地讲了一遍，最终说明自己所做的这一切都是为了救自己的主人。

国王失声大叫：“哦，我最忠诚的约翰！住手，住手，快把他放下来！”

但忠诚的约翰说完最后一句话，就立刻变成了石头，没有了任何气息。

国王和王后陷入深深的悔恨之中。国王说：“我是多么愚蠢啊！怎么能这样对待伟大的忠心！”

国王命令把约翰的石像抬到他的卧室，放在床边。每次看到石像，他都会泣不成声：“如果我能让你复活该多好啊，我最忠诚的约翰。”

又过了一段时日，王后生下了一对双胞胎儿子。他们长得很快，很快就长得和王后一样高了。

有一次王后去教堂祈祷，两个孩子留在父亲身边玩耍。国王再次看着石像，悲伤地叹气说：“唉，我如何才能让你复活啊，我忠诚的约翰！”

就在这时，石像开口说话了：“除非您付出自己最珍贵的东西，否则您是无法让我复活的。”

国王大哭道：“我愿意付出自己拥有的一切。”

石像说：“如果您能亲手砍掉你两个孩子的头颅，然后把他们的血洒在我身上，那我就能恢复生命了。”

国王听到必须杀掉自己最心爱的两个孩子，吓坏了，但又想到约翰的忠心，以及他为自己而死，于是他拔出剑，亲手割下了两个孩子的头。

当他把孩子的血涂到石像上的时候，石像活了过来——忠诚的约翰再次活生生地站在国王的面前了。

“您的忠诚也会有回报的。”接着约翰把孩子们的头接上，涂上他们的血，很快他们又活蹦乱跳地继续玩了起来，就像什么也没发生过一样。对这一切，国王喜出望外。

王后回来后，国王赶快把忠诚的约翰和两个孩子藏在一个大衣柜里。王后进屋后，他对她说：“你是去教堂祈祷了吗？”

“是的。”王后答道，“我一直在想念忠诚的约翰，以及因为我们而给他带来的不幸。”

国王说：“亲爱的妻子，我们可以让他复活，但要以我们的两个小儿子为代价，必须牺牲他们才行。”

王后听了脸色发白，心里充满了恐惧，但她还是说：“这是我们欠他的，也是为了报答他伟大的忠诚。”

国王非常开心王后和自己想的一样，便过去打开衣柜，忠诚的约翰和孩子们都走了出来，兴奋地说：“感谢上帝佑护，他得救了，我们的孩子也失而复得。”接着就把刚才发生的事情告诉了她。

从那时直到他们去世，他们生活得都非常幸福快乐。

下流东西

从前，一只公鸡对母鸡说：“现在核桃都熟了，我们一起上山吧，趁松鼠还没有摘光，美美地吃上一顿。”母鸡答道：“好啊，走吧，让我们一起去山上享受一顿美餐。”于是他们一起上山了，由于天气晴朗，他们一直待到了傍晚。

也不知道是因为他们吃得太饱撑着了，还是他们突然变得骄傲自大了起来，他们不想步行回家了。公鸡决定做一辆核桃壳车。

一切准备就绪后，母鸡坐在核桃车里对公鸡说：“你来拉车吧！”

公鸡说：“我宁可步行回家，也不愿意拉车回家，这没有商量的余地！我倒不介意当个车夫坐在车子上，但要让我自己拉车，没门！”

正当他们争论不休的时候，一只鸭子呱呱叫着向他们冲来：“你们这些小偷，是谁让你们上我的核桃山的？别急着走！是你们自讨苦吃！”说着，鸭子张开喙向公鸡冲了过来。

公鸡岂是等闲之辈，开始勇猛回击，最后公鸡制服了鸭子，鸭子只得呱呱求饶，答应帮他们拉车作为惩罚。

公鸡坐在车子上当起了车夫，于是他们快步出发了。“鸭子，快快跑起来！”公鸡大喊。

走到半路上的时候，他们遇到两个路人，一个是大头针，一个是缝衣针。他们喊道：“停车，停车！”两个人请求车上的人让他们搭车走一程，因为天很快就要黑下来了，路又这么泥泞不堪，他们不能再往前走了。而且他们身材消瘦，不会占太多地方。公鸡让他们上来，提醒他们上车的时候不能踩到他和母鸡的脚。

傍晚，天又黑了一层，他们来到一家小旅馆。这个时候鸭子已经精疲力竭，走路摇摇晃晃，没法在晚上继续赶路了，于是他们决定住在这里。店老板怕他们付不起住店的钱，便说房子已经住满了。他们说了很多好话，答应把母鸡路上下的蛋给店老板，再把鸭子留下，这样店老板每天都能得到一只蛋。最后店家同意让他们住一晚。接下来他们受到了优待，大吃大喝了一顿。

第二天早上，天刚蒙蒙亮，大家都在熟睡的时候，公鸡叫醒了母鸡，拿出那个承诺给店家的鸡蛋，打破了一起分开喝了，又把蛋壳扔到火炉里面。接着他们叫醒了熟睡的缝衣针，把他插进店老板的椅子上，又把大头针放进老板的毛巾里，最后他俩越过石楠树丛逃跑了。

鸭子喜欢睡在外面，整晚一直待在院子里，看到两只鸡逃跑了，自己也顺着溪流游水逃跑了——这可比拉车轻松多了。

两小时后，店家醒了。他洗完脸拿毛巾擦脸的时候，被大头针划破了脸，耳朵也划出了一道伤痕。接着，他又去厨房点烟，刚靠近炉灶边，就被烧着的鸡蛋壳溅在眼睛上。

他气愤地说："这个早上怎么什么东西都跟我有仇似的！"

他气呼呼地坐在祖父留下来的椅子上，但很快就跳了起来，大叫道："疼死我了！"

原来缝衣针扎进了他的身体里，这可比大头针划在脸上疼多了！

他被彻底激怒了，马上就怀疑是昨晚到的那些客人捣的鬼，但当他去他们住的房间看的时候，发现他们已经跑了！

从这件事以后，他再也不让衣衫不整的路人住他的店了，因为他们花销不少，却不付钱，还以怨报德，戏弄他。

莴笋[①]

从前有一对夫妇，他们盼望着能有一个女儿，但愿望一直没有实现。后来，女人祈祷上帝能够帮助他们实现这个愿望。

他家后墙有一扇窗户，隔着窗户能看到一大片花园，里面长满了漂亮的花花草草。不过花园被高墙围着，没人敢走进去。因为这个花园属于一个女巫，她法力高强，世人都很害怕她。

一天，女人站在窗前，往花园里面看。突然看到一片地，上面长满了世界上最好的莴笋，看起来那么鲜翠欲滴，绿意盎然。女人忍不住，实在想尝尝。这种愿望与日俱增，但她心里又明白自己是不可能吃到的。为着这个无法实现的愿望，她变得日益憔悴，脸色苍白，愁容满面。这被他丈夫发现了，他问道："老婆，你怎么了？"

---

① 莴笋，四季生蓝铃花科，白色纺锤形根系，口嚼似萝卜，味甘。叶、嫩枝及根等，切成薄片，可做色拉。

“啊！”她回答道，“如果再吃不到咱们房子后面花园里的莴笋，我就会死掉。”

这个男人深深爱着自己的妻子，于是他想：“不能让自己的妻子死啊，必须去取一些莴笋来，不管发生什么都无所谓了。”

一个傍晚，天刚刚黑下来，男人从墙上爬进女巫的花园，急匆匆地抓了一把莴笋，拿回来带给了妻子。妻子很快就为自己做了一份色拉，津津有味地吃完了。

妻子实在太喜欢这些莴笋了，第二天她还想要比上次多两倍的莴笋。为了能让妻子好受些，丈夫决定再次潜入花园。

于是，当天晚上，他借着夜幕的掩护，再次进入了女巫的花园。但当他从墙上爬下来的时候，惊恐地发现女巫就站在他的面前。

“你好大的胆子！”她怒气冲冲地看着他，“竟敢像小偷一样溜进我的花园偷莴笋？你真是自讨苦吃！”

“啊！”男人说道，“请原谅我吧，我真的是迫不得已啊。我的妻子从窗户看到你花园的莴笋，特别想吃一些。如果吃不到的话，那她就会死去。”

女巫听后怒气消了些，对他说：“如果真如你说的那样，我就答应你想带走多少就带走多少，但我有一个条件，你必须把你妻子生下的孩子给我。我会好好照顾她，就像我自己的女儿一样。”男人一脸惊恐，女巫说什么他都答应了。

后来当女人怀孕，孩子降生的时候，女巫出现了。她给孩子起名叫莴笋，然后就把孩子带走了。

莴笋很快就长成了太阳底下最美丽的女孩。十二岁时，女巫把她关在森林深处的一座塔里。那座塔没有楼梯，没有门，上面只有一扇小窗户。每当女巫要进去的时候，她就站在下面大喊：

“莴笋，莴笋，快把你的头发垂下来。”

莴笋的头发非常长，就像金子编织的那样结实。听到女巫的声音，她就把辫子解开，缠在窗户上的一个钩子上，于是头发就从窗户垂到地面，女巫就顺着头发爬上去。

又过了一两年，有一位王子骑马穿过森林。路过这座塔时，王子听到了女孩的歌声，那歌声很美，他忍不住停下来倾听。那是莴笋在唱歌，她实在太孤独了，就用她甜美的嗓音唱歌来消磨时间。王子想爬上去，就去找塔的门，却怎么也找不到。

王子回到家，心里一直萦绕着他听到的歌声，于是每天他都去森林里听这美妙的歌声。

有一次，王子正在树后面听歌，看到一个女巫走了过来，女巫喊道：

“莴笋，莴笋，快把你的头发垂下来。”

莴笋垂下头发，女巫爬了上去。

“如果那是上塔的梯子，我也可以试一次运气。”王子说道。

第二天天黑的时候，王子来到塔底下，大声喊道：

“莴笋，莴笋，快把你的头发垂下来。”

很快，头发了垂下来，王子爬了上去。

当王子走向莴笋的时候，她被这个从来没有见过的人吓坏了。王子像朋友一样亲切地和她说话，倾诉着自己的内心，告诉她自从听到她的歌声之后，自己就夜不能寐，一定要来看看她。

莴笋不再害怕了。王子问她是否愿意做自己的妻子，莴笋看着眼前这个年轻而英俊的男人，心里想：“他肯定比老女巫更爱我。”于是她答应了，把手交给了他。

她说：“我很愿意和你一起走，但我不知道该怎么下去。以后你每次来都带些丝纱，我用来织一个梯子。等梯子织好的时候，我就能下去，然后骑你的马离开。”他们商量好从那天起他每天都来看她。

女巫每天白天都过来看她，但她一直没有发现什么。直到有一次，莴笋对她说：“高斯夫人，请问你为什么比王子重这么多呢？这段时间他一直和我在一起。”

“啊！你这个不听话的孩子，”女巫大叫道，“我都听到了什么啊！我原以为已经让你和世界隔离了，没想到你竟然欺骗我！”

女巫怒气冲冲地抓住莴笋美丽的辫子，缠在自己的左手上，右手拿起一把剪刀，咔嚓，咔嚓，把莴笋的头发剪断了，美丽的辫子掉落在地上。接下来，她把可怜的莴笋扔到荒漠里，让她悲惨而又痛苦地生活在那里。

把莴笋送走后，女巫把莴笋金色的头发用窗户的钩子挂好。

第二天，王子来了，他在树下喊：

“莴笋，莴笋，快把你的头发垂下来。”

女巫把莴笋的头发垂了下去。王子爬上去以后，没有看到心爱的莴笋，却看到一个女巫正恶狠狠地盯着他。

“啊！”女巫邪恶地笑着，“你再也找不到你的爱人了，她再也不会在这里唱歌了，她被猫吃掉了。我也会挖出你的眼睛！”王子失魂落魄，绝望地从塔上跳了下去。

王子虽然没有死去，但荆棘刺伤了他的眼睛。他迷迷糊糊地在森林里游荡，只能靠树根和草莓充饥，整天为失去自己的爱人而悲伤痛哭。

就这样，他痛苦地生活了几年，后来走到了荒漠——那正是莴笋所在的地方！莴笋生下了一对双胞胎，艰难地生活着。

他听到一个声音，那个声音是那么熟悉，他朝着声音走过去。当他走近的时候，莴笋认出了他，他们两个人相拥而泣。莴笋的泪水湿润了他的眼睛，他的眼睛又恢复了光明，又像以前那样清澈透亮了。

他带着她回到了自己的王国，他们受到了热烈的欢迎。后来他们一直生活在一起，幸福而满足。

森林里的三个小仙人[①]

从前有个男人死了妻子，也有个女人死了丈夫。这个男人有一个女儿，这个女人也有一个女儿。两个小女孩很熟悉，常常一起玩。

有一次，她们出门玩够了之后回到女人家中，女人对男人的女儿说：

① 小仙人，这个称呼可能是因为他们住在森林的山洞里，身材矮小而来。据传，他们会偷小孩，并给小孩施洗礼。

“听着，告诉你的父亲，我想嫁给他。这样你就能每天早上用牛奶洗脸，并有酒喝了。但我的女儿只能用水洗脸，并只能喝水。”

女孩回到家，转述那个女人的话给父亲听。男人说：“我该怎么办呢？婚姻既充满了幸福快乐，也掺杂着困苦磨难。”最后他仍无法作决定，于是脱下靴子，说：“拿着这只靴子到阁楼，挂在大钉子上，然后往里面灌水。鞋底有个洞，如果靴子能装住水，我就再娶一任老婆；但如果都流光了，我就不再结婚了。”

小女孩照做了，没想到水都堵在洞上，靴子很快就被水装满了。小女孩跑过去告诉父亲。男人亲自过去看，女儿说得没错。于是他就去那个寡妇家向她求婚，两人很快就成亲了。

成亲后的第二天早上，两个小女孩起床后发现，摆在男人的女儿面前用来洗脸的是牛奶，她喝的也是酒；但摆在女人的女儿面前用来洗脸的是水，她喝的也是水。

又一个早上，摆在男人的女儿面前的和摆在女人的女儿面前的都一样：洗脸的都是水，喝的也都是水。

第三天早上，摆在男人的女儿面前用来洗脸的是水，她喝的也是水；但摆在女人的女儿面前用来洗脸的是牛奶，她喝的是酒。从此之后再没有变过。

渐渐地，女人对继女越来越不好，开始变着法子难为她。她也很嫉妒，因为继女又漂亮又可爱，而自己的女儿既丑陋又令人讨厌。

那一个冬天，万物冰冻，坚如磐石，山上和峡谷覆盖着厚厚的雪。女人做了件纸衣服，把继女叫来说：“来，穿上这件衣服，然后去森林里采一篮草莓回来，我做饭要用。”

“啊，天哪！”小女孩说道，“外面冰冻三尺，白雪皑皑，哪里会有草莓啊？而且为什么要让我穿这件纸衣服啊？天气寒冷，呼气成冰，寒风会吹进身体里，荆棘会把衣服划破，伤到我的身体。”

“难道你要不听话吗？”继母说道，“赶快出发，如果不能摘满一篮子草莓，就不要回来见我！”她给了小女孩一小片硬面包，说：“这是今天的三餐。”她暗地里想，“你在外面一定会被冻死饿死，再也回不来了。”

小女孩只好穿上纸衣服，带着篮子出了门。一眼望去，原野遥远而空旷，除了厚厚的积雪，连一片绿叶都没有。走进森林后，小女孩看到一所小房子，里面有三个小仙人正从门缝往外看。她向他们问好，礼貌地敲门。他们答道：“请进。”于是小女孩进了屋，坐在火炉旁边的长凳上，围着火炉取暖，并拿出面包当早餐。

小仙人说：“分我们一些面包好吗？”

“当然可以。”她说。然后把小面包分成两片，给了他们一半。

他们问她：“这么冷的冬天，你穿这么薄的衣服，来森林里做什么呢？”

“啊，”她回答道，“我出来采草莓，采不满一篮子的话，就不能回家。”

小女孩吃完面包后，他们给了她一个扫把，对她说：“去把后门外面的雪扫了吧。”小女孩拿着扫把出门扫雪去了。

三个小仙人说：“她人这么好，还分面包给我们吃，我们要回报她什么礼物呢？”

第一个小仙人说：“我的礼物是她一天比一天漂亮。”

第二个小仙人说：“我的礼物是每当她说话的时候，就会有金子从她嘴里掉出来。”

第三个小仙人说：“我的礼物是会有一个国王来娶她为妻。”

小女孩照着三个小仙人的要求，把门后面的雪扫干净了。就在那时，她发现了几颗熟透了的草莓，在雪地里鲜红欲滴！小女孩开心地把篮子装满，和他们一一握手道谢，就带着继母要的草莓跑回家去了。

当小女孩进屋和家人打招呼时，一个金币从她嘴里掉了出来。接着她把白天在森林里发生的事情告诉了家人，每说一句话，就有一个金币从她嘴里掉出来，不久房间里就堆满了金子。

女人的女儿喊道：“瞧她那得意的样子，竟然能吐出金子来！”暗地里，她却心生嫉妒，自己也想去森林里采草莓。

母亲说：“不行啊，我亲爱的女儿。外面太冷了，你会被冻死的。”

但是女儿一直闹，最后母亲妥协了，给她穿上厚厚的毛皮衣服，还让她带上黄油面包和蛋糕。

女孩径直向森林的小房子走去。三个小仙人照例又从小房子里面往外看。但这个小女孩并没有和他们打招呼，也没有和他们说话。她尴尬地走进屋里，自己坐在火炉边，开始吃带来的黄油面包和蛋糕。

小仙人说：“能分我们吃一些吗？”

女孩回答说：“这些食物连我自己都不够吃呢，怎么能给你们呢？”

她吃完后，小仙人说：“那里有个扫把，帮我们把门后面的雪扫干净吧。”

“哼！你们自己去扫吧！”她说道，“我可不是你们的仆人。”

女孩看这几个小仙人不打算给自己任何东西，就自己去门后面找草莓去了。

小仙人说：“她这么小气，我们能给她什么呢？嫉妒心那么强，从来不懂得回报任何人。”

第一个小仙人说：“我祝她变得越来越丑。”

第二个小仙人说：“我祝她每说一句话，就从嘴里跳出来一只青蛙。”

第三个小仙人说：“我祝她不得好死。”

女孩在外面找了半天草莓，却一无所获，就气呼呼地回家了。

当她开口告诉妈妈森林里发生的事情时，每说一个字，嘴里就跳出一只青蛙来，家里人都被吓到了。

接下来的日子里，继女越来越漂亮了，这让她的继母更加恼怒，她整天想的就是怎样迫害这个可怜的女孩。有一天，她拿出一口锅，点上火，放进纱巾煮起来。纱巾煮好后，她抽出纱巾裹在继女的肩膀上，并给继女一把斧头，让她在冰面上砍出一个洞，用冰凉的水清洗纱巾。

女孩只得走到河边，在冰面上砍出一个洞。当她砍冰的时候，一辆漂亮的马车路过，国王正坐在里面。

马车停了下来，国王问道：“我的孩子，你是谁？你在这里干什么呢？”

“我是个可怜的小女孩，正在洗纱巾。”女孩有礼貌地回答。

国王很同情女孩的遭遇，看到她这么漂亮，便对她说：“你愿意和我一起走吗？”

“我非常愿意。”她答道，她非常开心能够离开继母和姐姐。

小女孩坐上马车跟随国王到达王宫，正如小仙人对女孩的祝福一样，她嫁给了国王，他们的婚礼非常隆重。一年后，年轻的王后生下了一个儿子。

继母听说了她的传奇故事，就带着自己的女儿来到王宫来看她。有一次，国王外出时，这恶毒的母女俩趁周围没有人，把王后从床上拉起来，从窗户扔到了外面。然后丑女儿躺在床上，用被子盖上自己的头，假扮王后。

国王回到王宫，想要和自己的妻子说话。这个时候，恶毒的继母赶紧喊道：“嘘，现在还不是时候。王后生病了，一直在流汗，今天得让她休息。”国王没有发现任何可疑之处。

第二天早上，国王又来和妻子聊天。他的妻子回应着，但每说一个字，就有一只青蛙跳出来，而不像以前那样吐出来的是金子。国王忙问这是怎么回事，老女人说那是因为流汗的缘故，很快就会没事了。

到了晚上，厨房里的厨师看到一只鸭子从排水沟里游了过来，它呱呱地喊着：

“国王，国王，您在做什么啊？”

“您是在睡觉，还是醒着呢？”

国王没有回答。它接着说：

“我的客人呢？他们在干什么呢？”

奴仆们说：“他们睡得很香。”

然后鸭子又问：“我的小孩在干什么呢？”

奴仆们回答：“正在他的摇篮里好好地睡着呢。”

它走上楼梯，变成了王后。她看了看孩子，摇了摇小床，盖上床被，然后又变成鸭子游走了。

它连续来了两个晚上。第三个晚上，它告诉仆人：“你让国王拿着剑，在门槛朝着我砍三次。”于是仆人告诉了国王这件事。国王就朝着王后的灵魂挥了三次剑，在挥第三次时，他的妻子又一次活生生地站在他面前了，就像他以前看到的那样。国王很高兴，但他把王后藏在房间里，一直藏到星期天孩子洗礼的那天。

洗礼仪式上，当给孩子起受洗名时，国王问：“一个把别人从床上拖起来扔到水里的人应该得到什么报应呢？”

恶毒的继母说：“这种卑鄙的人不会有好报的。唯有把她放到装满钉子的水桶里，然后从山上滚到水里去。”

国王说：“既然你这样说，那就这么办吧。”

国王命人拿来一只桶，把继母和她的丑女儿都放到水桶里，再盖上盖子，把水桶滚进了水中。

三个纺线的女人

从前有个女孩很懒散，从不纺织。她还让她的母亲对别人撒谎，说自己能织布，但事实上她完全不会。最后，她的母亲对这样的事烦透了，对这样懒惰的女儿也非常生气，甚至还动手打了她，女孩因此大声地哭了起来。

正在这时，王后坐着马车路过这里，听到女孩的哭声，就停下来问她母亲为什么打女儿。母亲羞于让人知道自己的女儿很懒，于是便说：“我没办法让她停下来，她一直不停地纺织，而我家又很穷，没钱买亚麻。”

王后说：“世上没有比纺织声更优美的声音了，也没有比纺织车轮的嗡嗡声更让人开心的事情了。让你的女儿跟我去王宫吧，那里的亚麻数之不尽，能够满足她的愿望。”

母亲听到后满足地答应了，于是王后带走了女孩。

到王宫后，王后带女孩看了三间屋子，里面从地面到房顶都堆满了上好的亚麻。王后说：“现在开始织布吧，当你全部织完后，不管有多穷，都可以嫁给我的大儿子。我不在乎贫穷与否，你不知疲倦的勤劳就是你最好的嫁妆。”

女孩暗地里很害怕，因为她压根就没有纺过亚麻，而且这么多亚麻就是一直织到三百岁，每天从早到晚一直不停，也不能织完。但她不敢拒绝，只好答应下来。

每当独自一人时，她就开始哭泣，连续坐了三天，手指连动也没动。第三天王后过来，很惊讶看到女孩还没有开始纺织。女孩解释说因为刚离开妈妈，心里难受，因此还没有开始纺织。王后听到后原谅了她，但离开时说："无论如何，明天必须开工。"

女孩再次单独一人时，她还是不知道怎么做。她苦恼之极，跑到窗口往外瞧。她看到三个女人走了过来，第一个女人的脚又宽又平，第二个人的下嘴唇厚厚的就像挂在下巴上一样，第三个女人有一个宽大的拇指。她们站在窗前看了看这个哭泣的女孩，问她是不是有什么不舒服。女孩向她们倾诉了自己的烦恼，于是她们同意帮助她。同时又说："如果你邀请我们参加你的婚礼，不因我们的丑陋而羞愧，称我们为阿姨，同时安排我们在婚宴就餐，那我们就答应为你纺织这些亚麻，并在很短时间内完工。"

姑娘回答道："我很愿意，请进来马上开工吧。"于是她让这三个奇怪的女人进屋，先把第一间屋清扫出一些地方，让她们有地方坐下，然后就开始纺织。

第一个人拉线并踏轮，第二个人把线打湿，第三个人缠线并用手指打桌子。由于她手指打桌子的速度飞快，一束束精美的线很快织成了。每次王后来视察时，女孩就把三个纺织工藏起来不让王后看到，只给她看纺好的数不清的线轴，王后对她赞不绝口。

第一间屋子很快就空了，她又来到第二间屋子。很快，第二间屋子也空了，最后，第三间屋子也空了。于是三个女人离开了，并对她说："别忘记你的诺言，这会让你变得更加富有。"

王后看到空空如也的三个房间以及堆得满满的线轴后，下令举行婚礼。新郎非常开心，因为他将要迎娶的是一位如此聪明勤劳的妻子。

"我有三个阿姨，"女孩说道，"她们对我非常好。在获得幸福的时候，我不能忘记她们。请允许我邀请她们参加婚礼，让她们在桌子上就餐。"

王后和新郎说："为什么不呢？"

因此当婚礼开始的时候，三个妇女穿着奇怪的衣服进来。新娘说："欢迎你们，亲爱的阿姨。"

"啊，"新郎说道，"你怎么会有这么奇怪的亲戚呢？"

他走向那个扁平脚板的女人，问道："你的脚底板为什么这么平呢？"

她回答道："经常踏板的缘故。"

新郎又走向第二个女人，问道："你的下巴为什么这么厚呢？"

她回答道："经常舔纱线的缘故。"

新郎又走向第三个女人，问道："你的拇指为什么这么宽呢？"

她回答道："经常卷纱线的缘故。"

看到这些，王子立刻明白了。他喊道："以后再也不让我美丽的新娘纺纱了。"

于是，这个女孩从此再也不用碰令人讨厌的纺纱车了。

汉斯和格雷特

古时候，大森林边上住着一个可怜的伐木人。他有一个妻子和两个孩子。哥哥叫汉斯，妹妹叫格雷特。他们没什么可吃的东西，一旦土地歉收，粮食匮乏，可怜的伐木人就没有办法弄来充足的食物给孩子们吃。

一天晚上，孩子们上床睡觉后，夫妻两人发愁地坐在一起讨论。男人的妻子不是孩子们的亲生母亲，而是继母。

可怜的丈夫叹着气说："我们连自己都吃不饱，该怎么养活两个孩子啊？"

"我知道怎么办，老公，"她回答说，"明天一大早我们就把孩子们带到森林里去，并把他们留在森林深处。你放心，他们再也找不到回家的路，这样我们只养活自己就够了。"

"不，老婆，"男人说道，"我绝对不会这么做，我怎么能把我的孩子们单独留在森林里呢？野兽会很快过来吃掉他们的。"

“哦，你这个笨蛋，”他的妻子回答说，“如果你不这么做，我们四个都会被饿死的。”

丈夫无奈地说：“这样做很对不起这两个可怜的孩子。”

两个孩子由于饥饿难耐而无法入睡，无意中听到了继母和父亲的话。

格雷特哭着对汉斯说：“这下我们完了。”

汉斯说：“小声点！别担心，我会找到办法的。”

当夫妇入睡以后，汉斯爬起来穿上小外套，打开后面的门悄悄溜了出去。月亮散发出光亮，小屋门前铺的白色鹅卵石闪亮得像新的银币一般。汉斯弯下腰，捡了很多鹅卵石，尽量装满了他的上衣口袋。

然后他回到格雷特身边说：“放松点，亲爱的妹妹，安心地睡吧。上帝会照顾好我们的。”然后他也躺到床上睡着了。

第二天，天刚蒙蒙亮，太阳还没有升起来，继母过来叫醒了两个孩子，说：“快起来，你们两个懒骨头。我们今天要去森林里收拾柴火。”

她给了每个孩子一片面包，说：“这是你们的午餐，不要提前吃完了，否则就没得吃了。”

格雷特把面包放在裙子里面，汉斯的口袋里装满了石头。于是他们一起向森林深处走去。走一小段路，汉斯就停下来往回望他们的房子。

父亲问道：“汉斯，你为什么落在后面？在回头看什么呢？好好走路，别连走路都不会了。”

“哦，父亲，”汉斯说道，“我在看我的小白猫，它就蹲在房顶上，正和我说再见呢。”

“胡说！”继母回答，“那不是你的猫！那是早上的阳光照在烟囱上。”

其实，汉斯并没有看猫，而是从口袋里拿出一块石头扔在走过的路上。

他们来到森林深处，父亲说：“孩子们，去找些木柴，我来生一些火，这样你们就不会那么冷了。”汉斯和格雷特一起找了很多木柴，堆得像小山一样。柴火呼呼燃起来的时候，继母说：“孩子们，你们先在火堆旁休息，我们现在去森林里砍些木头。砍完木头后，我们就回来接你们。”

汉斯和格雷特坐在火堆旁。中午的时候，他们每人吃了一小片面包，由于能听到砍柴的声音，他们觉得父亲就在附近。其实，那不是斧头砍柴的声音——而是一条绑在干枯的树上的灌木，风吹得它发出的响声。他们两个在那里不知坐了多久，眼皮开始打架，很快就睡着了。

醒来后，他们发现已是深夜。格雷特开始哭起来："我们该怎么离开这里啊？"

汉斯安慰她说："再等一会儿，等月亮升起来的时候，我们就能找到回家的路了。"

很快，月亮升起来了。汉斯拉着妹妹，寻找着白色的鹅卵石——那些汉斯在走过的路上扔的石头，在月光下闪亮得像新铸的钱币一样，标记出了回家的路。

他们走了整整一夜。天亮的时候，他们来到父亲的房子前。他们敲开门，当女人看到是汉斯和格雷特，就说道："淘气的孩子，怎么在森林里睡了这么长时间？我们以为你们再也不回来了呢。"而父亲却很高兴，因为丢下孩子们后，他的心口就像被砍了一刀似的。

不久，各地又出现了粮食短缺和饥荒，孩子们在晚上又一次听到继母对父亲说："食物又吃光了，我们只剩下几片面包了，然后就什么也没有了。这次孩子们必须离开，我们这次带他们再往森林更深处走，让他们找不到回来的路。除了这样，没有其他办法能救我们自己了。"

男人的心情很沉重，他想了想，说："还是你和两个孩子把这片面包分了吃吧。"

但是女人并没有听进去男人的话，反而责备他、羞辱他。因为他第一次已经妥协了，所以这一次他也不能拒绝。

而孩子们还没有睡着，又听到了他们的对话。于是父母一睡着，汉斯就起来，打算再去外面收集更多亮亮的鹅卵石，以便第二天能够扔在他们走过的路上，这样他们就可以标记出回家的路了。但这一次继母把门锁上了，他没有办法打开。他回到床上，告诉妹妹不要发愁，安心地睡觉，因为他肯定他们会被照顾得很好。

第二天一大早，继母就过来把孩子们从床上叫起来。当他们穿衣服时，她给了他们每人一片面包做午餐，比上次给的还要小，然后就出发去森林了。当他们走的时候，汉斯把口袋里的面包，弄碎成很小的面包屑，不时停下来扔一点，就好像他在回望房子一样。

“汉斯，”继母说，“你那样停下来干什么？一直向前走。”

“我看到我的鸽子停在房顶上，它想要对我说再见。”男孩回答说。

“胡说！”她说，“那不是你的鸽子！那只是早上的阳光照在烟囱上。”

汉斯不再往后看了，他只是在他身后走过的路上扔下面包屑。

这次一直走到森林最深最密的地方，他们长这么大都没有来过这里。他们被吩咐收集柴火和灌木枝，继母生起了一大堆篝火。然后，她说：“留在这里休息一下，孩子们。我去帮你们的父亲，他在这个森林里伐木呢。你们累的时候，可以躺下来睡一会儿，晚上你们父亲收工的时候，我们就回来接你们。”

于是孩子们中午又独自待着，格雷特把自己的那块面包和汉斯分着吃了——汉斯自己的面包都撒在来的路上了。之后他们睡了一小会儿，然后夜晚降临了，但是没有人来接这两个可怜的孩子。

他们醒来时，天已经非常黑了。可怜的格雷特非常害怕，但是汉斯安慰她，就像上次一样，告诉她只需要等到月亮升起来。

但是当他们在月光下走出丛林时，却没有找到面包屑。因为森林里的鸟儿把它们都吃光了。

汉斯安慰格雷特说，很快就能找到回去的路，但他们走了一个晚上都没能走回去。第二天，他们又从早上一直走到晚上，还是没能离开森林。他们实在太饿了，如果不能找到点儿浆果吃，他们一定会被饿死的。他们穿得很少，腿也已经累得实在走不动了，就躺在树下面睡着了。

第三天，他们又起来接着走。但是如果再没有人帮助他们的话，他们肯定会被饿死冻死在这里的。又到了中午，他们看到树枝上有一只漂亮的雪白色小鸟在开心地唱着歌，他们站在那里入神地听了起来。小鸟唱完一曲后，扑棱着翅膀从他们面前飞走了。他们追了过去，看到不远处有一座小房子，小鸟正落在房顶上。走近小房子，他们发现房子是由面包建造的，覆盖着厚厚的蛋糕，窗户是甜甜的糖果。

汉斯说："我们就在这里安顿下来，好好吃一顿吧。我想先吃点儿房顶蛋糕，你呢，格雷特？你可以吃点窗户糖果，这尝起来很甜。"

汉斯爬上房顶，揭下一片房顶尝尝是什么味道。格雷特靠在窗户上，嚼起窗格来。

突然，屋里传来声音："咯吱咯吱，谁在吃我的小房子啊？"

孩子们回答道："风，是风，是呼呼的大风。"然后接着吃。

汉斯发现这房顶尝起来真好吃，接着又撕下来一大块。格雷特也撤下窗户格，坐下来，尽情地享受着。

突然，门开了，一个年过花甲的老妪拄着拐杖，一瘸一拐地走过来。汉斯和格雷特被吓坏了，他们立刻丢下手里的东西。

不过老奶奶点点头，说："哦，亲爱的孩子，是谁带你们过来的？快随我进来吧。没有人会伤害到你们。"她牵着两个孩子的手，走进了小房子。他们面前摆着很多好吃的，有牛奶、煎饼，还有糖果、苹果和核桃。还看到两张漂亮的小床，上面铺着白色的亚麻。汉斯和格雷特躺在上面，觉得就像在天堂一样。

但是这个老妪只是在假装仁慈，她是一个老巫婆，专门等在这里吃小孩。她建造这所面包房子就是为了引诱小孩。当小孩落入她的手中，她就会杀掉他们煮熟了吃，这可是她的一顿美餐。

巫婆的眼睛是红色的，看不远，但她的嗅觉却像野兽一样灵敏，很容易就能发现有人走近。当汉斯和格雷特走到她的地盘时，她恶狠狠地笑着说："他们是我的了，他们不会逃出我的手掌心的。"

第二天早上，趁孩子们还没有起床，老巫婆早早地起来。两个孩子还在睡觉，他们看起来很漂亮，脸颊红红的。她自言自语道："真是一顿美味的早餐啊！"接着她用自己干枯的手抓住汉斯，扔进马厩里，然后关上栅栏门。他想叫就叫吧，反正叫也没用。

她又走向格雷特，把她摇醒，大喊道："快点起来，懒骨头！去打些水来，给你哥哥做些好吃的！他在外面的马厩里面。把他养得胖胖的，然后我就吃掉他。”格雷特大哭起来，但没有任何用处，她不得不按照巫婆的要求去做。

一会儿，饭就做好了。巫婆把最好的都给了汉斯吃，格雷特只得到一些面包碎屑。

每天早上，老巫婆都要爬起来走向马厩，大喊道：“汉斯，伸出你的手指，让我摸摸有没有变胖一些。”汉斯拿起一小块骨头给她看，老巫婆由于眼睛花看不清楚，认为那就是汉斯的手，很奇怪他没有变胖。

又过了四个星期，汉斯还是那么“瘦”！老巫婆忍无可忍，“好啦，格雷特。”她冲着小姑娘大喊道，“动作麻利点，快去弄些水来。不管胖瘦，明天我就要杀掉他，然后煮着吃了。”

啊！小女孩知道后，哭得多么伤心啊！泪水像泉涌一样从脸颊上流下来。“上帝啊，快快帮帮我们吧。”她哭道，“如果森林的野兽一定要吃掉我们的话，那无论如何我们都要死在一起。”

老巫婆说道：“赶快闭嘴，现在说什么都无济于事了。”

第二天早上，格雷特不得不出去置上大锅，装满水，点上火。

“我们得先烘烤，”老巫婆说，“我已经把烤箱加热了，也和好面了。”

他把可怜的格雷特推到烤炉前，烤炉里面的火苗突突往外冒着。“快爬进去，”巫婆说道，“看看温度是不是合适，然后就把面包放进去。”

只要格雷特钻进去，老巫婆就会关上烤箱门，把格雷特也烤了，这样就连格雷特也一起吃掉了。

格雷特看出了老巫婆的阴谋，于是说道：“我不知道怎么做，要不你自己进去试试吧。”

“笨蛋，”老巫婆说道，“这扇门这么大，只是进去看看！算了，我自己进去。”老巫婆说着自己爬了进去，把身体探进烤炉里。格雷特趁机使劲把老巫婆往里推了一把，并迅速关上铁门，插上锁。

“啊！”老巫婆大叫起来。但格雷特已经跑掉了，老巫婆很快就被烧死了。

格雷特飞快地跑向汉斯，打开马厩的门，喊道：“汉斯，我们得救了！老巫婆已经死了！”

门打开后，汉斯像离开笼子的小鸟一样从马厩里跳了出来。他们甭提多高兴了，他们拥抱、跳舞、亲吻。他们不再害怕老巫婆了，大胆地走进她的房间，看到房间里一箱一箱的珠宝。

“这些可比鹅卵石好多了。”汉斯说。他把口袋装得满满的。

格雷特也说：“我也要带些东西回家。”说着用裙子装满了珠宝。

“现在我们赶快跑吧，”汉斯说，“这样我们就能逃离老巫婆的森林了。”

走了两小时以后，他们来到一大片湖水旁。汉斯说：“我们没办法过河啊。”

格雷特说：“那里有一只鸭子，我去问问它，它可能会帮我们过河。”

格雷特喊道：

“小鸭子，小鸭子，看到了吗，
汉斯和格雷特正在等你呢！
这里既没有过桥板，也没有桥，
请把我们载到河对岸吧。”

小鸭子游过来，汉斯自己坐在后面，让妹妹挨着他坐。格雷特说：“不行，这样太重了，小鸭子得一个一个载我们过河。”

好心的小鸭子就这样把他们平安地送到河对岸。他们走了没几步，就发现森林越来越熟悉了，终于看到了父亲的房子。他们急切地跑起来，冲进客厅，跑到父亲怀里。

自从孩子们在森林里丢了以后，这个男人再也没有高兴过，而那个女人已经死了。格雷特掏空裙子，把所有的珠宝都拿出来，汉斯也一把接一把掏出口袋里的珠宝。终于所有的愁云都消散了，他们一家人开开心心地生活了下去。

渔夫和他的妻子①

从前，一个渔夫和他的妻子住在海边的破草房里，渔夫每天出海打鱼。

有一天，他拿着钓竿坐在海边钓鱼，两眼盯着清澈的海水。忽然，钓钩猛地下沉，沉得比以往都深。等他把钓钩拉上来时，发现自己钓上来一条硕大的比目鱼。

比目鱼竟然开口说话了："听我说，渔夫，我请求您放我一条生路。我其实并不是比目鱼，而是一位中了魔咒的王子，如果您杀死我，对您又有什么好处呢？我的肉并不好吃。请把我放回海里，让我游走吧。"

"唉，"渔夫说，"你何必费这么多口舌。一条会说话的比目鱼，我说什么也不会留下啊！"说着，他把比目鱼放回海水里。比目鱼哧溜一声游走了，尾巴带出一条长长的血痕。

然后，渔夫起身回到小茅屋，回到妻子身边。

"喂，老公，"妻子问道，"你今天什么也没钓到吗？"

"钓到了。"他回答说，"我钓到一条比目鱼，可他说自己是中了魔法的王子，我就把他给放生了。"

"你没有向他提点什么愿望或要求吗？"他妻子问道。

"没有，"渔夫说，"我能有什么愿望呢？"

"唉，"妻子说，"咱们总是住在这间又脏又破的小茅屋里，实在是难受，你应该要求获得一座漂亮的小屋啊。快去告诉他，我们要一间小屋，我肯定他能帮我们实现愿望。"

"哦，"渔夫说，"可是我怎么好意思再去找人家呢？"

"为什么不呢？"妻子说，"你抓住过他，又把他放了，他就应该帮你实现这个愿望来报答你，赶快去吧。"渔夫并不是非常想去，但又不想

① 根据威廉·休伊特的说法，这个故事源于一位老年妇女。是由亨利·凯勒比·罗宾逊先生讲述给格林兄弟的。——参见《亨利·凯勒比·罗宾逊的日记》

违背妻子的意愿，最后还是来到了海边。

当他到达海边的时候，海水绿得泛黄，也不像以往那样平静了。他走了过去，站在海岸上喊道：

“比目鱼啊，比目鱼，

你在大海里，

听我好好给你叙，

我抓你又放你，

老婆对此纠缠来纠缠去。”

这时，比目鱼游了过来，对渔夫说：“好吧，你妻子的愿望是什么？”

“唉，”渔夫说，“我刚才抓住了你，我老婆说我应该向你提个愿望，她不愿意再住在小破屋里面，希望能住进一个漂亮的小屋里。”

“回去吧，”比目鱼说，“她已经住进漂亮的小屋了。”

渔夫回到家，发现家不再是那个破草屋了，而是一间漂亮的小屋。妻子正坐在门口的长板凳上，见丈夫回来了，就拉着他的手说：“快进来看看，现在这样不是更好了吗？”

渔夫进屋后发现，房子里面有一间明亮的前厅，还有宽敞整洁的客厅。左边是舒适的卧室，里面摆放着气液的大床；右边是厨房和食物贮藏间，里面摆放着必备的家具，锡制铜制的餐具样样俱全。房子后面还有一个跑着鸡鸭的小院子，以及种满蔬菜瓜果的菜园子。

“瞧，”妻子说，“这不是很好吗？”

“是的，”渔夫说，“我们经常想——我们要过上快乐的生活。”

随后吃了晚饭，他们就上床休息了。

就这样过了一两周。一天，妻子突然对渔夫说：“唉，老公，这房子实在是有点狭窄，院子和园子也太拥挤。那条比目鱼应该能送咱们一套更大的房子，我要住在石头城堡里！你再去找比目鱼，让他送咱们一座城堡！”

“唉，老婆，”丈夫说，“这小屋不是挺好的吗？咱们为什么一定要住城堡呢？”

“你说什么？”妻子怒道，“快点去，比目鱼肯定能做到的。”

“不行的，老婆，”渔夫说，“比目鱼已经给咱们小屋了，我不想这么快就再去找他，否则他会生气的。”

“快去吧。”妻子说，“他很轻松就能做到，而且也很愿意，赶快去吧。”

渔夫心情异常沉重，他本可以拒绝的。但他还是一面对自己说“这样是不行的”，一面向海边走去。

再来到海边时，他发现海水不再是发绿泛黄的，而是混浊不清，蓝一片紫一片的，不过仍然很平静。渔夫就站在那里，大声地喊：

“比目鱼啊，比目鱼，
你在大海里，
听我好好给你叙，
我抓你又放你，
老婆对此纠缠来纠缠去。”

过了一会儿，比目鱼游过来，说：“好的，她还想要什么呢？”

“唉，”渔夫颤抖着说，“她想拥有一座石头城堡。”

“去吧，她现在正站在城堡的门口。”比目鱼说。

渔夫赶紧往回走，盼着快点儿到家。回到老地方，发现那儿的确屹立着一座石头城堡，壮观大气。老婆站在台阶上，正准备进屋，见丈夫回来，就拉着他的手说：“快跟我进去瞧瞧！”

和老婆走了进去后，渔夫发现宫殿大厅铺满了大理石；许多仆人伺候着，为主人打开一扇又一扇大门；宫殿墙壁色彩炫丽，精美华丽；房间里镀金桌椅整齐地陈列；大厅房间铺满地毯；桌子上摆满了美味佳肴与珠宝饰品。屋后还有一个大院子，院子里有马厩牛棚，马匹与母牛拥挤一处，还有一架富丽堂皇的大马车；还建有一座美丽的大花园，万紫千红的花朵开满园子，映衬着各种名贵果树；另外一座公园里，跑着鹿和野兔，你能想象到的里面都有。

“瞧，”妻子说，“这不好吗？”

“好，当然好啦！”丈夫回答说，“这已经非常好啦。咱们就安心地生活在这座美丽的城堡里吧，总该心满意足了吧。”

“这个嘛，容我再想想。”妻子说，“该睡觉了。”于是他们回房睡觉了。

次日凌晨，妻子先醒来。正是一日之晨，她坐在床上望着窗外的田野，富饶美丽，无边无际。她用胳膊肘捅了捅丈夫，说：“老公，起床啦，快点儿跟我来窗前。瞧啊，咱们难道不应该成为这个国家的国王吗？快去找比目鱼吧，说咱们要当国王。”

“哎呀，老婆，”渔夫说，“咱们为啥要成为国王呢？我不喜欢做国王。”

“好！”妻子说，“如果你不想当国王，那我来当。快去找比目鱼说我要当国王。”

“哎呀，老婆，”渔夫说，“你为什么要当国王呢？我真的不想找他说这些话。”

“为什么不？”妻子说，“快去找比目鱼，我一定要成为国王。”

渔夫极其不开心地去了。“这不行，真的不行啊。”他不想去，但还是去了。

渔夫来到海边时，海水像浓墨一样黑，波浪翻滚，从海底翻涌上散发着恶臭的海水。他走过去，站在海岸上说：

“比目鱼啊，比目鱼，
你在大海里，
听我好好给你叙，
我抓你又放你，
老婆对此纠缠来纠缠去。”

“好的，那么她还想要什么呢？”比目鱼游出来说。

“唉！”渔夫说，“她想要成为国王。”

“去吧，她已经是国王了。”

渔夫再回到家时，发现宫殿大了许多倍，又建了一座高塔，镶有漂亮的雕饰。一排守卫站在门口，附近还有许多士兵，门前乐队锣鼓齐奏。渔夫走进宫殿，见到各种由金子与大理石砌成的物品；桌椅上铺满天鹅绒，垂挂着大大的金流苏。一道道大门依次敞开，整座王宫处处体现着富丽堂皇。他的老婆坐在镶嵌有无数钻石的黄金宝座上，头戴宽大金冠，手握纯金宝石权杖。宝座两旁，六名宫女一字排开，个头从高到矮。渔夫上前说："喂，老婆，你现在真的是国王了吗？""是的，"妻子回答说，"我们现在就是国王啦！"渔夫站在那里仔细打量着妻子，过了一会儿说："哎，老婆，你已经当上了国王，该心满意足了吧，以后咱们就别再要求什么了吧？"

"老公，那可不行啊。"妻子回答说，并显出烦躁的情绪，"我已经是度日如年、无聊至极了。快去找比目鱼，告诉他让我当皇帝。"

"哎呀，老婆，"渔夫说，"你为什么要当皇帝啊？"

"老公啊，"妻子说，"快去找比目鱼吧，就说我要当皇帝。"

"哎，老婆，"丈夫回答说，"比目鱼哪里有办法让你当皇帝啊，我也不想提出这个要求。偌大一个帝国，皇帝就只有一个啊，比目鱼怎能随便让你当皇帝呢？他真的没有这个能力啊。"

"你再说一遍！"妻子喝道，"我现在是国王，你不过是我的丈夫而已。你去不去？给我马上去！他既然可以让我成为国王，也就能让我当皇帝。我一定要做皇帝，你马上去。"

渔夫不得不去了。他走在路上时，心里愈加惊恐，边走边想："这样可不会有好下场的。想当皇帝！脸皮太厚啦！最后比目鱼忍无可忍，一定会发怒的！"他边想边走，来到海边。见到海水污浊不堪，海浪翻腾，泡沫飞溅，而且旋风呼号，渔夫心惊胆战。但他还是站在岸上喊道：

"比目鱼啊，比目鱼，
你在大海里，
听我好好给你叙，
我抓你又放你，
老婆对此纠缠来纠缠去。"

"她这次想要什么呀？"比目鱼问。

“唉，”渔夫回答说，“她要当皇帝。”

“回去吧，”比目鱼说，“她已经是皇帝了。”

渔夫又往家走，到家时一看，整座宫殿都由平整发亮的大理石砌成，浮雕与黄金饰品比比皆是。宫殿门口，列兵警卫们正列队行进，号角嘹亮，锣鼓阵阵，震耳欲聋。宫殿里面，男爵、伯爵迎来走去，各个小心翼翼。纯金房门一道道敞开，妻子端坐在整块金子锻造的、数千英尺高的宝座上。她头戴宽大的金色皇冠，无数珠宝镶嵌其中；一只手握皇杖，另一只手托金球。她的两旁有两列侍从威严站立，从高到矮依次排开，最高的貌似巨人，最矮的极像侏儒，还没有她的手指大。她的面前还有不少王孙贵族。渔夫走过去，站在中间，问道：“老婆，你这次真的当上皇帝了？”

“是的。”她回答道，“我真的变成皇帝了。”渔夫前移几步，想仔细看看她。看了一会儿，说：“老婆，你终于当上了皇帝，真是太好啦！”

“喂！”她说，“你还站在那里发什么愣？我现在成了皇帝，可是我还想当教皇。快去海边告诉比目鱼。”

“哎呀，老婆，”渔夫说，“你当不了教皇的。整个天主教世界也就只有一个教皇呀，比目鱼怎么能让你当教皇呢？”

“老公啊，”她说，“我就是要当教皇。你快去吧！我今天就要当上教皇。”

“不行呀，老婆。”渔夫回答说，“我可不愿意再去找比目鱼告诉他这个了，这可真不行，太过分啦。比目鱼没有办法让你当上教皇的。”

“好啦，别再啰唆了！”她说，“他既然能让我当上皇帝，自然也就能够让我当上教皇了。你现在就去！我是皇帝，你不过是我的丈夫而已，马上就去！”

渔夫心惊肉跳，只得去了。走在路上，他感到浑身无力，两腿发软。海岸附近的山上狂风肆虐，乌云压顶，暗无天日。树叶哗哗作响，海水沸腾似的兴风作浪，不断冲刷着他的鞋子。渔夫远远望见有些船只在风浪中起伏跌宕，时隐时现，发出求救的信号。天空一片焰红，并且越烧越旺，只露出中间一点儿蓝，一场暴风雨即将来临。渔夫颤抖着站在海边，喊道：

“比目鱼啊，比目鱼，

你在大海里，

听我好好给你叙，

我抓你又放你，

老婆对此纠缠来纠缠去。”

“她现在想要什么呀？”比目鱼问。

“唉！”渔夫回答说，“她想当教皇。”

“回去吧，她已经成了教皇。”比目鱼说。

于是，渔夫又回到了家。他发现，宏伟的大教堂高高耸立，几座宫殿坐落在周围，人们正如潮水般往里拥。大教堂燃着上千支蜡烛，照得厅堂通明如白昼。他的老婆全身穿金戴银，端坐在更高更大的宝座上，头戴三重金冠。两侧燃起两排大蜡烛，最大的一根就像一座高大的宝塔，最小的一根跟普通蜡烛无异。教会众多显贵簇拥在她周围，天下所有皇帝与国王都跪在她的面前，争先恐后亲吻她的鞋子。

“老婆，”渔夫看着她说，“你现在真的是教皇了吗？”

“是的。”她回答说，“我是教皇了。”

渔夫说着凑了过去，仔细打量一番，感觉她就像闪耀的太阳，光彩夺目。看了一会儿，他说：“老婆，你现在成了教皇，这可真是了不起啊！”可她坐在那里像泥雕塑像一般，动也不动。

他接着说：“老婆，你已经当上了教皇，这回可该称心如意了吧，不会还有更高的愿望了吧？”

“这个嘛，我还得想一下。”妻子回答说。说完，他们就上床休息了。

但她还是不满意，她的私欲还在不断膨胀，野心让她无法入睡。她思来想去，想自己还能成为什么。

渔夫因为白天来回奔波，睡得香甜沉酣，而妻子却在床上辗转反侧，不停地想着自己还能成为什么，却怎么也想不出来，整整一晚上也没能睡着。这时，太阳快要升起来了，她看见了黎明的曙光，一下从床上坐起来，望着窗外。透过窗口，看见一轮太阳冉冉升起，她忽然有了一个想法：“哈哈！我难道不应该对日月星辰发号施令吗？”

“老公，”她用胳膊捅了捅丈夫，说道，“快起来啊，再去找比目鱼，告诉他我要成为太阳和月亮的主人。”

丈夫正迷迷糊糊睡着，一听这话，吓得从床上滚了下来。他以为自己听错了，揉了揉眼睛，大声地问：“老婆，你想成为什么？”

“老公，”她说，“我要是不能控制太阳和月亮，要它们升它们就升，要它们落它们就落，我就没法活了。我就是要按自己的意愿命令它们什么时候升起，不然就一刻都不得安宁啦。”

她瞪着丈夫，面露凶光，吓得他不寒而栗。

“快去！”她喊叫起来，“我要成为太阳和月亮的主人。”

“哎呀呀，我的老婆啊！”渔夫跪着说，“比目鱼可办不到啊，他能使你成为皇帝和教皇就不错了。求你啦，就当教皇吧。”

听丈夫这么说，她即刻勃然大怒，头发忽地飘起来，她撕扯着自己的衣服，狠狠地朝丈夫身上踢了一脚，吼道：“我再也受不了啦！我再也受不了啦！你快给我去！”

渔夫不敢怠慢，赶快穿上衣服，发疯似的跑出去。外边已是狂风肆虐，渔夫站都站不稳了。一座座房屋瞬间夷为平地，一棵棵大树被连根拔起，一座座山岳颤抖不止，一块块岩石滚落大海。天空雷鸣电闪，漆黑如夜，怒吼的巨浪翻滚着，浪头如山头耸立，浪尖上白沫飞溅。渔夫声嘶力竭地喊道：

“比目鱼啊，比目鱼，

你在大海里，

听我好好给你叙，

我抓你又放你，

老婆对此纠缠来纠缠去。”

“那么，她到底想要什么呀？”比目鱼问。

“唉，”渔夫回答说，“她想要做太阳和月亮的主人。”

“回去吧。”比目鱼说，“她又重新住进了那个破渔舍里了。”

就这样，他们一直在那儿生活到今天。

勇敢的小裁缝

阳光明媚的夏日清晨，窗户的台子边，一个小裁缝正全神贯注地做着针线活儿。这时，街上走来一个农妇，吆喝着：“果酱啦！卖果酱啦！便宜的果酱！”小裁缝觉得这声音挺好听，就将有一头鬈发的脑袋探出窗外，喊道：“到这儿来吧，阿姨，我要您的果酱！”

提着沉甸甸的篮子，农妇跨上三个台阶，走到小裁缝面前，挨个儿打开罐子。小裁缝一个一个地仔细看了看，还把罐子凑到鼻子前闻了闻，最后说道：“亲爱的太太，我要四盎司，半镑也行。”农妇原以为碰到大买主了呢！她把小裁缝要的那丁点儿果酱称给他，嘟哝着气呼呼地走了。

“愿上帝保佑，”小裁缝祈祷道，“赐予我健康与力量吧。”他从柜子里拿出面包，切了一片，把果酱涂在上面。“肯定会好吃的，”他说，“不过我得先把这件背心做完。”于是，他把涂了果酱的面包放在旁边，接着缝衣服，心里美美的，针脚也就越来越大。

这时，果酱香甜的气味招引来一群聚在墙上的苍蝇，它们纷纷叮在面包上，要分享这顿美味。“谁让你们过来的啊？”小裁缝说着就赶苍蝇。苍蝇才不理睬他，就是不肯走，于是落在面包上的苍蝇越来越多了。

小裁缝火冒三丈，随手抄起工作台上的毛巾，喊道：“等着瞧，让你们见识一下。”说着就朝苍蝇狠狠地打了下去，结果整整打死了七只，有的连腿都给打没了。

“我可真不错啊！”他不禁对自己大加夸赞，“全城人都应该知道我的勇敢。”说罢，小裁缝立刻缝了条腰带，并绣了几个醒目的大字：“一下子打死七个！”

“不能仅是全城，”小裁缝突然喊起来，“全世界的人都应该知道！”说着说着，他的心激动不已，像小羊羔的尾巴一样摇来摇去。系好腰带，凭着自己的勇敢无畏，小裁缝打算闯闯世界。留在这个地方，真是大材小用，埋没了才华。

出发前，小裁缝四下搜罗，寻找有没有可带的东西。但只发现一块干瘪的乳酪，他随手装进了口袋。在门口，他又发现灌木丛中困住了一只小鸟，便捉来放进装干酪的口袋里，然后就雄赳赳气昂昂地上路了。

由于他身材矮小，脚步轻健，走起路来脚底生风，丝毫不觉得累。小裁缝沿着路走到大山上，爬上山顶，看到一个巨人正悠闲地坐在那儿，左顾右盼。

小裁缝壮了壮胆走过去，跟巨人打招呼："你好，伙计。你是坐在这儿眺望大千世界吗？我正要去闯闯世界呢，怎么样，有没有兴趣跟我一起去？"巨人轻蔑地瞟了他一眼，扯着嗓子对他说："小可怜虫！弱不禁风的小朋友！"

"啊哈，真的吗？别这么小瞧我啊！"小裁缝回答道。说着解开上衣，露出腰带来给巨人看。"大声念一念你就知道我是何许人也！"巨人念了起来："一下子打死七个。"

巨人以为这位裁缝一下子打死的是七个人呢，不禁对小裁缝产生了几分惧意。不过，他还是决心要和小裁缝比试一下。巨人拣起一块石头，使劲一捏，石头化成了粉。

"要是你也有力气，"巨人说，"就来试试看啊。"

"就这个啊？"小裁缝说，"对我来说太简单了。"说着把手伸进了口袋里，掏出带的那块干酪，轻轻一捏，汁液就冒了出来。

"怎么样啊，"小裁缝说，"比你厉害吧？"

巨人看了无言以对，但仍怀疑这么个小人儿怎么会有那么大力气。他又拣起一块大石头，使劲抛向空中。石头飞得极高，肉眼都看不见了。

"哈，"巨人说，"小可怜，你也来扔一下吧。"

"果然扔得挺高。"小裁缝回答道，"可是你扔的那块石头，最终还是掉到了地上。我来给你出一招，扔出去就不会再掉下来。"

说完，小裁缝就从口袋里抓出那只小鸟扔向空中。小鸟欢欢喜喜地飞走了，很快便消失得没有踪影。

“喂，伙计，这一招还行吧？”小裁缝问道。

“你扔东西的确还有两下子，”巨人回答说，“现在让我再看看，你能不能扛起沉重的东西。”他把小裁缝领到一棵已砍倒在地的大橡树前，“你要是真有力气，就和我一起把这棵树从林子里抬走。”

“没问题，”小裁缝说，“你扛树干，我抬树枝，这树枝枝枝叶叶的可是最不好抬的呀。”

巨人扛起树干，小裁缝噌地一下坐在一根树枝上。巨人无法回头，就扛着整棵大树，还有坐在树枝上的小裁缝。小裁缝坐在树枝上，悠然自得，快乐地打着口哨，唱着《三个裁缝骑马出了城》这首歌。在巨人听来，抬树对他来说就像孩子的游戏一般轻松。

巨人扛着大树走了一段，累得喘不过气来，嚷着说自己走不动了，要把树放下来。小裁缝一下子从树枝上跳下来，两只胳膊抱住树身，摆出一副抬着大树的架势，对巨人说：“亏你这么大个儿，连棵树也扛不动！”

他们继续往前走，走到一棵樱桃树前，树冠上挂满了紫红的樱桃。巨人一把抓住树冠，拉低后拿给小裁缝：“给你吃个够。”可小裁缝哪有这么大的力气？巨人一松手，树就忽地直起身，小裁缝也被弹到了空中。

小裁缝稳稳落地，巨人叫嚣道：“呵！你连这么一根小树枝都抓不住啊？”“这和力气有什么关系？”小裁缝回答说：“我一下子能打死七个呢，你以为我真的抓不住小树枝吗？林子里有个猎人正拿枪对着我，我才一跃而起跳过树顶。你要是也行，跳一个给我瞧瞧。”

巨人跳了一下，没有跳过去，却被挂在了枝杈上。于是，小裁缝又赢了一局。巨人说：“你的确是个了不起的小勇士，我就邀请你去我的山洞里过夜吧。”小裁缝很乐意，就跟他一起去了。

来到洞中，有几个巨人围坐在火堆旁，手里拿着烤羊啃着，像吃面包似的。小裁缝心想：“这儿可比我的小作坊大气多啦。”巨人指着一张床，让他躺下休息。可这床实在是太大了，小裁缝没有躺在床中间，而是爬到一个角落睡着了。午夜，巨人以为小裁缝睡熟了，就抓起大铁钉，朝床上狠狠扎了几下，以为把小裁缝杀死了。

第二天，巨人们起身到林子里去，却突然看到小裁缝仍然像昨天那样生龙活虎、大摇大摆地走向他们。巨人们以为小裁缝要打死他们，个个吓得拔腿就跑。小裁缝则继续赶路，一直往前。

走了不知多久，小裁缝来到一座王宫。他累得精疲力竭，于是倒地便睡。不少路过的人看见了他腰带上绣的字："一下子打死七个！"

"呀！"他们心想，"这一定是位不可多得的大英雄。这个时期没有战乱，他到这里来做什么呢？"他们立即报告国王：一旦战争爆发，此人必有用武之地，千万不能放他走啊！国王很赞成这个主意，差大臣去请小裁缝，请他在军队效力。这位使者站在一旁，看着熟睡中的小裁缝不敢打扰，直等到小裁缝伸了伸懒腰，睁开双眼，才向他提出请求。

"这正是我来这里的目的。"小裁缝听后回答说，"我很愿意为国王效力。"

他受到了隆重的接待，国王赐给他一处别致的住所。不过小裁缝却遭到其他军官的嫉妒，他们盼着他早点儿离开这儿，走得远远的。

"要是我们和他打起来，"他们交谈着，"他一下子就打死我们七个，这可如何是好？我们必败无疑啊。"

后来他们决定一块儿去见国王，集体提出要解甲归田。他们跟国王解释说："我们这等人根本无法和这位一下子就打死七个人的大英雄共事。"

国王十分为难，他不想因为这个人而失去这些效忠自己的军官。要是从来就没见过这个小裁缝该多好？现在国王巴不得打发他走。可国王没这个胆量，担心小裁缝把他和臣民都打死，自己登上王位。他绞尽脑汁终于想出一个主意，派人告诉小裁缝说，阁下是一位了不起的英雄，国王向他提议：国王领地的一座大森林里有两个巨人，他们干尽非法勾当，严重危害安全，至今却没有谁敢去和他们一较高下。要是小裁缝能降服这两个巨人，国王就答应把自己的独生女儿嫁给小裁缝，并分他半个王国。为了给他助阵，国王还给他派去一百名骑士。

小裁缝听后回答说："没问题，我现在去会一会那两个巨人。我并不需要那一百名骑士。我这样一个一下子能打死七个的英雄，区区两个巨人怎是我的对手呢！”

小裁缝出发了，一百名骑士还是跟着他。进入森林前，他对骑士说：“你们就待在这儿，我自己去收拾那两个家伙。”说完，他独自跑进森林中，边走边环顾四周，没多久就发现那两个巨人。他们正躺在大树下睡觉，鼾声如雷，树枝都快被震掉了。小裁缝把两个口袋装满石头，爬到树上。他悄悄地攀上一根树枝，树枝下边正好是两个巨人的脑袋。他用石头砸向其中一个巨人的胸口。这个大家伙一开始动也不动，后来终于醒了，用力推了推身边的同伴，问道：“你干吗打我？”

“你在做梦吧？”另一个回答说，“谁打你啦？”

说完，他们俩又躺下继续睡了。这次，小裁缝把石头朝第二个巨人投下去。

“你怎么回事啊？”第二个巨人嚷嚷起来，“干吗拿石头打我呀？”

“我没有啊。”第一个巨人咆哮着回答说。

他们争吵了几句，实在困乏又闭上眼睛接着睡。小裁缝在树上选了块最大的石头，朝第一个巨人重重地砸了下去。

“你太过分了！”第一个巨人大吼道。他发疯了似的，从地上跳起来，把同伴朝树上猛地一推，撞在大树上，撞得大树哗哗摇晃起来。第二个也毫不相让，两个家伙怒发冲冠，拔起一棵棵大树，狠命地向对方猛扔过去。最后他们两败俱伤，都死了。

小裁缝跳下树来。“真是庆幸，”他说道，“还好他们没有拔掉我在的那棵大树。”说罢，他拔出剑，在每个巨人胸口猛刺一剑，走到那些骑士面前说：“那两个巨人都被我给解决了，这可真是一场你死我活的战斗呀。他们还负隅顽抗，把大树连根拔起来。当然啦，面对我这样一下子能打死七个的英雄，这是没有任何用处的。”

“你没有受伤吗？”骑士们问道。

“这个不需要你们操心，”小裁缝说，“他们不可能伤到我一根汗毛。”

骑士们将信将疑，骑马进森林一看，两个巨人死在血泊中，周围倒着很多被连根拔出的大树，这才相信小裁缝杀死了两个巨人。

返回王国，小裁缝要求国王把之前许诺给他的奖赏都赐给他，国王犹豫了。他又想着怎样才能把小裁缝打发走。

“在得到我女儿和半个王国前，”他说，“你必须再做一件大事。那座森林里还有一头凶猛异常的巨型独角兽，你也必须把它抓住。”

“两个巨人我都不怕，一头独角兽又有何惧？”小裁缝得意道。

带上一根绳索和一把斧头，小裁缝便动身去了森林，仍然告诉骑士们在森林外候着。没用多大工夫，小裁缝便发现了那头独角兽，独角兽也发现了他，向他直冲过来。

他一动不动地站在那儿，等独角兽冲近了，他一下子跳到树后。独角兽发疯似的朝大树顶过来，角牢牢地扎进了树干里，再也拔不出来了，就这样独角兽被捉住了。

“小样儿，这回我可逮住你啦！”小裁缝从树后出来。他用绳索把独角兽的脖子捆住，然后用斧头劈开树干，松开兽角，牵着独角兽回去见国王。

谁知国王还是不肯兑现承诺，又提出第三个条件。他必须再到森林里去把一头穷凶极恶的野猪抓住，然后才能迎娶公主。

“这也没问题，”小裁缝回答说，“逮住野猪那还不是轻而易举的。”

他又一次来到森林，找到那穷凶极恶的野猪。那野猪一见小裁缝，就龇着獠牙猛冲过来，想一头撞倒小裁缝。哪知勇敢的小裁缝轻巧地跳进了附近的一座小教堂，野猪跟着追进教堂。但小裁缝已经从窗口跳了出去，他从教堂后面迅速跑到前门，关上门。气急败坏的野猪又重又笨，没办法从窗口跳出来，就只好束手就擒了。

于是，勇敢的小裁缝第三次去见国王，告诉国王，他这次必须兑现承诺，把他的女儿和半个王国赏赐给他。

国王不得不兑现诺言，把女儿嫁给他，封给他半个国家的土地，让他当国王。

不久后的一天夜里，年轻的王后听见丈夫讲梦话。小裁缝在梦中大嚷：“徒弟，快点儿把这件马甲做好，再补一补这条裤子，否则就让你的脑袋挨尺子。”这样王后便弄清了她丈夫的出身。

第二天一早，她就对父亲抱怨，嫌国王给她选了一个卑微的裁缝做丈夫。国王安慰道：“今晚你打开化妆室的门，我派侍从守在门口，等他睡着了，我让侍从悄悄进去把他捆起来，然后放到一艘船上，把他送到天边。”小裁缝有个男仆，听见了这父女俩的对话，就把这个阴谋禀报了小裁缝。

晚上，小裁缝像往常一样，按时和妻子上床睡觉。王后以为丈夫已经睡着，就爬起来，打开了化妆室的门，又躺在床上。小裁缝只是在装睡，突然尖着嗓子喊叫起来：“徒弟，把背心缝好，再补一补这条裤子，不然我就让你的挨尺子。我一下子打死了七个，又杀死了两个巨人，抓住了一头独角兽，还逮住了一头大野猪，难道我还怕化妆室里的小贼不成？”听到小裁缝的这一番话，打算把他捆绑起来的那几个人，各个吓得拔腿逃跑了。

从此，再也没有人敢碰小裁缝了。就这样，勇敢的小裁缝继续当他的国王，一直当到离开人世。

灰姑娘

有一个富人，他的妻子病了。她觉得自己时日无多，便把自己的独生女儿叫到身边说：“好孩子，如果你永远忠实、善良，亲爱的上帝就会时常帮助你，我也会在天上守护你，保佑你。”她说完就闭上眼睛，离开了尘世。

女孩每天都会到她母亲的坟上去哭。她谨记母亲的遗言，始终保持忠实、善良的心。

冬天来了，大雪像一张白毯子覆盖在坟墓上。当春日的阳光融化积雪时，富人娶了新的妻子。

新的妻子带了她自己的两个女儿来到这个家庭。这两个女儿的外表既美丽又白皙，但是她们的心肠却很坏、很恶毒。自此可怜的女孩就开始受苦了。

她们说：“难道这蠢丫头可以跟我们一起坐在客厅里吗？谁想要吃饭，就必须自力更生。你该在厨房里待着，滚出去吧。”

她们夺去了她的漂亮衣服，给她换上一件灰色的旧褂子和一双木屐。她们嘲笑她说：“你们看看这位骄傲的公主，打扮得这样漂亮！”她们戏弄着把她领到厨房。她在那里从早到晚做着苦工，天还没亮就起来挑水、生火、煮饭、洗衣服。

除此以外，这对姐妹还想出种种办法来捉弄她。她们把豌豆和扁豆倒在灰里，她不得不坐着把它们分拣出来。晚上，她工作到筋疲力尽才能去睡觉，但她没有床睡，只能躺在灶旁的灰里。她总是满身灰尘，又脏又难看，她们都叫她“灰姑娘”。

有一次，父亲要到集市去。他问那两个继女，要他给她们带什么东西回来。

第一个说：“我要漂亮的衣服。”

第二个叫道：“我要珍珠和宝石。”

他又问：“灰姑娘，你要什么呢？”

“父亲，在你回家的路上，请帮我折下第一根碰到你帽子的树枝。”

父亲给两个继女买了漂亮的衣服、珍珠和宝石。在他回家的路上，他骑着马穿过一片绿色的丛林时，一根榛树的枝条碰着了他，把他的帽子刮掉了。他就把那根枝条折下来带回了家。

到家后，他将继女们想要的东西给了她们，把丛林里的榛树枝给了灰姑娘。灰姑娘谢了他，把树枝插到母亲的坟上。她哭得痛不欲生，眼泪不断地落下来，浇灌着树枝。树枝长啊长，变成了一棵大树。

灰姑娘每天到树下去三次，哭啼祷告，每次都有一只白色的小鸟儿飞到树上来。如果灰姑娘许出什么愿望，小鸟就把她希望的东西丢给她。

不久，国王打算举办为期三天的宴会，邀请国内所有漂亮、年轻的姑娘来参加，好让他的儿子选一个未婚妻。那姐妹两个听到她们也被邀请，很是高兴。她们喊来灰姑娘说：“给我们梳梳头发，擦擦鞋子，再把腰带上的扣子缝好，我们要到王宫里去参加宴会。”

灰姑娘遵从了她们的旨意，但却哭了起来，因为她也想一起去跳舞。她苦苦请求继母准许她参加。继母说：“你也想去，灰姑娘？你满身都是灰尘，脏得很，也要去参加宴会吗？你没有衣服和鞋子，你还妄想跳舞吗？”

灰姑娘还是不断地请求着，继母终于开口说：“我给你一碗裹满灰尘的扁豆，如果你在两小时内把豆子拣出来，就让你一起去。”

灰姑娘从后门走到花园里，呼唤着：“温驯的鸽子们、斑鸠们，天空中所有的鸟儿们，请你们都来帮助我吧，把扁豆拣出来：

好的拣在碗里，

坏的吞到肚子里。”

两只白鸽子从厨房的窗子里飞了进来，后面跟着斑鸠，最后，天空中所有的小鸟都叽叽喳喳、成群结队地飞了进来。鸽子低下头去，一粒粒地啄着，其他的小鸟也一粒粒地啄着。它们齐心协力，不停地拣着，把所有好的扁豆都拣到碗里。刚刚一个小时，它们就已经拣完，又飞了出去。

灰姑娘端着碗去找继母，心里很是兴奋，以为她可以一起去参加宴会了。

但是继母说：“不行，灰姑娘，你没有好看的衣服，不能跳舞，你会被人嘲笑的。”灰姑娘听了又落下泪来。

继母说：“如果你能在一小时内，把两满碗扁豆从灰里干干净净地拣出来，我就让你一同去。”继母心里想：“这一回她绝对办不到了。”她把两碗扁豆都倒到灰里。

灰姑娘从后门到花园里去，叫道：“温驯的鸽子们、斑鸠们，天空中所有的鸟儿们，请你们都来帮助我吧，把扁豆拣出来：

好的拣在碗里，

坏的吞到肚子里。”

两只白鸽子从厨房的窗子里飞了进来，后面跟着斑鸠，最后，天空中所有的小鸟都叽叽喳喳、成群结队地飞了进来。鸽子低下头去，又开始一粒一粒地啄着，其他的鸟儿也一粒粒地啄着。它们齐心协力，不停地拣着，把所有的好扁豆都拣到碗里。不到一小时，它们就已经拣好了，又飞了出去。

灰姑娘把碗拿到继母那里，心里很高兴，以为她可以一起去参加宴会了。

但是继母说："白费劲！你不能同我们一起去！你没有衣服，不能跳舞。你去了，只会给我们丢脸。"说罢，她转过身去不理她，带着两个骄傲的女儿急急忙忙地走了。

现在，家里的人都走了，灰姑娘到榛树底下母亲的坟前说道：

"小榛树，请你动一动，请你摇一摇， 把金银制成的衣服给我抛下来。"

鸟儿把一件金银制成的衣服和一双用丝线和银线织成的舞鞋，丢下来给她。她急忙穿上去参加舞会了。她的姐姐和继母都没有认出她来，她们还以为她一定是位外国公主，因为她穿着的金色衣服实在是太光彩照人了，她们压根就没有想到这是灰姑娘，以为她还穿着脏衣服，坐在家里的灰尘旁，从灰里拣着扁豆呢。

王子向她走过来，拉起她的手，与她跳舞。他不愿意再和别的姑娘跳舞了，只握着灰姑娘的手紧紧不放。如果有别人来邀请她跳舞，他就说："她是我的舞伴。"

灰姑娘一直跳到晚上，想回家了。王子说："我陪你一起回去。"他希望知道这位美丽的姑娘住在哪里。但是她从他身边逃脱了，她跳到了她家后面的鸽舍里。

王子站在那里一直等到她父亲回来。王子告诉他，那位不知姓名的姑娘跳到鸽舍里去了。

她父亲暗想："难道是灰姑娘吗?"他们拿来斧头和尖锄，把鸽舍劈开，但是里面空无一人。

继母和姐姐回到家里的时候，灰姑娘正穿着脏衣服，躺在灰里，壁炉台上点着一盏昏暗的小油灯。原来灰姑娘很快从鸽舍后面跳下来，跑到榛树跟前，脱下美丽的衣服，把它放在坟上，小鸟取走了衣服。她重新穿起灰色的衣服，回到厨房。

第二天，宴会照常举行，父母和姐姐走后，灰姑娘走到榛树跟前说：

“小榛树，请你动一动，请你摇一摇， 把金银制成的衣服给我抛下来。”

鸟儿又丢了一件比昨天还要美丽的衣服。灰姑娘穿着这件衣服去参加舞会，每个人都诧异于她的美丽。王子一直在等着她，看见她来到，立刻拉住她的手和她跳起舞来，不肯再和别的姑娘跳舞了。如果别的男子来邀请她，他就说：“她是我的舞伴。”

夜晚到来，灰姑娘想要回家了。王子想跟着她，要看看她走到哪幢房子里去。但是她还是从他身边逃脱了。她跳进了屋后的花园里，园里长着一棵参天大树，上面结着熟透的梨子。她像松鼠一样敏捷地爬到树枝当中，王子不知道她到哪里去了。

他等到她的父亲回来，对他说：“那位不知姓名的姑娘又躲开了我，我相信她爬上了这棵梨树。”

父亲暗想：“难道是灰姑娘吗？”他拿来斧头，把树砍掉，但是树上没有人。

当继母和姐姐走到厨房里的时候，发现灰姑娘还像平常一样，躺在灰里。原来她从树的另一边跳下来，把漂亮的衣服又交给榛树上的鸟儿，穿上了她的灰褂子。

第三天，父母和姐姐们都出门了，灰姑娘又到她母亲的坟前，向榛树说：

“小榛树，请你动一动，请你摇一摇， 把金银制成的衣服给我抛下来。”

鸟儿丢下了比她前两天穿的更为华美的裙子，还有一双纯金的舞鞋。灰姑娘穿了这身衣服去参加舞会。人们都呆住了，不知道该用什么样的语言来赞美她了。王子只同她跳舞，如果有人要邀请她，他就说：“她是我的舞伴。”

到了晚上，灰姑娘又要回家了，王子很希望陪着她一起走。但她很快又从他身边逃脱了，让他无法跟上。但是这一次，王子用了一个计策，他叫人预先把整个楼梯涂上了柏油。灰姑娘跑下楼去的时候，左脚的舞鞋被柏油粘住了，留在了那里。

王子捡起了鞋，只见它小巧、精美，是用金子做成的。

第二天早晨，他带着鞋子到灰姑娘父亲那里，对他说：“哪一位姑娘穿得上这只鞋子，就可以做我的妻子。”

继母的两个女儿听了这话都非常高兴，因为她们的脚都生得很好看。大姐拿着鞋子到房间里去试穿，母亲站在旁边看着。但是她的脚趾太大，鞋子太小，穿不进去。母亲给了她一把刀，说：“把脚趾头削下来吧，等你做了皇后，就用不着走路了。”大姐削下了脚趾头，勉强把脚穿到鞋子里。她忍着疼痛，走出来见王子。王子把她当作自己的未婚妻，扶她上马，带着她骑马走了。然而，当他们经过灰姑娘母亲的坟前时，两只鸽子站在榛树上叫道：

“回过头来看，回过头来看， 金鞋子里有血， 这鞋子给她穿太小了，真正的新娘还坐在家里呢。”

王子看了看她的脚，血正从鞋里缓缓渗出。他掉转马头，把假新娘送回了家，说这个不是真新娘，叫她妹妹试穿那只鞋子。妹妹到房间里去，她运气很好，脚趾头都穿到鞋里去了，但是她的脚后跟太大，穿不进去。母亲给她一把刀子说：“把脚后跟削下一点儿，等你做了皇后，就用不着走路了。”女孩把脚后跟削去了一块，勉强把脚塞进鞋子里。她忍着疼痛，走出去见王子。王子把她当作他的新娘，扶她上马，带着她骑马走了。然而，当他们经过灰姑娘母亲的坟前时，两只鸽子站在榛树上叫道：

“回过头来看，回过头来看， 金鞋子里有血， 这鞋子给她穿太小了，真正的新娘还坐在家里呢。”

王子看了看她的脚，血正从鞋里缓缓渗出，浸染了她的白袜子。他掉转马头，把假新娘送回家去了。他说：“这个也不是真新娘，你们还有别的女儿吗？”

灰姑娘的父亲说：“只有前妻生的一个小可怜——在厨房里干活的灰姑娘，她不可能是新娘。”

王子叫人把灰姑娘叫到面前来，继母回答说：“啊，不行，她实在太脏了，根本见不得人。”但是王子很坚决，他们只好喊灰姑娘出来。灰姑娘洗干净了手和脸，去见王子，向他行屈膝礼。王子把金鞋子递给她，她坐到一张小凳子上，脱下笨重的木屐，穿上金鞋子，鞋子穿在她的脚上就像是专门为她订做的一样合适。

她站起身，王子看着她的面孔，认出来她就是和他跳舞的那个美丽的姑娘，于是叫道："这才是我真正的新娘！"

继母和两个姐姐大吃一惊，气得脸色发白。王子把灰姑娘扶上马，带她离开了这里。他们从榛树前走过的时候，两只白鸽子叫道：

"回过头来看，回过头来看，金鞋子里没有血，金鞋子不大不小，他带了真的新娘回家了。"

它们叫罢，飞了下来，站在灰姑娘的肩膀上，一只在右边，一只在左边，就那么一直站在那里。

王子举行婚礼的时候，两个坏姐姐也来了，想奉承她，分享她的财富。新婚夫妇到教堂里去，姐姐在右，妹妹在左，鸽子把她们的眼睛啄掉了一只。后来，她们往回走，姐姐在左，妹妹在右，鸽子又把她们另一边的眼睛啄掉了。因为她们恶毒狡猾，最后得到了终身做瞎子的惩罚。

何勒太太

从前有一个寡妇，养育着两个女儿，一个既漂亮又勤劳，另一个则丑陋又懒惰。但是寡妇却格外喜欢那个又丑又懒的女儿，因为这是她亲生的。那个漂亮的女儿是继女，她把工作都交给继女做，把她当成家里的"灰姑娘"。可怜的继女每天都得坐在大路旁的井边纺很多的线，不停地纺啊纺，直到手指磨出了血。

有一次，纺线的梭子沾上了她的血，她弯腰拿起梭子想用井里的水把它洗干净。但是却不小心失了手，梭子掉到井里去了。她哭着跑去告诉继母这件不幸的事。继母很严厉地骂她，冷酷无情地说："你把梭子丢下去了，就必须下去把它捞上来。"

女孩回到井边，不知所措，她心里害怕继母，便跳到井里去拿梭子。刚一跳下的瞬间，她失去了知觉。等她苏醒过来，发现自己躺在一片美丽的草地上。阳光普照，周围怒放着成千上万的花朵，美得像乐园一样。

她朝前走去，在一个面包炉旁边停下了脚步，烤炉里装满了面包。面包喊道："喂，把我拿出去，把我拿出去！不然我就要被烧焦啦，我早已烤透了。"女孩走上前，拿起面包铲，从烤箱中一个一个地取出所有的面包。

她又继续往前走，来到一棵果实累累的苹果树下。果树冲她叫道："喂，摇一摇我，摇一摇我，树上的苹果都熟透啦。"女孩摇了摇这棵果树，苹果像雨点般纷纷落下来。直到树上一个苹果也没有了，她才住手。她把所有的苹果聚成一堆，然后继续赶路。

最后，她来到一座小房子跟前，一位老奶奶朝外面瞧。老奶奶的牙齿很大，女孩害怕得要跑开。但是老奶奶喊住她说："亲爱的孩子，你怕什么呢？和我住在一起吧。如果你能够做好所有的家务活，就叫你过好日子。你只需要细心地铺床，努力抖我的被，让细毛飞得像天上下了雪一般。我是何勒太太呀！"

因为老奶奶说话的语气很和善，女孩下定决心为她做事。她按照老奶奶的话去做，总是用力抖被，抖得细毛飞起来时，像是漫天的雪花。

她在何勒太太家里过得很愉快，从来没有听过一句生气的话，每天都能吃到清炖或红烧的可口食物。

她在何勒太太家里住了一些日子，渐渐地有些郁郁寡欢。起先，她也不知道自己是哪里不舒服，最后她才知道是想家了。虽然她在这里比在家里好上几千倍，但是她还是要回家去。最后她向何勒太太说："我想家了，这下面虽然很好，可是我不能长久地留在这里，我一定要上去回到家里去。"何勒太太说："我很高兴你想回家，你为我做事忠心耿耿，我要亲自送你上去。"何勒太太牵着她的手，领她来到大门口。门打开了，这时，落下了一阵很大的金雨，所有的金子都贴在她的身上，盖住了她的全身。

何勒太太说："你很勤劳，这是你应该得到的。"她又把女孩落在井里的梭子给了她。然后大门就关上了，女孩发现自己又回到地面上，就在离家不远的地方。

她走到院子里，站在井边上的公鸡叫道：

“喔喔喔喔，我们的金小姐回来啦。”

她走到继母那里，因为身披金子，她受到了继母和姐姐的热烈欢迎。

女孩告诉她们所发生的一切，母亲听完她是怎样得到这笔财富的，便很希望自己那个丑陋懒惰的女儿也能获得同样的财富。她叫自己懒惰的女儿也坐在井旁纺线。为了把梭子染上血，她把手伸到荆棘里戳伤指头。然后她把梭子丢到水井里面，随后自己也跳了进去。

她同那个勤劳的女儿一样，也来到了那片美丽的草地上，在那条路上前行。她走到面包炉跟前，面包又喊：“喂，把我拉出去，把我拉出去，不然我要烧焦了，我早已烤透了。”

但是那个懒姑娘回答道：“难道我要把自己弄脏吗？”说完便继续赶路。

不久，她来到苹果树跟前，苹果树叫道：“噢，摇晃我吧，摇晃我吧，我的苹果都熟透了。”

但是她回答说：“你说得倒好！苹果也许会砸到我头上的。”说完便继续赶路。

她走到何勒太太房子前面的时候，并不害怕——她已经听说了她的牙齿很大——她马上为她做起事来。第一天，懒姑娘强迫自己勤勉地干活，何勒太太告诉她的话，她都听从，因为她想得到许多金子；第二天她就开始犯懒了；第三天，她更是变本加厉，早晨简直不想起床。应该做的事她不做——她既不给何勒太太铺床，也不抖被让细毛飞起。很快，何勒太太便厌烦了，不再让她做事。懒姑娘很愿意走，以为金雨就要从天而降。何勒太太也带她到大门口。她站在下面，却没有金子掉下来，而是一大锅沥青从天而降。何勒太太说：“这是你做事的报酬。”说完她就把大门关上了。

懒姑娘回到了家里，身上全是沥青，站在井边的公鸡看见她就叫：

“喔喔喔喔，我们的脏小姐回来了。”

沥青粘在她身上，一辈子都洗不掉了。

七只乌鸦

从前有一个人，他有七个儿子，但他一直希望能得个女儿，愿望却一直没能实现。最终，他的妻子怀孕的消息又给了他希望。孩子出生了，果然是个女儿。大家都喜气洋洋的，然而这个女婴却有病。

看到她这么虚弱，家人决定秘密地给她施洗礼。父亲派了一个男孩去取泉水，其他六个男孩也都跟着他一起去了。七个哥哥都想第一个装泉水，结果不小心把水壶掉到了井里。他们站在那里不知道该怎么做，谁都不敢回家。

看他们还没回来，父亲变得急躁不安，说道："他们一定是贪玩把这件事情抛在脑后了，这帮坏孩子！"他很害怕女孩会因为没有施洗礼而死去，他愤愤不平地嚷道，"我希望这些孩子们都变成乌鸦！"话音刚落，就听见空中有鸟盘旋的声音，他抬头看见七只墨黑的乌鸦飞走了。

父亲的诅咒不能破解，他们失去了七个儿子，幸好还有亲爱的小女儿可以安慰自己。这个小女孩一天天成长，变得越来越漂亮。一直以来，她都不知道她还有哥哥，她的父母在自己面前很小心，从不提起他们。

但有一天，她偶尔听到一些人在谈论她："那个女孩的确很美丽，但她也应该知道，正是由于她的到来而让她的七个哥哥厄运缠身。"女孩听了这话后大为苦恼，去问她的父母是否真的有七个哥哥，他们到底发生了什么事情？父母不敢再保守秘密，但告诉她，降临在哥哥们身上的命运是上天的旨意，她是无辜的。但是女孩的内心却日日挂念此事，她休息不好，心也不得安宁，最后她决定去广阔的世界寻找哥哥们，恢复他们的自由，不管付出怎样的代价。她出发了，只随身带了父母的戒指当作纪念品，还有一个面包充饥、一小罐水解渴、一把小椅子休息。

她一直向前走，走了很远的路，好似到了世界的尽头。她来到太阳那里，那里又热又可怕，能毁掉小孩子。她急匆匆地逃走了，跑到了月亮那里。但那里太冷了，而且也很可怕——月亮看到小孩子时，说道："我闻啊闻，闻到了人类的味道。”女孩迅速逃走了，跑到了星星那里。星星们都很和善，对她很好，有一颗星星坐在了女孩的小椅子上。早晨的时候，星星们要回家了。一颗星星给了她一根骨头，说：“如果你没有这个骨头，就不能打开玻璃山，你的哥哥们都在玻璃山里。”

女孩拿上了骨头，小心地用衣服包好，又向前朝玻璃山走去。玻璃山的门是关着的，她想着她应该取出骨头。但是当她打开衣服时，却发现里面什么都没有，她丢掉了好心的星星给的礼物。她现在应该怎么办呢？她希望去解救哥哥们，却没有打开玻璃山的钥匙。

最后，女孩拿起一把刀，切掉了自己的一个小指头，放进了门里，成功地将门打开了。她走了进去，一个小矮人出来见她，说道：“我的孩子，你在找什么？”“我在找我的哥哥们，七只乌鸦。”她回答道。小矮人说道：“乌鸦不在家，但是如果你愿意在这里等它们回来的话，就请进来吧。”小矮人端出了乌鸦们的七个盘子，里面盛着它们的晚餐；还有七个小玻璃杯，里面盛着它们的水。小女孩在每个盘子里都吃了一点点食物，从每个玻璃杯里都抿了一口水。她将随身携带的戒指放进了最后一个玻璃杯里。

突然，她听到空中传来了一阵翅膀拍打的声音，小矮人说：“乌鸦们飞回家了。” 它们回来了，想要吃饭喝水，它们去找小盘子和玻璃杯。一只乌鸦对另外一只乌鸦说：“谁从我的盘子里吃了东西？谁喝了我的小玻璃杯里的水？是人类喝的。”第七只乌鸦将水喝到底时，戒指滚到了它的嘴边。它看了看戒指，认出这是它们父母的东西，说：“上帝赐予我们的妹妹来解救我们了。”

小女孩一直站在门后看着，听到这句话，她走了出来，所有的乌鸦都恢复了他们人类的身形。他们互相拥抱，亲吻彼此，快乐地回家了。

小红帽

从前，有一个可爱的小女孩，人见人爱，尤其是她祖母，她把一切都给了小女孩。有一次，祖母送了她一顶红天鹅绒的帽子，她戴着非常合适，简直不想再戴别的帽子了，所以祖母就叫她“小红帽”。

有一天，母亲对她说：“小红帽，来，这里有一块蛋糕和一瓶葡萄酒，把它们给你的祖母送过去。她生病了，身体虚弱，吃了这些可以恢复健康。天热前出发吧，你要规规矩矩地走路，不能在道路上跑，不然，你就会跌倒，打碎瓶子，祖母就什么都没有了。你到了她家后，不要忘记说‘你好’，讲话前不要东张西望。”

小红帽对母亲说：“我会小心保管食物的。”她将东西从母亲手里接了过来就出发了。

祖母住在郊外的森林里，离村庄有一刻钟的路。小红帽刚进森林，就遇见了狼。她不知道狼是非常残忍的野兽，所以根本不怕它。

“早安，小红帽。”狼说。

“早安，狼。”

“小红帽，你这样早要到哪里去呀？”

“我要去我祖母家。”

“你的篮子里面放的什么东西？”

“蛋糕和葡萄酒。我们昨天烤了蛋糕。祖母有病，身体虚弱，要吃点好东西来补充体力。”

“小红帽，你的祖母住在哪里？”

“在森林里，还有整整一刻钟的路。她的房子在三棵大橡树下面，旁边是胡桃树的篱笆，你一定认识。”小红帽说。

这只狼琢磨着：“真是口嫩肉，她的嘴唇红嘟嘟的多可爱，一定比老太婆的味道好。我应该用计把这两个都捉住。”它陪小红帽走了一会儿，又说道：“小红帽，看你周围这些美丽的花，你为什么不瞧一瞧呢？我确信，鸟儿叫得这样好听，你却像没有听见。你只是走自己的路，好像是要上学似的，可是这森林里的一切都多么欢乐啊！”

小红帽张大眼睛，看见阳光在树木的缝隙中跳舞，处处可见美丽的花朵。她想：“如果我带一把鲜花给祖母，一定会让她心情愉快。天色还早，我还赶得及到她那里。”她离开大路，跑进了森林里采鲜花去了。她每采一朵，就会觉得远处的鲜花更漂亮，因此她跑得更远了，进入了森林的深处。

而狼直接跑到祖母的房子前，敲敲门。

祖母问："外面是谁？"

"小红帽给你拿蛋糕和葡萄酒来了，请开开门吧。"

祖母叫道："抬起门闩。我太虚弱了，下不了床。"

狼抬起门闩，打开了门。它一句话都不说，径直来到祖母床边，一口把她吞了下去。然后狼穿上她的衣服，戴上她的软边帽子，躺在她的床上，拉上窗帘。

小红帽还在到处跑着找花。她采集了很多，多到拿不动了，这才想起祖母来。她赶紧回到路上，继续往祖母家里走去。

小红帽到了那里，惊讶地发现门大开着。她走进房间，觉得有些异样。她想："唉，我的天，我今天为什么这么心慌意乱呢？平常我是多么高兴在祖母这里啊。"她叫道："早安！"但是无人回答。她走到床前把床帘拉开，看见祖母躺在那里，帽子戴得很低，把脸遮住了，样子很奇怪。

"啊，祖母，你的耳朵为什么这样大？"

"为了能够更好地听你说话呀，我的孩子。"狼回答。

"啊，祖母，你的眼睛为什么这样大？"

"为了能够更好地看你呀，亲爱的。"

"啊，祖母，你的手为什么这样大？"

"这样才好拥抱你啊！"

"但是，祖母，你的嘴为什么大得这样吓人？"

"为了能够更方便地吃掉你呀。"

狼刚说完这句话，便从床上跳下来，把可怜的小红帽一口吞下了。

狼吃得有滋有味，心满意足，又躺在床上睡着了。它鼾声大作，恰巧被猎人听到了，他正从屋前走过，听到鼾声，想道："老太婆怎么会打这么响的鼾呢？我应该去看看她是不是不舒服。"他走进房间，来到床前，看见一只狼躺在床上。他说："你这个老滑头，我找你找了很久，到底在这里找到你了。"猎人端起枪来瞄准，忽然想到，狼可能把祖母吞了，她或许还有救。于是他没开枪，拿起剪刀，将睡着了的狼开膛破肚。他剪了几下，看见一顶小红帽子，又剪几下，小红帽跳出来了，叫道：“啊，我好害怕啊，狼肚子里非常黑！”后来祖母也出来了，她还活着，可是几乎喘不过气来了。小红帽赶快去拿大石头，将它们塞进了狼的肚子里。狼醒了想逃走，但是石头非常重，它马上倒下死了。

三个人都很高兴。猎人剥下狼皮带回家，祖母吃了小红帽拿给她的蛋糕，喝了葡萄酒，身体好了起来了。小红帽想：“如果妈妈说不要离开大路独自跑到森林里去，我就永远不该去。她让我这么做，我就要听她的话。”

后来，又有一次小红帽给祖母送蛋糕，另外一只狼同她说话，想引她离开大路。但是小红帽早已有了防备，一直走自己的路。

她到了祖母家，对祖母说：“我遇到了狼，狼对说我‘早安’，但是眼睛里流露出邪恶的表情。如果不是走在大路上，它一定会把我吃掉。”

祖母说：“来，我们把门关上，叫它不能进来。”

过了一会儿，狼来敲门，叫道：“祖母开门，我是小红帽，我给你拿蛋糕来了。”她们没出声，也不开门。那只狼在屋子周围悄悄地走了几圈，最后跳到屋顶上，想等小红帽晚上回家的时候，悄悄跟着，在黑暗中把她吃掉。

但是祖母看透了狼的心思。她房子前面有一个大石槽，她对小红帽说：“小红帽，你去拿桶来。昨天我煮过香肠，你把煮香肠的水提来，倒到石槽里面。”小红帽提了很多次水，直到大石槽被完全装满为止。

香肠的气味冲进狼的鼻子里。它闻着朝下看，脖子越伸越长，最后脚站不稳，从屋顶上滑了下去，落到大石槽里淹死了。

小红帽高高兴兴地回了家，从此再也没有狼敢伤害她了。

布勒门镇上的音乐家

从前有一个人，养了一头驴子。驴子每天不辞劳苦地把一袋一袋的麦子背到磨坊里去磨，已经有很多年了。但是它的力气渐渐用完了，也越来越不能胜任这项工作了，主人想把它从栏里牵出去杀掉。驴子看见事情不妙，就动身逃往布勒门去，它想在那里做一个镇上的音乐家。

它走了一会儿，看见一条猎狗躺在路上，气喘吁吁的样子好似刚刚被人追过，已经筋疲力尽了似的。驴子问："哦，猎狗，你为什么喘得这么厉害？"

狗说："啊，我老啦，身体日渐虚弱，不能再去打猎了。我的主人要杀了我，于是我就逃走了。但是现在我该怎样养活自己呢？"

驴子说："你看，我要到布勒门去，打算在那里做个镇上的音乐家。你同我一起去吧，也让乐队雇用你。我弹琴，你打鼓。"

狗同意了，它们一起向前走去。

没有多久，它们遇到一只猫。它坐在路边，满面愁容。驴子说："哦，老胡子，你有什么不如意的事？"

猫回答说："一旦生命有了危险，谁还能高兴得起来？我的年纪大了，牙齿钝了，只愿意坐在火炉后面打呼噜，不愿意去捉老鼠，所以我的女主人想要把我淹死。我虽然逃出来了，但是自己却难以谋生。我该怎么办呢？"

"同我们一起到布勒门去吧，你懂得怎样演奏小夜曲，可以做一名镇上的音乐家。"

猫觉得这个主意不错，就和它们一起动身了。这三个同命相连的离乡避难者路过农庄门前，看见一只公鸡正立在门前，奋力打鸣。驴子说："你怎么叫得这样可怕？"

公鸡说："我在提前预报好天气，今天是圣母给小基督徒洗晒衫褂的节日。明天是星期天，有客人要来。主妇心狠，叫女厨师明天用我煨汤，今天晚上我就要掉脑袋啦。我要趁现在还没有死，大声喊叫。"

驴子说："唉，红冠子，这是什么话，你同我们走吧，我们打算到布勒门去。你无论到哪里，总比死好一点。你有着天籁之音，如果我们一起奏乐，一定是天造之合。"

公鸡同意了这个计划，于是它们四个一起同行。但是它们一天是走不到布勒门的。到了晚上，它们来到森林里，打算在那里过夜。驴子和狗躺在一棵大树下；猫栖息在树枝当中；公鸡飞到树尖上，它觉得在那里是最安全的了。

公鸡在睡觉以前，环顾了一下，看见远处有一点火星，就对同伴说，不远处一定有房子，因为点着灯。驴子说："既然如此，我们应该起身到那里去，住在这个地方可真是不舒服。"狗想，那里也许有几块骨头，上面说不定还有点肉呢，到那里去对它来说也很好。

于是它们就动身朝点着灯的地方走去。不久，它们看到灯光越来越明亮。它们一直走到这座照得通明的强盗的房子跟前。驴子最高大，它走到窗户跟前往里面看。

公鸡问："灰驴，你看到什么啦？"

驴子回答说："我看见的东西吗？有一张桌子上铺着桌布，上面放着精美的食物和美酒，强盗们正坐在旁边大吃大喝。"

公鸡说："真希望坐在里面的是我们。"

驴子说："啊，是的，是的，真希望我们坐在那里啊！"

它们聚在一起商量着如何才能赶走强盗。最终，它们想出了一个办法。

驴子把前脚趴在窗台上，狗跳到驴子的背上，猫爬到狗的身上，最后公鸡飞上去，站到猫的头上。

这样站好之后，它们发出一个信号，全体开始奏乐：驴叫、猫喊、鸡鸣、狗吠。然后它们从窗户闯到房里，玻璃碎得哗啦哗啦响！

强盗们听见这种吓人的嚎叫声，跳了起来，以为进来了妖怪，非常害怕，惊慌失措地逃到森林里面去了。于是四个伙伴坐到桌子旁边，心满意足地大吃大喝剩下的东西，好像饿了一个月的样子。

这四个音乐家吃完之后，吹熄灯火，按照各自的天性去找舒服的地方睡觉。驴子躺在粪堆上，狗躺在门后面，猫卧在灶边温暖的灰烬上，公鸡栖息在屋梁上面。它们走了很远的路，各个疲倦不堪，很快就睡着了。

过了午夜，强盗们从远处看到屋里的灯光灭掉了，此时万籁俱寂。强盗头目说："我们不应该吓成这样，我们是强盗啊！"他命令一个强盗去看看屋里的情况。

被派去的人看到四周都静悄悄的，就到厨房里去点蜡烛，他把火红的猫眼睛，当成燃烧的煤炭，拿着硫磺火柴想去点火。但是猫不懂得开玩笑，一下跳到他脸上，又咬又抓。强盗害怕极了，跳起来想从后门出去。狗正好躺在那里，强盗踩到了它的尾巴，它跳起来咬了他的腿。强盗跑过院子，来到粪堆旁边，驴子又用后蹄狠狠地踢了他一脚。公鸡已被声音惊醒了，它精神抖擞，从梁上朝下叫："喔喔喔喔！"

强盗落荒而逃，跑到头目那里，说："啊，那屋里坐着一个很凶的巫婆，冲我吐口水，用长指甲抓我的脸；门口站着一个人，手里拿着一把刀，戳我的腿；院子里躺着一个黑色的怪物，用木棍向我乱打；屋顶上坐着法官，大叫道：'把那个坏蛋给我抓来。'我只得赶快跑掉了。"

从此，强盗们再也不敢到那座房子里面去了。四个布勒门镇上的音乐家住在那里，非常高兴，也不打算再往别处去了。

没有手的女孩

有一个磨坊主，他的财产在逐渐缩水。他除了磨坊店和磨坊店后面的一棵大苹果树以外，一无所有。

有一次，他到森林里去砍柴，在那里遇到一个陌生的老人。老人说："你为什么辛辛苦苦地砍柴呢？如果你答应把磨坊后面的东西给我，我就叫你发大财。"磨坊主心想："那里除了苹果树以外，还有什么东西呢？"他想着，说道："好的。"于是答应了这个陌生人。老人轻蔑地笑道："三年后，我要来拿走属于我的东西。"说完，他就走了。

磨坊主回到家里，他的妻子迎着他走上前来，说："老公，我们家里忽然有了钱，每个箱子和柜子一下都装满了财宝，并没有人带财宝进来，我不知道是怎么回事。你快告诉我，这是从哪里来的？"磨坊主说："那是陌生人给的。我在森林里遇到他，他答应给我一大笔财产，我答应用磨坊后面的东西同他交换。我们可以把大苹果树给他。"女人大吃一惊，说：“啊，老公，那个人一定是魔鬼！他不是说苹果树，他要的是我们的女儿，她那时正在磨坊后面扫院子。”

磨坊主的女儿是一个又美丽又虔诚的姑娘。在接下来的三年里，她虔信上帝，没有罪过。三年满了，到了魔鬼要来带她走的那一天，她把自己洗得很干净，用粉笔在她周围画了一个圆圈，把自己圈在里面。站在圈里，她还不停地用水清洗自己。

魔鬼很早就来了，但是他不能走近她。魔鬼很生气，向磨坊主说：“把她身边的水都拿开，使她不能再清洗身体，不然我就没有力量制服她。”磨坊主很害怕魔鬼，就把水拿开了。

第二天早晨，魔鬼又来了，但是她哭出了些眼泪在手上，因此她的两只手很干净，魔鬼还是不能走近她。它很暴躁，对磨坊主说：“你把她的手砍掉，不然我就拿她没有办法。”

磨坊主很震惊，回答说：“我怎能砍掉我自己孩子的手呢！”魔鬼恐吓他说：“如果你不这样做，我就亲自动手，也会砍掉你的双手。”

磨坊主很惊慌，答应遵从他的旨意。他走到女儿跟前说：“我的孩子，如果我不砍掉你这双细嫩的手，魔鬼就会砍掉我的双手。我太害怕了，已经答应了他。请你帮帮我，原谅我的罪行。”她回答说：“亲爱的爸爸，你要把我怎样就怎样，我是你的孩子。”她把两只手伸出来，让父亲砍掉了。

魔鬼第三次来时，她哭了很久，把眼泪哭到断腕上，断腕是非常干净的。魔鬼只得让步，放弃再带走她，从此再也不来了。

磨坊主对女儿说：“我因为你得了一大笔财富，我要好好地养活你一辈子。”但是她回答说：“我不能再住在这里了。我要出门去，有同情心的人一定会给我所需要的东西。”于是她叫人把断手绑在背上，太阳出来的时候，她就动身出发了。

她走了一整天，晚上的时候，她来到一个国王的花园前。在月光下，她看见园里的树木结满了美丽的果子。但是园子周围有一条河流，她无法过去。她走了一整天，一点东西都没有吃，饥饿折磨着她，她心想：

“啊，但愿我能进去吃点果子，不然，我就要饿死了。”她跪下来，请求上帝的帮助。突然，一个天使来到她的面前，把水闸门关上。壕沟干了，她能够走过去了。

她走到花园里面，天使同她一起进去。她看见一棵结满果子的树，上面都是很好吃的梨子，但是梨子都是有数的。她走到树面前，用嘴从树上咬下一个梨子充饥，她只吃了一个就再不多吃了。园丁看到了这一幕，由于天使站在一边，他很害怕，以为女孩是一个神，便不敢做声，也不敢叫喊，更不敢同神讲话。

她吃了梨子，心满意足后，走到丛林里。第二天早晨，园子的主人——国王来数梨子，发现少了一个，就问园丁是怎么回事，因为梨子不是掉在树下，而是不见了。

园丁回答说：“昨夜来了一个神，她没有手，用嘴吃了一个梨子。”

国王说：“那神是怎样渡过水的呢？她吃了梨子之后到哪里去了呢？”

园丁回答说：“一个穿白衣服的人从天上下来，把水闸门关了，水被拦住，神就从水沟里走过来。那白衣人一定是天使，我很害怕，没有问问题也没有喊叫。神吃了梨子之后，又回去了。”

国王说：“如果事实如此，我今晚倒要看看。”

天黑的时候，国王来到花园，他带了一个神父，叫神父和神讲话。他们三个人坐在树下，留心地看着。午夜时分，女孩从树丛里出来，走到树前，又用嘴吃了一个梨子。在旁边站着的果真是一位穿白衣服的天使。

神父走出来说：“你是从天上来呢，还是从地狱来？你是神呢，还是人？”

她回答说：“我不是神，是一个可怜的人。我被人遗弃了，只有上帝还没有遗弃我。”

国王说：“就算全世界都抛弃了你，我都不会抛弃你。”他把她带到王宫里。因为她非常美丽，又很虔诚，国王全心全意地爱着她，叫人给她做了一双银手，娶她做了王后。

过了一年，国王外出征战。他叫他的母亲照顾年轻的王后，他说：“如果她生了孩子，你就好好照顾她，抚养孩子，并且马上写信给我。”

后来她生了一个漂亮的儿子，于是太后赶快写信，向他报告了这个好消息。但是信使在半路上的一条小河旁边休息时，由于路途遥远，他很疲倦，睡着了。那个魔鬼来了，他将信调了包。那封仿造的信里说，王后生了一个妖怪。国王看了信，很是震惊，心中虽然烦恼，却回信说，好好照顾王后，等他回来。信使带着信回去，又在同样的地方睡着了。魔鬼又来到他那里，放了另外一封信到他口袋里。信上说，叫他们把王后和她的孩子杀掉。太后收到了这封信，非常吃惊，她不敢相信，又写信给国王。但是她得到的是同样的回答，因为魔鬼又换了一封假信给送信的人，在最后一封信里，还叫她用王后的舌头和眼睛留作证据。

太后想到这个无辜的人要被杀掉，哭了起来。夜里，她叫人送来一只雌鹿，割下鹿的舌头，挖出鹿的眼睛，把它们保存好。她对王后说："我不能按照国王的命令杀你，但这里也不是你的久留之地了。你带着孩子到广阔的世界去吧，不要再回来了。"太后把孩子绑在王后的背上，可怜的女人眼里噙满泪水，离开了。

她走到一片大森林里。她在那里跪下，祷告上帝。上帝的天使来到她面前，把她领到一座小房子前。房子的前面挂着一块牌子，上面写着："任何人都可以在这里住，不必付钱。"房子里出来一个穿白衣的姑娘说："欢迎你，王后！"就带她进去了。白衣姑娘把小孩从王后背上解下来，抱在胸前，让他吃奶，然后把他放在一张铺好了的精致的小床上。

可怜的王后说："你怎么知道我是王后呢？"

白衣姑娘回答说："我是上帝派来看护你和你的孩子的天使。"

王后在那房子里住了七年，得到了很好的照顾。因为她的虔诚，上帝让她那双砍掉了的手又长了出来。

最后，国王终于归来了。他一回来就要去看他的妻子和孩子。他的老母亲哭着说："你这个坏人，你为什么写信叫我把那两个无辜的人杀掉呢！"她把魔鬼写的两封假信以及作为证据的舌头和眼睛给他看。接着说："我已经按照你的命令办妥了。"国王为他可怜的妻子和儿子痛哭流涕，比他母亲要伤心得多。

老母亲可怜他，对他说："放心吧，她还活着呢。我暗地里叫人杀了一只鹿，从鹿身上取得了这些证物。我把小孩绑在你妻子的背上，叫她到远处去谋生，不要再回到这里来了，因为你对她非常恼怒。"

国王说："我走遍天涯海角也要找到我的妻子和儿子。如果他们没有遇难或饿死的话，我就一直找他们。一天找不到，我就不再吃饭，也不再喝水。"

自此以后，国王到处走，他找了近七年工夫，将所有石缝和岩石洞都找遍了，但还是没有找到，也许他们已经饿死了。在这漫长的日子里，他不吃不喝，上帝保存着他的生命。

最后，他来到一片大森林里，在里面看到了一幢小房子，前面的牌子上写着："任何人都可以在这里住，不必付钱。"那个白衣姑娘走出来，同他握手，带他进去说："欢迎你，国王！"问他从哪里来。他回答说："我到处走，快七年了，我一直在寻找我的妻子和孩子，但是我找不到他们。"天使给他饮食，但是他不肯吃，只想要休息一下。他躺下了，将手帕盖在脸上。

天使走到王后和她儿子"多灾多难"的屋子里，对她说："你带着孩子出去吧，你的丈夫来了。"她走到国王躺的地方，恰巧手帕从他脸上掉了下来。她说："'多灾多难'，替你爸爸把手帕捡起来，再放到他的脸上。"孩子把手帕捡起来，再放到他的脸上。

国王在朦胧中听见了这些话，故意又让手帕再掉了一次。

男孩子不耐烦地说："亲爱的妈妈，我在世界上没有爸爸，我怎么能够用手帕盖住我爸爸的脸呢？我学过了祷告，'我们在天上的父'，那时你说过，我的爸爸在天上，就是亲爱的上帝，你怎么叫我认这个野人做爸爸呢？他不是我的爸爸。"

国王听到这话，坐了起来，问他们是谁？

她说："我是你的妻子，这是你的儿子'多灾多难'。"

他看见她那自然的双手，说："我妻子的手是一双银手。"

她回答说："慈悲的上帝让我长出了这双自然的手。"

天使走到房间里去拿来银手给他看。这时候，他才知道他们确实是他亲爱的妻子和孩子。他亲吻了他们，高兴地说："我心中这块沉重的石头终于放下了。"上帝的天使同他们吃了一顿饭，然后他们就回家了，回到了国王老母亲那里。家里充满了欢声笑语，国王和王后又举行了一次婚礼，幸福快乐地生活在一起。

聪明的厄尔塞

从前有一个人，他有一个女儿，名叫厄尔塞。当厄尔塞长大后，她的父亲说道："我们要给她订门亲事。""没错，"母亲说道，"只要有人愿意娶她就可以。"

最后，有个名叫汉斯的男人来向她求爱，但是他说厄尔塞应该既聪明又有智慧，这样才会娶她。"噢，"父亲说道，"她很伶俐。"母亲又说道："她可以看见从街上吹来的风，听到苍蝇咳嗽的声音。""好吧，"汉斯说道，"如果她很愚笨，我可是不能娶她的。"

他们坐在一起吃饭的时候，母亲说道："厄尔塞，去酒窖拿些啤酒来。"聪明的厄尔塞从墙上取下罐，走进酒窖，迅速地拍打着盖子，此时，她离开的时间还不太久。

她在下面时，给自己拉了把椅子，放在罐子前，这样她就不需要弯腰了，也不会伤到她的后背，更不会有其他意外伤害。然后，她将罐子放在自己面前，打开盖子，啤酒往外突突冒着。她的眼睛也没闲着，一会儿凝视这里，一会儿凝视那里。她看到了一把斧子正在她上面，那是泥瓦匠不小心遗忘在那里的。

聪明的厄尔塞马上哭泣了起来，说道："如果我嫁给了汉斯，我们就会有小孩。孩子会长大，我们就会要他去酒窖取啤酒，然后斧头就会落在他的脑袋上，他会被斧头砍死。"她坐在那里，大声哭着。

楼上的人在等着饮酒，但是聪明的厄尔塞还没有回来。于是母亲就对仆人说道："去酒窖看看聪明的厄尔塞在哪里？"仆人去了，发现聪明的厄尔塞正坐在罐子前，大声地哭泣。“聪明的厄尔塞，你为什么哭呢？”仆人问道。“啊，”她回答道，“我难道不该哭吗？如果我嫁给了汉斯，我们就会有一个孩子。等他长大了，就会来这里取啤酒。这把斧子将有可能落在他的头上，致他于非命。”仆人说道：“我们聪明的厄尔塞还真是很聪明哩！”于是他也坐在她身边号啕大哭，好似那不幸的事情已经发生了。

过了一会儿，见仆人未归，楼上的人等得口干舌燥，父亲对男孩说：“你去酒窖看看聪明的厄尔塞和女仆在哪里？”男孩下了楼，来到酒窖，看到聪明的厄尔塞和女仆都在哭泣。他问道：“你们为什么哭泣？”“啊，”聪明的厄尔塞说道，“我难道不该哭吗？如果我嫁给了汉斯，我们就会有一个孩子。等他长大了，就会来这里取啤酒。这把斧子将有可能落在他的头上，致他于非命。”男孩说道：“我们的厄尔塞还真是很聪明哩！”于是他也坐在她身边开始声嘶力竭地哭了起来。

在楼上，大家都在等着男孩，但是他还是没有回来，于是父亲对母亲说道：“你去地窖看看聪明的厄尔塞在哪里?”母亲去了地窖，发现三个人都在恸哭，于是询问原因。聪明的厄尔塞告诉了母亲同样的话。她的母亲和其他人说了同样的话后，也坐了下来和大家一起哭泣。

父亲在楼上等了一会儿，他的妻子居然也没有回来，而他已经渴得不行了。他说道：“我必须要亲自去地窖看看厄尔塞在哪里。”但是当他来到地窖后，发现大家都坐在一起大哭。他听了他们哭的理由后父亲叫道：“噢，我们的厄尔塞还真是很聪明哩！”于是他也坐在大家身边哭泣起来。

汉斯独自在楼上坐了很久，谁也没有回来。他想：“他们肯定是在下面等我，我也必须去看个究竟。”他来到酒窖，五个人正坐在一起尖叫哀号，一声高过一声。“到底发生了什么不幸的事情？”他问道。“啊，亲爱的汉斯，”厄尔塞说道，“如果我们结婚了，生了个孩子。等他长大后，我们也许会让他来这里取啤酒，那么这把落下的斧子如果掉下来的话，也许会砍掉他的脑袋。我们这个哭的理由还不够吗？”“好了，”汉斯说道，“不需要担心这种事情。你是聪明的厄尔塞，我要娶你。”他拉起她的手，把她带到楼上，娶了她。

他们结婚后一段时间，他说道："老婆，我要出去工作赚钱养家，去田地里割稻谷，这样我们才有面包吃。""好的，亲爱的汉斯，我也会去。"汉斯走后，她给自己煮了一顿香喷喷的肉汤，然后她带着肉汤来到田里。她来到田里后，自言自语道："我该怎么做，我是先修剪呢，还是先吃饭？噢，我还是先吃饭吧。"她把一锅肉汤都吃了。吃饱后，她又说道："我该怎么办呢？我是先修剪呢，还是先睡一觉？我还是先睡一觉吧。"于是她躺在谷物中睡着了。

汉斯回到家里很久，厄尔塞都没有回来，他说道："我的厄尔塞是多么聪明，她这么勤劳，甚至都不回家吃饭。"然而，天都已经黑了，她还是没有回家，汉斯出门去看看她到底去割什么去了。而她什么都没干，她正躺在谷物中睡大觉呢。汉斯匆忙回到家，拿出一个捕禽兽的笼子，上面有小铃铛，他把小铃铛挂在她身上，她还在沉睡着。汉斯挂好铃铛后跑回了家，关上了房门，坐在椅子上工作。最后，天已经全黑了，聪明的厄尔塞醒了，她起身的时候铃铛叮当作响。她每走一步，铃铛就会发出声音。她突然惊觉了，她不确定自己到底是不是聪明的厄尔塞？她说道："我是不是我呢？是还是不是？"但她不能得出结论，她犹豫地站了一会儿。最后她想道："我回家去问问，他们肯定知道。"她跑回自己的家里，但门是关着的，她敲着窗户大叫道："汉斯，厄尔塞在家吗？""在家，"汉斯回答道，"她在家。"厄尔塞感到害怕万分，她说道："啊，天哪！那我就不是我。"她又去敲了另外一家门，但是大家一听到铃铛作响，就不愿意开门了，她无家可归了。聪明的厄尔塞逃出了村庄，自此，再也没有人见到过她。

大拇指

从前有一个贫穷的农夫，他每天晚上坐在灶旁拨火，他的妻子坐在他身边纺线。

农夫说："我们没有孩子，这可真让人伤心。我们家里冷冷清清，别人家里却热闹非凡，洋溢着幸福快乐。”

妻子叹了一口气，回答说：“是啊，如果我们能有一个孩子，即使他生得很小，只有拇指那样大，我也心满意足了。我们一定会全心全意地爱他。”

没想到，妻子很快就怀孕了。过了几个月，她生下了一个小男孩。这男孩虽然四肢俱全，但他的个头却只有一根拇指那么长。夫妻说：“我们如愿以偿，我们要好好爱他。”因为他的个头和大拇指差不多，他们就给他取名叫“大拇指”。

虽然他们让他吃饱喝足，但他并没有长高，永远如生下来的时候一样大小。不过，他的眼睛里透出一股灵气，不久就表现出他是一个聪明伶俐的小家伙。他力所能及的事情，都做得有条不紊。

有一天，农夫准备到森林里去砍柴，他自言自语地说：“我真希望有个人能帮我把车赶过去。”

大拇指叫道：“哦，爸爸，我可以帮你把车赶过去。你放心吧，我一定会按时将车赶到森林里。”

父亲笑着说：“那怎么行呢，你太小了，无法拉缰绳。”

“爸爸，不要紧，只要妈妈把马具套好，我就坐在马耳朵里，冲它叫喊，指挥它怎样走。”

父亲回答说：“好吧，我们试试看吧。”

到了出发的时间了，母亲套好马车，把大拇指放进马耳朵里，然后小家伙就叫喊：“喔，驾！喔，驾！”他这样指挥着马走路，马走得很对，和一个车夫赶车没有区别。

车子从大路向森林走去。当车子正要转弯时，大拇指喊道：“喔，喔！”这时，有两个陌生人朝马车走来。其中一个人说：“你看，这是怎么回事？马车在走，又听到车夫在叫喊，却看不见人。”

另外一个人说：“一定有妖怪，我们跟着马车走，看它停在哪里。”

车子一直走到森林里，正好停在砍柴的地方。大拇指看见了父亲，冲他喊道：“爸爸，你看，我把马车赶来了，现在你把我放下来吧。”父亲左手牵住马，右手从马耳朵里拿出他的小儿子。大拇指高兴极了，坐在一根麦秆上。

那两个陌生人看见大拇指的时候，惊奇得连话都不会说了。其中一个人缓过神后把另外一个人拉到旁边说：“听着，如果我们把那个小人带到大城市里去展览，我们一定会发大财。我们得把他买下来。”

于是他们走到农夫面前说：“把这个小人卖给我们吧，我们要让他过上幸福的生活。”

父亲回答说：“不行，他是我的心肝宝贝，你们就是把世界上所有的金子给我，我都不卖。”大拇指听到他们想要买他，就沿着父亲衣服上的褶皱爬了上去，站在他的肩头，悄悄地对他说：“爸爸，放心把我卖给他们吧，我一定会回到你身边的。”于是，父亲把大拇指交给了两个陌生人，得到了一大笔钱。

他们问大拇指：“你想坐在哪里？”“哦，就把我放在你们的帽檐上吧，我可以在那里散散步，望望风景，不会跌下来的。”他们满足了他的要求。大拇指和他的父亲告别后，他们就带着他出发了。

走到黄昏的时候，小家伙说：“把我拿下来吧，我想要小便。”

戴帽子的那个人说：“就在上面小便吧，我不在乎。有时候鸟也会在我身上拉下一些东西呢！”

大拇指说：“不行，这是没有礼貌的行为，赶快把我拿下来吧。”

那人就拿下帽子，把小家伙放在路边的地上。大拇指在土块中间跳来跳去，爬来爬去。他找到一个老鼠洞，钻了进去。他喊道：“先生们，晚安啦，你们回家去吧，别担心我啦。”

他们马上跑过来，用棍子去捅老鼠洞，但一切都是徒劳的，大拇指早就爬到洞的深处去了。不久，天完全黑了，那两个人虽然很生气，也只好带着空钱袋回家了。

大拇指确定他们离开后，从洞里爬了出来。他说：“在田地里走夜路很危险，容易摔断手脚！”幸运的是，他找到了一个空的蜗牛壳，他说：“谢天谢地！我能在这里安安全全地过夜了。”说完他就爬了进去。

没过多久，他刚要睡着，听到有两个人路过。其中一个人说：“我们能想个什么法子，去偷那个富教士的金银财宝呢？”

大拇指插嘴说：“我可以告诉你们怎么办。”

小偷惊慌地说：“这是什么声音？我听见有人说话。”

他们站着静心聆听，大拇指接着说：“你们带我一起去，我可以帮助你们。”

“你在哪里？”

大拇指回答说：“你们在地上找吧，注意声音是从哪里发出来的。”

小偷们终于找到了他，将他拿在手里。他们说：“你这个小家伙，能怎么帮我们呢？”

大拇指回答说：“你们听好，我会从铁栏中间爬到教士的房间里去，把你们所要的东西扔给你们。”

小偷说：“不错，我们要看看你的本领。”

他们来到教士的屋前，大拇指爬进房间里，用尽力全身的力气喊道：“这里所有的东西你们都要吗？”

两个小偷大吃一惊，说：“小声点，不要吵醒人。”

但是大拇指假装不懂得他们的话，又大声喊道：“你们说什么？这里所有的东西你们全都要吗？”

睡在隔壁房间的女仆听到了这些话，她起身坐在床上，仔细听着。那两个小偷吓得撒腿往回跑了一段路，又想到：“那小家伙是在和我们开玩笑的吧？”

他们又回来了，悄悄地对他说：“现在老老实实地递点东西给我们吧。”

大拇指又敞开嗓门喊：“我要把所有的东西都递给你们，把手伸进来吧！”

正在倾听的女仆这下可听得一清二楚，她从床上跳下来，跌跌撞撞地冲到门旁。两个小偷夹着尾巴逃走了，就像是在暴风骤雨的夜里，打猎的鹰王带着大批人马正在追杀他们一般。女仆看不见，去点了一盏灯。等到她拿着灯回来时，大拇指已经溜到谷仓里了，没有被她发现。女仆把屋里的每个角落都查找了一遍，什么都没有找到，于是她又回到床上去睡觉了，还以为刚才不过是做了个梦。

大拇指爬到稻草里，找到了一个很舒适的地方躺了下来。他准备在那里休息到天亮，然后回家。但是他还得遭遇一些事情呢！

天刚亮，女仆就已经起床，要去喂牲口了。她径直来到谷仓里抱起一捆稻草。她所拿的稻草，恰巧是大拇指躺在里面睡觉的那一捆。大拇指正睡得香，不知道所发生的一切，他醒来时，母牛已经把他连稻草一起吞到了嘴里。

他喊道："啊，天呀，我怎么滚到磨米机里来了！"但是他马上就发现自己即将落到牛肚子里。他小心翼翼地，不让自己卷到牛的牙齿中间，被母牛咬碎。最终他跟着稻草一起滑到牛胃里去了。

他说："这个小房间里太黑了，太阳晒不进来，人们又忘记了造窗户，而我也没有带灯来。"总之他认为这个住所很糟糕。最麻烦的是，稻草不断地从门里送进来，越来越多，弄得这个地方越来越窄了。后来，他急得拼命叫喊："不要再给我送草料来了，不要再给我送草料来了。"

女仆此时正在挤牛奶，她听见有人说话，却又看不到人，而且说话的声音同她昨天晚上听到的声音一模一样。她吓得从坐着的小凳子上跌了下来，将牛奶也打翻了。她慌忙跑到主人那里，叫道："啊，天呀！教士先生，母牛说起话来了。"

教士回答说："你一定是疯了。"他亲自到牛栏里去，看看到底发生了什么事情。他的一只脚刚跨进门槛，大拇指又在叫喊："不要再给我送草料来了，不要再给我送草料来了！"教士一听也吓了一跳，以为有妖怪跑到了母牛肚子里，急忙叫人把牛杀掉。

母牛被杀后，藏着大拇指的牛胃被丢到垃圾堆上。大拇指费了九牛二虎之力才钻出来。但是当他刚要伸出头来时，新的灾难又降临到他的头上。一只饿狼跑了过来，一口吞下整个牛胃。

大拇指并没有灰心丧气，他想："也许狼能听得进去我讲话。"他在狼肚子里喊道："亲爱的狼，我知道有个地方，那里有你爱吃的东西。"

狼说："这地方在哪呢？"

"就在某个地方的一间屋子里。你从厨房的排水沟里爬进去，可以找到蛋糕、猪油和香肠，好吃的东西应有尽有。"大拇指把他父亲的房子仔细讲给它听。

狼不等他说第二遍，趁着夜色就从厨房的排水沟里挤进去，在储藏室里大吃特吃。它吃饱了，想出去可就不行了，它的身体变胖了，根本就没有办法从进来的地方出去。大拇指早就料到这一点，他在狼肚子里大喊大叫。

狼说："你安静一会吧，否则会把人们吵醒的。"

小家伙回答说："唉，什么话，你已经吃饱了，我也要快活快活啊。"他又敞开嗓门用力叫喊，终于吵醒了他的父母。

这对夫妻跑到储藏室前，从门缝朝里面一瞧，发现竟然是一只狼在里面，就跑了回去。父亲去拿斧头，母亲去拿镰刀。他们走进储藏室，父亲说："你跟在后面，我一斧头砍掉它的头；如果它还没有死，你就用镰刀割破它的肚子。"

大拇指听到父亲的声音后，叫道："好爸爸，我在这里，我在狼的肚子里。"父亲非常高兴，说："谢天谢地，我们亲爱的孩子回来了。"他担心妻子的镰刀会砍伤大拇指，叫她拿开了。

他举起斧头，对准狼头狠狠劈去，狼倒下死了。夫妻俩找来刀子和剪子，切开狼的肚皮，把大拇指救了出来。

父亲说："啊，我们一直为你担惊受怕！"

"是的，爸爸，我在外面见识了很多地方。谢谢上天！我现在又呼吸到新鲜空气了。"

"你到底去过哪些地方?"

"啊，爸爸，我钻过老鼠洞，还待在母牛和狼的肚子里，而现在，我终于跟你们在一起了。"

父亲和母亲说："即使把世界上所有的财宝拿来，我们也不会再卖掉你了。"

他们抱起亲爱的大拇指，亲吻着他。他们给他很多吃的喝的，还叫人给他做新衣服，原来他自己的衣服早已在旅行中弄得破烂不堪了。

大拇指的旅行

从前有个裁缝，他有一个儿子，个头长得很小，只有大拇指那么大，因此裁缝给他起名叫“大拇指”。大拇指个头虽小，却很勇敢。

有一天，他对父亲说：“爸爸，我应该到社会上去闯荡闯荡。”

父亲说：“好啊，我的儿子。”裁缝拿了一根长长的缝衣针，说：“带上这把宝剑上路吧。”

大拇指打算和他们吃顿饭再出发。他跳到厨房里，看母亲为他准备了什么食物。菜已经烧好，放在灶台上。

他问：“妈妈，今天我们吃什么？”

母亲说：“你自己看吧。”

大拇指跳上灶台，朝碗里看。因为他的脖子伸得太远，食物冒出的热气一下把他吹到了烟囱外面。他在空中腾云驾雾般地转悠了一阵，最后又落到地面上。

现在，大拇指来到了大千世界，他四处游历。他先跑到一位师傅那里做工，但他觉得伙食不够好。大拇指说：“师母，如果您不给我改善一下伙食，我就走了。明天清早我要用粉笔在您家的大门上写着：土豆太多，肉太少！再会，土豆大王！”

师母说：“蝗虫，你到底要什么？”她生气了，抓起一块抹布要打他。大拇指赶紧跑到顶针箍下面，探出脑袋，对着师母伸舌头；师母拿起顶针箍，想要捉住他，但是大拇指跳到抹布里；师母抖开抹布找他，他又钻进了桌缝里；师母要打他，他便跳到了抽屉里。师母最终还是捉住了他，把他扔到了屋外。

大拇指继续去旅行。他来到了一片大森林里，遇到了一伙强盗，他们正在筹划去偷国王的财宝。他们看见了大拇指，心想：“这个小家伙可以从钥匙眼里爬进去，帮我们开锁。”一个强盗叫道：“喂，勇敢的人，要不要跟我们一起到金库里去呀？你可以溜进去，把钱丢出来给我们。”大拇指想了想，说了声：“行。”就跟着他们一起去了金库。

他把几扇门从上到下仔细检查了一遍，看是不是有缝隙。很快他就找到了一条缝，宽得足以让他爬进去。他刚要爬进去，门口站岗的两个卫兵中的一个看见了他，向另外一个说：“你看，那只蜘蛛多难看，它正在爬呢，我要踩死它。”另外一个卫兵说：“放那可怜的家伙走吧，它又不会伤害到你。”

大拇指的运气很好，他从门缝里安全地爬到了金库里，打开一扇窗户。强盗正站在下面等着，他把银元一个一个地丢给他们。大拇指干得正起劲，听到国王来检查他的金库了，他赶紧躲了起来。国王发现少了许多银元，不知道是谁偷的，因为锁和门闩看起来都没人动过，戒备也很森严。国王走时对那两个卫兵说：“留神点，有人盯上这里的钱了。”

大拇指继续干活，卫兵听到钱在金库里移动时发出的“叮当”“叮当”的响声。他们赶紧进去捉贼。大拇指听到了他们的脚步声，马上跳到了一个角落里，躲在一个银元下面，谁都发现不了他。他还小声戏弄卫兵道：“我在这儿呢。”卫兵循着声音跑过去，大拇指又跳到另外一个角落里的银元底下，叫道：“嘿，我在这儿呢。”卫兵赶紧又跑过去，但是大拇指早已跑到第三个角落里。他这样戏弄着卫兵，他们在金库里跑了很久，弄得筋疲力尽，最后只好离开了。大拇指把所有的银元都慢慢地丢了出去，使出全身力气丢完最后一个银元后，自己也很敏捷地跳到银元上面，跟着它一起弹出窗户，落到地上。强盗们盛赞他说：“你真是一个了不起的英雄，你愿意做我们的头领吗？”

大拇指谢绝了，说他要去见见世面。于是他们开始分赃，大拇指只要了一角钱，因为多了他也拿不动。

大拇指把“剑”系在腰边，向强盗们告了别，继续赶路。他到几位师傅那里去工作，但都觉得没兴趣。最后，他来到一个旅馆里当佣人。但是女佣们都不喜欢他，因为她们看不见他，而她们暗地里做的事情却被他看得一清二楚，例如她们从盘子里拿了些什么，从地窖里偷了什么，他都会去告诉老板。女佣们说："等着瞧吧，我们一定要跟你算账。"她们商量了捉弄他的办法。不久后的一天，一个女佣正在花园里割草，她看到大拇指在草地上蹦来蹦去，在草里爬上爬下的，就将他连草一起割下，用一块大布包好，悄悄地丢到牛的面前。牛群里有一头大黑牛把他给吞了下去，幸好没有伤到他。但是大拇指觉得在牛肚子里一点也不好玩，里面黑漆漆的，也不能点灯。有人挤牛奶的时候，他叫道："哗啦啦，哗啦啦，奶桶何时满？"

但是挤牛奶的声音太响了，淹没了他的声音。主人走到牛栏边上说："明天把这头牛给杀了。"大拇指急得大喊大叫："我在里边，先让我出来！"主人听得真切，却不知道声音是从哪里传出来的。他问："你在哪儿？"大拇指回答说："在黑暗里。"老板没明白这是什么意思，就走掉了。

第二天早晨，那头牛被杀了。幸运的是，大拇指没挨到切割就落到做香肠的肉里去了。屠夫正打算切肉的时候，大拇指尽力嚷道："不要剁得太深，不要剁得太深，我在肉堆里面呢！"但是剁肉的声音盖过了他的叫嚷声，没有人听得见他的话。

可怜的大拇指这下可遇到麻烦了。但他急中生智，灵敏地在菜刀的起落间跳来跳去，居然毫发未损，安全地避开了危险。但是他还是无法逃走。没有别的法子，他只得跟几块肥肉一起被塞到一节猪肠里面。那里面很窄，香肠又被挂到烟囱里面熏，他觉得简直就是度日如年啊。

终于，冬天来了，主人想用香肠招待客人，他这才被拿了下来。女主人把香肠切成薄片，大拇指小心翼翼，不敢把头向前伸得太远，免得脖子被切断。最后他找到机会，找了一条路，跳了出来。

大拇指在这屋里吃尽了苦头，再也不愿意待在那里了，于是立刻起程又去旅行。但是他并没有自由多久，在野外，一只狐狸不假思索地就把他吃了。大拇指叫道："唉，狐狸，我粘到你喉咙里了，请你放了我吧。"狐狸回答说："可以，你都不够我塞牙缝的。要是你肯答应把你父亲院子里的鸡给我，我就放过你。"大拇指回答说："好的，我答应把所有的鸡都给你。”狐狸放了他，还把他背回了家。父亲看见了他亲爱的儿子，表示愿意把自己所有的鸡都给狐狸。大拇指说：“我也给你带了一角钱作为补偿。”说着，他就把旅行时得到的一角钱递给父亲。

“但是你为什么让狐狸吃掉那些可怜的小鸡呢?”大拇指问。“唉，你这个傻孩子，你的父亲虽然爱院子里的鸡，但是更爱自己的孩子呀。”父亲回答说。

六只天鹅

从前，有一位国王在大森林里狩猎，他全力追着一只野兽，手下的人没有一个能够跟得上他。天色渐晚，他停下脚步环顾周围，才发现自己迷了路。他想找一条出路，但怎么也找不到。这时，国王看见一个不停摇头的老太婆朝他走来——她是一个巫婆。

他对巫婆说：“老婆婆，您能给我指条从森林里出去的路吗？”

巫婆回答说：“哦，可以的，国王，当然可以。不过我有一个条件，如果你不答应的话，就永远走不出这片森林，而且你还会饿死。”

国王问：“是什么条件呢？”

老巫婆说：“我有一个女儿，长得非常美丽，她的美貌无与伦比，完全配得上做你的妻子。如果你愿意娶她，让她做王后，我就指给你走出森林的路。”

国王很害怕，便答应了她。老巫婆带他到她的小屋里，她的女儿正坐在炉火旁边。她接待了国王，那神色好似正在等着他。国王看到她长得的确美丽非凡，却并不喜欢她。国王扶着女孩上了马后，老巫婆指给他出森林的路。国王回到王宫后，便举行了婚礼。

国王曾经结过一次婚，他的第一个妻子生了七个孩子，六男一女，他们是他手中的珍宝。现在国王担心继母虐待他们，更担心她会害他们，便把他们送到森林中一座孤寂的王宫里去住。那个地方非常偏僻，路也极其难找，要不是一位女巫送了他一个奇妙的线团，连他自己也找不到路。他把线团往前面一抛，线团会自动打开，指出路来。

国王常常到他亲爱的孩子们那里去，王后见他总不在宫里，很是纳闷。她想弄明白国王独自一个人到森林里都去做些什么。她用很多钱买通了国王身边的随从，他们告诉了她这个秘密，并且告诉她只有那个线团才能够指出路来。自此，王后就一直心神不宁，直到她找到了国王藏线团的地方以后，方才安下心来。

她从母亲那里学过巫术，她做了几件白绸料的小衬衫，将一道咒文缝在里面。有一次，国王骑马去打猎，王后便拿了这些小衬衫到森林里去，线团给她指了路。孩子们从远处看见有一个人来，以为是亲爱的父亲来看望他们了，便欣喜万分，跑着去迎接她。王后向每个孩子都丢去一件衬衫，衬衫刚一碰到他们的身体，他们马上就变成了天鹅，飞上天空，消失了。王后回到宫里，心情十分愉快，她以为国王前妻的子女再也不会出现了。但是她不知道，国王的女儿并没有同哥哥们一起跑去迎接王后，所以她还留在那森林里，王后对她一无所知。

第二天，国王去看望孩子们，但是他发现只有女儿在王宫里。国王问："你的哥哥们都在哪里呢?"她回答说："啊，父亲，他们都走了，只留下我一个人孤零零地待在这里。"女孩告诉了父亲她从小窗里看到的一切，兄弟们是怎样变成天鹅从森林的上空飞走了，她又把他们落在院子里的羽毛拿给他看。国王悲痛欲绝，但是他压根没想到，这件坏事是王后做的，他担心女孩也被夺去，所以打算把她带走。但是女孩很怕继母，她恳求国王，允许她在森林的王宫里再住一晚。国王同意了，答应明天再来接她。

可怜的女孩想："我不能再待下去了，我得去找我的哥哥们。"夜幕降临时，她逃了出去，径直向森林深处走去。她走了整整一夜，第二天也没有休息。她继续走，直到累得筋疲力尽。这时，她发现了一个猎人住的小屋，便走了进去，看见房间里有六张小床。但是她不敢躺在床上，她爬到床下，躺在硬邦邦的地上，准备在那里过夜。不久，太阳就落山了，她听到一阵风声，六只天鹅从窗户里飞了进来。它们落到地上，互相吹着气，吹掉了所有的羽毛，接着，它们的天鹅皮也像脱衬衫一样脱落了。女孩看着它们，认出这些天鹅正是她的哥哥们，便欣喜万分。她从床底下爬了出来，哥哥们看见了他们的小妹妹也非常高兴。他们对她说："你不能待在这里，这是强盗的住处，如果他们回来看见了你，会把你杀掉。"女孩问："难道你们不能保护我吗？"他们回答说："不能，因为我们每天晚上只有一刻钟的时间可以脱掉天鹅皮，恢复人形，然后我们马上又要变成天鹅了。"女孩边哭边说："难道我不能救你们吗？"他们回答说："啊，能，但是那些条件实在是太苛刻了。六年之内，你不能说话，不准笑，并且在这六年内，你要替我们用齿草缝织六件衬衫。只要你说一句话，那么一切的努力就都前功尽弃了。"哥哥们说完了这番话，一刻钟已经过去了，他们又变成天鹅从窗口飞走了。

女孩下定决心，要不惜一切代价去救她的哥哥，即使牺牲她的生命，也在所不惜。她离开了强盗的草棚，走到森林深处，爬到一棵树上过夜。第二天一早，她便立即去采集齿草，开始缝衬衫。她不同人说话，也不笑。她只是坐在那里，忙着手里的活。她在森林里生活了很长一段时间。

有一天，当地的国王到森林里打猎，他的猎人们来到女孩坐的那棵树前，发现了她，向她喊道："你是谁？"她没有回答。他们说："你下来到我们这里来，我们不会伤害你。"女孩只是摇头。他们继续追问她，她把她的金项链丢下给他们，以为这样可以让他们知足了。但是猎人们却不肯罢休，女孩又把她的腰带扔给他们，但是这样也无济于事。接着，她又丢下袜带，渐渐把她身上穿的、可以脱下的东西都丢下来了，最后只剩下一件小衬衫了。但即使这样，猎人们仍然不走。他们爬到树上，把女孩抱下来，带她来到国王面前。国王问："你是谁？你在树上做什么？"女孩没有回答。国王用自己会说的所有语言问她，但是她都闷不做声，像一条鱼一样不发出任何声音。她美丽的外表打动了国王的心，国王对她产生了爱恋之情。他将自己的外套披在女孩身上，扶她上马，让她坐在他前面，带她回到了王宫。国王吩咐人给她穿上漂亮的衣服，她光彩照人，但就是一言不发。

国王让她坐在桌旁，她举止端正，仪态大方，国王格外喜欢。他说："我要娶她，非她不可。"几天之后国王就和她结婚了。

国王有一个恶毒刁钻的母亲，对这桩婚姻很不满意，她常讲年轻王后的坏话。她说：“谁知道这个不能说话的女人是从哪里来的呢？她根本不配做王后。”过了一年，王后生了一个孩子，国王的母亲趁她睡着的时候，把孩子抱走了，她还在王后的嘴上涂了血。然后，她到国王那里去诬告王后，说王后是个吃人的怪物。国王不肯相信，不容许任何人伤害她。而王后全然不理会这些，还在那里缝衬衫，对别的事情都置若罔闻。

第二年，王后又生了一个漂亮的男孩子。歹毒的坏婆婆又故伎重演，但是国王仍旧不相信她的话。他说：“她那么虔诚善良，不会做出这样的事情。要是她能开口说话，能够为自己辩护，就能够证明她的清白了。”

第三年，坏婆婆第三次把刚出生的孩子抢去，又去诬告王后。王后还是不能自己开口辩白，国王没有办法，只好把王后交给法院审理，法庭判决用火将她烧死。

行刑的那一天，正是王后既不能说话也不能笑的最后一天。她已经把她亲爱的哥哥们从魔法的势力中解救出来了。那六件衬衫也已经差不多缝好，只是最后一件衬衫还缺一只左袖。在她被押往火刑柴堆上的时候，她把衬衫放在胳膊上，向四周看去，恰在火点燃的时候，六只天鹅从空中朝她飞来。她明白她马上就要得救了，心里欢喜得狂跳。天鹅向她飞来落下，她将衬衫抛向它们。天鹅们刚一触到衬衫，身上的天鹅皮就立即脱落了，她的哥哥们都恢复了人形，站在她面前，是那样英俊威武。只有最小的哥哥缺少了一只左臂，背上仍然有个天鹅翅膀。他们互相拥抱亲吻，国王看到后非常惊讶。

王后到国王那里告诉他：“亲爱的丈夫，现在我可以讲话了。我可以向你表明，我是无辜的，遭到了诬陷。”她向国王讲述了婆婆的卑鄙的行径，是婆婆抱走了三个孩子，藏了起来。国王派人把三个孩子找回来，看到孩子他们非常高兴。而那个恶毒的婆婆被绑在火刑柴堆上，烧成了灰，受到了应有的惩罚。从此，国王和王后，以及她的六个哥哥，幸福安宁地生活了很多年。

玫瑰小姐

从前，有个国王和王后，他们每天都说："啊，但愿我们能有一个孩子！"但是愿望每每落空。有一次，王后正在洗澡，一只青蛙从水里爬到了陆地上，对她说："你的愿望马上就要成为现实。过不了一年，你就会生一个女儿。"

青蛙的话真的应验了。一年后，王后生了一个非常漂亮的女孩。国王喜欢得不知道怎样才好，为此举行了一次盛大的庆祝宴会。他不仅邀请了他的亲戚、朋友和所有认识的人，还请了女巫们，希望她们喜欢这孩子，给她祝福。他的王国里一共有十三个女巫，但由于给她们吃饭的金盘子只有十二个，所以有一个没有被邀请。

盛大的宴会结束的时候，女巫师们给孩子献上了神奇的礼物：第一个送"道德"，第二个送"美貌"，第三个送"财富"，其他的巫师也送了人们都渴望拥有的其他最宝贵的东西。

第十一个巫师刚说完她的祝词，那个没被邀请的第十三个巫师忽然走了进来。国王没有请她，她要对此进行报复。她既不向别人打招呼，也不看别人，只是大声叫道："公主在十五岁的时候，要戳在一个纺锤上，倒下死掉。"她再没有多说一句话，转身离开了大厅。

所有的人都很吃惊。可是第十二个女巫还没有说她的祝词，这时她走上前来。她不能取消刚才没被邀请的女巫的邪恶咒语，只能将它化险为夷。她说："公主倒下去不会死，只是熟睡一百年。"

国王为了避免使他心爱的女儿遭遇那种不幸，发布了一道命令，让全国把所有的纺锤都烧掉。

很快，十一位女巫给女孩的礼物，都在女孩身上应验了，她聪明美丽，贤惠温柔，举止优雅，人见人爱。但是恰巧在她满十五岁的那一天，国王和王后都不在家，女孩独自一人留在王宫里。她到处走着，想看看每间屋子，最后她走到一座古老的钟楼旁边。她走上狭窄的螺旋形楼梯，来到一座小门前面。门的锁里插着一把生锈的钥匙，她一转动，门就开了。小房间里坐着一位老太婆，正拿着纺锤，起劲地纺线。

公主说：“您好，老婆婆，您在干什么？”老太婆点了点头说：“我在纺线。”女孩说：“这是什么东西，转得这样有趣？”她拿着纺锤也想纺纱，但她刚一碰到纺锤，咒语便应验了，纺锤戳进了她的指尖。一刹那，她便倒在那里的床上沉沉睡去。

这种睡眠传染到整个王宫。国王和王后回来后，刚走到大厅里就睡着了，王宫里所有的人都同他们一样也睡着了。马栏里的马、院子里的狗、屋顶上的鸽子、墙上的苍蝇，以至于灶里燃着的火，也都跟着静静地睡着了；正在炸着的肉也不响了；厨房里的一个孩子做错了事，厨师正抓着他的头发，此时也放开了手，睡着了；风静止了，王宫前面树上的叶子，也一动也不动。

王宫周围长起一道玫瑰篱笆墙，长得一年比一年高，最后把整个王宫都包围了起来。它朝外生长着，从外面看去，篱笆里面什么都看不见，连屋顶上的旗子也看不见。

从此，一个传说流传开来：在这篱笆墙里面的王宫中有位睡美人，她是这个国家的公主，大家叫她玫瑰小姐，只有王子的吻能够唤醒她。

后来经常有各国的王子来到这里，想穿过篱笆墙进到王宫里面去。但是他们都没有成功，玫瑰仿佛有手，紧紧缠结在一起，那些王子也被绊在里面，脱不了身，可怜地死去。

又过了很多年，又有一个王子来到这个国家。他听一位老人讲起玫瑰篱笆的故事，说篱笆里面是一座王宫，宫里有一位非常漂亮的公主，叫做玫瑰小姐，她已经沉睡了一百年，国王和王后以及宫中所有的人都同她一样沉睡着。老人还听他的祖父说，曾经有许多王子来过，他们都想穿过玫瑰篱笆走进去，但是都被缠在里面悲惨地死去了。听到这些，王子说：“我不怕，我要去救美丽的玫瑰小姐。”好心的老人无论怎样劝他，他都坚持要去。

这时候，时间正好过去了一百年，到了玫瑰小姐醒来的日子了。王子走到玫瑰篱笆附近，看见那里盛开着又大又美丽的花朵，那些花竟自动分开，让他过去，并不伤害他。王子走过去后，它们又合拢成篱笆。他到了王宫的院子里面，看见马和花白猎狗正躺着睡觉；屋顶上的鸽子，将小小的脑袋伸在翅膀下面。王子走进屋里，苍蝇在墙上睡觉，厨房里的厨师还伸着手，似乎是在抓那个做错事的孩子，女仆坐在一只黑母鸡前面，准备拔光它的毛。

他继续向里走去，看见王宫中所有的人都在大厅里睡觉，座位上躺着国王和王后。他朝前走去，一切都静得出奇，连自己呼吸的声音都听得见。最后，他来到钟表前，推开玫瑰小姐睡觉的小房间的门。她躺在那里，是那么美丽动人，看得他眼睛都不能眨一下，情不自禁弯下腰去，吻了她一下。这样一个吻，令玫瑰小姐一下子便睁开眼睛，醒了过来，她充满深情地注视着他。

他们一起下楼来。这时候，国王醒了，王后和王宫里所有的人都睁大眼睛互相对视；院子里的马站起来，摇摆着身体；猎狗跳跃不止，摇着尾巴；屋顶上的鸽子从翅膀下面伸出小脑袋，环顾四周，向野外飞去；墙上的苍蝇继续爬动；厨房里的火燃烧了起来，闪闪发光，继续煮着食物；炸肉又开始哧哧作响；厨师打了孩子一个耳光，孩子叫喊起来；女仆拔完了鸡毛。

王子同玫瑰小姐举行了结婚典礼，热闹非凡。他们幸福快乐地生活在一起，直到白头。

“鸟弃儿”

从前，有一个护林人，他到森林里去打猎。走进森林里的时候，他听到一阵哭喊的声音，听起来像是一个孩子。他循着哭声走去，最后来到一棵大树前，只见树上坐着一个小女孩。原来，一位母亲带着小女孩在树下睡着了，一只鹰发现了她怀里的孩子，用嘴把她叼走，放在了这棵大树上。

护林人爬到树上，把小孩抱了下来，心想：“我要把这孩子带回家，跟我的小勒丽一起抚养。”于是，他把小孩带回了家，两个孩子一块成长。在树上找到的那个孩子，因为被鸟衔过，就给她取名叫“鸟弃儿”。

“鸟弃儿”和小勒丽相亲相爱，只要两个人不在一起，就会难过。

护林人家里有一位老厨娘，有一天晚上，她提了两只桶去井边打水，一连去了许多次。小勒丽看见了问道：“老萨内，你为什么打这么多水？”

“如果你不跟别人说，我就告诉你。”

小勒丽答应了，保证绝对不向别人说。

老厨娘说：“明天早晨护林人一去打猎，我就烧水，等水烧开，我就把‘鸟弃儿’丢进去煮了。”

第二天一大清早，护林人动身去打猎。他走的时候，孩子们还在床上睡觉。小勒丽对“鸟弃儿”说：“如果你不离开我，我也不离开你。”

“鸟弃儿”说：“我绝对不离开你。”

于是小勒丽说：“我跟你讲，老萨内昨天晚上提了许多桶水到屋里，我问她为什么要打那么多水。她说，如果我不告诉别人，她就告诉我。我说，我肯定不告诉别人。她说，今天早晨，父亲去打猎走了之后，她要烧一锅水，把你丢进去煮。我们得赶快起床，穿好衣服，一起逃走。”

两个孩子赶紧起来，飞快地穿上衣服，逃走了。锅里烧着水的时候，老厨娘到卧房里去，准备将“鸟弃儿”丢进去煮。但是她走到床前，发现两个孩子都不在了。她惊慌失措，自言自语地说：“如果护林人回来，看见孩子们不见了，我可怎么交代呢？我得赶紧去追他们，把他们弄回来。”

老厨娘打发了三个帮工去追那两个孩子。孩子们此时正坐在森林前面，远远地看见三个帮工向这边跑来。小勒丽对“鸟弃儿”说：“如果你不离开我，我也不离开你。”

“鸟弃儿”说：“我绝对不离开你。”

小勒丽说：“你变成一棵玫瑰树，我就变成上面的玫瑰花。”

三个帮工来到森林前面，看到那里只有一棵玫瑰树和上面的一朵玫瑰花，并没小孩子的踪影。他们说：“再待着也毫无意义了。”他们回家去告诉老厨娘，他们在森林前只看到一棵玫瑰树和上面的一朵玫瑰花，别的什么也没有看见。

老厨娘骂道："你们这些蠢东西，你们应该砍断那棵玫瑰树，把玫瑰花摘下来带回家，赶紧去办。"他们只得再次出去寻找。

小孩子们看见他们远远地走来，小勒丽说："'鸟弃儿'，如果你不离开我，我也不离开你。"

"鸟弃儿"说："我绝对不离开你。"

小勒丽说："你变成一座教堂，我变成里面的吊灯。"

三个帮工赶到的时候，只看见了一座教堂和一个吊灯在那里。他们对彼此说："我们在这里做什么呢？回去吧。"他们回到家，老厨娘问他们是否找到了孩子。他们说，没有，只看见一座教堂，里面有一个吊灯。老厨娘骂道："你们这帮笨蛋，为什么不拆了那座教堂，把吊灯带回来呢？"

老厨娘亲自出马，同三个帮工一起去追两个孩子。孩子们看见三个帮工远远地走来，老厨娘摇摇摆摆地跟在后面。

小勒丽说："'鸟弃儿'，如果你不离开我，我也不离开你。"

"鸟弃儿"说："我绝对不离开你。"

小勒丽说："你变成池塘，我变成鸭子游来游去。"

老厨娘走到跟前，她看见了池塘，趴在岸边，想把水吸干。这时，鸭子赶紧游了过来，用嘴衔着她的头，把她拖到水里去了。邪恶的老厨娘就淹死在水里了。

小孩子们一起回了家，开开心心地生活着，说不定现在还活着呢。

画眉嘴国王

从前有一个国王，他有一个女儿，美丽极了，但她却傲慢无礼，看不上任何一个求婚者。她把来求婚的人都给拒绝了，不但如此，她还对他们冷嘲热讽。有一次，国王举行了一场盛大的宴会，邀请了各地想要求婚的男子。他们按照等级地位入席：先是国王，后面依次是公爵、侯爵、伯爵、男爵，最后是贵族。公主从这些人身边走过，对每个人都挑三拣四。她觉得第一位太胖，她说："好一个酒桶！"第二位又太高，她说："又高又晃，走路没个样！"第三个太矮，她说："又矮又胖，不灵活。"第四个脸色太苍白，她说："像具死尸！"第五个脸色太红，她说："活像一只火鸡！"第六个身体不够端正，她说："像火炉后面烤干了的弯木头！"她对每个人都指指点点，特别拿站在最前面、下巴生得有点翘的善良的国王寻开心。她笑着挖苦道："啊！看他的下巴，长得像画眉鸟的嘴巴一样。"从此，这国王就得了一个绰号——"画眉嘴"。老国王看到他的女儿对所有聚集在那里求婚的人都嗤之以鼻，非常生气，发誓要把她嫁给前来讨饭的叫花子。

几天之后，有一个走街串巷奏乐的乐师在王宫的窗户下唱歌，想得到一点施舍。国王听见了歌声便说："叫他上来。"奏乐的乐师衣衫褴褛地走了进来，在国王和公主面前唱起歌来，唱完，他便恳求给他一点赏赐。国王说："你唱的歌令我非常满意，我就把我的女儿嫁给你吧。"公主大吃一惊，但是国王说："我发过誓，要把你嫁给叫花子，我必须要言而有信。"公主虽然反对，但是也毫无办法。牧师来了，公主同这位乐师结了婚。婚礼结束后，国王说："你是叫花子的妻子，不宜长期居住在王宫里，你随你的丈夫走吧。"

乐师牵着公主的手往外走，她只好同他步行离开了王宫。他们来到一片大森林里，公主问：

"啊！这片美丽的森林是谁的？"

"它是画眉嘴国王的。如果你当初嫁给了他，它就是你的了。"

"我这个可怜的温柔的女子呀！唉，要是我嫁给了画眉嘴国王该多好！"

不久，他们又走过一片草地，公主又问：

"这片美丽的绿色草地是谁的？"

"它是画眉嘴国王的。如果你当初嫁给了他，它就是你的了。"

"我这个可怜的温柔的女子呀！唉，要是我嫁给了画眉嘴国王该多好！"

后来，他们又走过一座大城市，公主又问：

“这座美丽的大城市是谁的？”

“它是画眉嘴国王的。如果你当初嫁给了他，它就是你的了。”

“我这个可怜的温柔的女子呀！唉，要是我嫁了画眉嘴国王该多好！”

乐师说：“你怎么老是希望嫁给别人？这太让我气愤了。难道我对你还不够好吗？”

最后，他们来到一座很小的房子前，公主说：

“啊！上帝，这个房子可真小！谁会住在这样小得可怜的房子里？”

乐师回答说：“这是咱俩的房子，我们要共同生活在里面。”

房门很矮，公主只能弯下腰进门。公主说：“仆人在哪呢？”乐师说：“哪来的仆人！以后你想干什么，都得自己动手。你快点把火生起来，打点水，给我煮饭吧，我累死了。”公主不会生火煮饭，乐师只好自己动手，煮的东西还算能吃。他们吃完了那顿简单的便饭，就上床睡觉了。

第二天早晨，乐师很早就催公主起床做家务。他们就这样非常简朴地过了几天，但还是把贮藏的粮食都吃光了。丈夫说：“太太，我们在这里光吃不做，不能维持很久。你得编筐啊。”乐师出去砍了些柳树枝。公主开始编筐，那些又粗又硬的柳枝戳伤了她细嫩的手指。

丈夫说：“这样可不行，也许你可以纺线。”公主坐下来试着纺线，但没多久，粗糙的纱线就割破了她柔软的指头，鲜血直流。

丈夫说：“你看看，你什么活都不会做，我娶了你真是倒霉透了。现在我要去试试做陶器生意，你把陶器带到市场上去卖吧。”公主想：“啊，要是我父亲王国里有人到市场上去，看见我坐在那里卖东西，他们该怎样嘲笑我啊！”但是没有别的法子，如果她不去做，他们就得饿死。

一开始，生意很成功，她长得漂亮，人们都愿意买她的东西。她要多少钱，人们都不讨价还价，甚至还有人给了她钱，却不拿走壶罐。夫妻俩靠着公主卖东西赚来的钱生活了一段时间。

后来，乐师又进了一批新的陶器。公主坐在市场的一个角落里，将陶器摆在她的周围叫卖。这时，有个喝醉了酒的年轻骑兵，骑着马从壶罐当中奔驰而过，把所有的陶器都给打得粉碎。公主哭了起来，非常害怕，束手无策。她叫道："啊，我的命可真苦！我的丈夫会怎么骂我啊！"她跑回家，向丈夫讲述了她的不幸遭遇。

丈夫说："谁会坐到市场的角落里卖陶器呢！你就哭吧，你真是没用，什么事都做不了！我去了咱们国王的宫殿里，问他们是否需要一位厨房女佣，他们答应了可以用你，给你提供伙食。"

就这样，公主沦为了厨房里的女佣，在厨师跟前打下手。她将两个小罐子放在两边的口袋里，把人家的残茶剩饭装到里面，拿回家去糊口。有一天，国王举行结婚典礼，可怜的公主躲在大厅门前观看着。晚上灯火辉煌，来宾接连步入大厅，他们一个比一个漂亮，穿着华丽。公主哀伤地想到自己的命运，悔恨自己曾经那么骄傲，正是这种傲慢无礼让她落到这种贫穷的凄惨境地。那些端进端出的美味佳肴，香气扑鼻。仆人不时倒些残汤剩水给她，她就连忙放到罐子里，准备带回家去。

忽然，国王穿着天鹅绒和绸缎衣服，脖子上挂着金链子走了进来。他看见这个漂亮的女子站在门口，便一把抓住她的手，要求同她跳舞，但是她拒绝了。她大吃一惊，认出来这位国王正是画眉嘴国王，他从前向她求过婚，被她嘲笑着拒绝了。但是不管她怎么挣脱，国王还是硬把她拉进了舞厅。

这时，她口袋上的带子断了，罐子落到地上，汤泼了出来，残余的食物也撒了一地。人们看了哈哈大笑，她非常羞愧，恨不得有个地缝钻进去。

她跑到门口想要逃走，一个男人在楼梯上追上了她，将她拉了回来。她定睛一看，又是画眉嘴国王。他温柔亲切地对她说："别怕，我就是和你一同住在简陋小屋里的乐师。我很爱你，所以才那样装扮。那个踩碎你罐子的轻骑兵也是我。我这样做，是为了治治你那骄傲、自大的脾气，惩罚一下你对我的嘲笑。"

公主痛哭道："我很不应该，我不配做你的妻子。"

但是国王说："好啦，过去的已经过去了，现在来庆祝我们的结婚典礼吧。"

王宫的侍女走了过来，给公主穿上了华丽的衣服，她的父亲和整个宫里的人都来了，祝贺她同画眉嘴国王喜结良缘。

他们真正的快乐才刚刚开始。但愿你和我都在那里吃着喜酒。

白雪公主

冬天，鹅毛大雪从天而降，有一个王后坐在乌木框的窗边缝衣服。她一边缝，一边抬头看着飘雪，一不留神，针将指头戳破了，鲜血涌了出来，有三滴落到了雪上。鲜红的血点缀着白雪，非常美丽，她想："真希望我有一个孩子，皮肤白里透红，头发像这窗子的乌木框一样黑。"

不久，她生了一个女孩儿，皮肤真的像雪那么白嫩，嘴唇又像血那么鲜红，头发像乌木框那么黑，王后给她取了个名字叫"白雪公主"。女孩儿生下后没多久，王后就去世了。

又过了一年，国王又娶了一位王后。她非常美丽，但是却很骄傲，嫉妒心极强，她不喜欢别的女人比她美。王后有一面魔镜，她常常走到它面前孤芳自赏，并且问道：

"魔镜啊，魔镜，谁是世界上最美丽的女人？"

镜子回答说：

"王后，你是世界上最美丽的女人。"

王后听了非常满意，她知道，镜子是不会撒谎的。

白雪公主慢慢长大，愈来愈美丽。到她七岁的时候，出落得楚楚动人，比王后都要标致。

有一次，王后又问镜子：

"魔镜啊，魔镜，谁是世界上最美丽的女人？"

镜子回答说：

"王后啊，你是美丽的，但白雪公主要比你漂亮一千倍呢！"

王后大吃一惊，怒不可遏。自此，她一看见白雪公主心里就不舒服，对她充满了忌妒。忌妒和骄傲像野草一样在她心里越长越高，折磨得她日夜不得安宁。

有一天，她叫来了一位猎人，说："我讨厌我的女儿在我跟前。你把她带到森林里，杀死她，再把她的肺和肝拿来，作为杀死她的证据。”猎人服从了王后的命令，他把白雪公主带走了。在森林里，猎人拔出猎刀，刚要动手刺向白雪公主的心时，白雪公主哭泣着说：“天啊，亲爱的猎人，请饶我不死吧，我可以跑到荒野的森林里去，永不再回家。”因为白雪公主长得楚楚动人，猎人的同情心油然而生，他说：“可怜的孩子，你逃走吧！”他想：“不管怎样，森林里的野兽也会很快吃掉她的。”想到不必亲手杀掉她，压在猎人心上的石头落了下来。这时候，有一只小野猪跑了过来，猎人把它刺死了，挖出了它的肺和肝，带回去给了王后，作为他将公主杀死的证明。狠毒的王后让厨师在肺和肝上撒上盐，将它们烧好，吃了下去，她以为吃的是白雪公主的肺和肝。

可怜的白雪公主孤单地待在大森林里，非常害怕。她望着树上的叶子，不知道该怎么办。想了一会儿，她开始奔跑。她跑过耸立的石头，穿过荆棘的树丛。野兽从她旁边走过，却都没有伤害她。她拼命跑着，临近傍晚时分，她看到了一幢小房子，便推门进去打算休息一下。小房子里所有的东西都很小，却精致万分，干净整齐。有一张小桌子上铺着白布，摆放着七个小盘子，每个小盘里都有一把小调羹，旁边还摆了七把小刀子、七只小叉子和七个小杯子。靠墙并排放着七张小床，上面铺着雪白的被单。白雪公主又饿又渴，她从每个小盘子里都吃了一点蔬菜和面包，又从每个小杯子里抿了一口酒。她觉得非常疲倦，想在一张床上躺下来，但是却没有一张床适合她的身高；不是这一张床太长，就是那一张床太短，一直试到了第七张床，她躺上去才正合适。白雪公主就躺在这张床上，祷告了上帝之后，很快就睡着了。

天黑后，小房子的主人们回来了，他们是每天在山里采矿的七个小矮人。他们点亮了七盏小灯，灯光照亮了小房子，他们发现有人来过，动过房子里面的东西。

第一个小矮人说：“谁坐过我的小凳子？”

第二个小矮人说：“谁吃了我小盘里的东西？”

第三个小矮人说：“谁吃了我的小面包？”

第四个小矮人说："谁动了我的菜？"

第五个小矮人说："谁用过我的小叉子？"

第六个小矮人说："谁用我的小刀切过东西？"

第七个小矮人说："谁喝了我的酒杯里的酒？"

第一个小矮人向四周看了看，发现他的床上有个小窝，他说："谁在我的床上躺过？"其他的小矮人也都跑了过来，叫道："我的床上也躺过人。"第七个小矮人看见白雪公主正躺在他的床上睡觉。他叫其他的小矮人过来看，他们都跑了过来，拿着各自的小灯照着白雪公主，惊讶地叫了起来："啊，我的天哪！啊，我的天哪！怎么会有这么美丽的孩子啊！"他们欣喜万分，生怕吵醒她，让她在床上继续睡着。第七个小矮人去和他的同伴们一起睡，他和每个人轮流睡一小时，一夜便这么过去了。

第二天早晨，白雪公主醒了过来，她看见那七个小矮人，吓了一跳。但是他们非常和气地问她："你叫什么名字？"她回答说："我叫白雪公主。"矮人们接着问："你是怎么找到我们家的？"她给他们讲了自己的经历：她的继母想叫人杀死她，但是那猎人饶了她的命，她跑了一整天，最后才找到他们的小房子。小矮人们说："如果你愿意照顾我们，帮我们烧饭、铺床、洗衣服、缝补衣服、纺线，把房子收拾得井井有条，你就可以住在这里，我们会让你衣食无忧的。"白雪公主说："好的，我非常愿意。"

于是，她就在小矮人们的家里住下了。她将他们的房子整理得一尘不染。每天早晨，小矮人们到山里去采铜和金子，晚上回来后，饭菜就已经准备好了。白天，白雪公主一个人待在家里，善良的小矮人告诫她说："要小心你的继母，她很快就会知道你在这里的。千万不要让任何人进来。"

王后吃了白雪公主的肺和肝以后，又自以为是全世界最美丽的女人了，她走到镜子前面，说：

"魔镜啊，魔镜，谁是世界上最美丽的女人？"

镜子回答说：

"王后啊，在这里你最美丽。但是越过山岭，在七个小矮人家里的白雪公主，要比你美丽一千倍！"

王后听了吓了一跳，她知道那面镜子是不会说假话的，一定是猎人骗了她，白雪公主还活着。她思前想后，琢磨着怎样才能害死她。她不能容忍有人比她美丽，最终，她想出了一个办法。她装扮了一下，打扮成卖杂货的老太婆，这样就没有人能认出她来了。

她翻山越岭，来到了七个小矮人的家里，敲门喊道："卖好东西啦！"白雪公主从窗口向外望过去，喊道："亲爱的老婆婆，你好。你卖的是什么东西呀？"她回答说："好东西，很漂亮的东西，有各种颜色的带子。"她边说边拿出一根带子，那是用五彩丝线织成的带子。白雪公主心想："这位老婆婆这么和气，就让她进来吧。"她开了门，买下了那根漂亮带子。老太婆说："孩子，你害怕什么呢！来吧，我帮你系好这条带子。"白雪公主一点也没有怀疑她，站在她面前，让她系上这条带子。老太婆立即用带子紧紧地勒住白雪公主，白雪公主透不过气来，倒在地上，就像死去了一样。王后说："嗯，这下你就不是最美丽的人了。"说完，她就走了。

晚上，七个小矮人回到家，看见可爱的白雪公主躺在地上一动不动，好像死了一样，不禁大吃一惊。他们把她抱起来，看见她被带子勒得紧紧的，就马上把带子剪断。白雪公主慢慢恢复了呼吸，渐渐活了过来。七个小矮人听她讲完了事情的经过，说道："那个卖杂货的老太婆，肯定不是别人，就是那个恶毒的王后。你要当心，我们离开后，千万不要让任何人进来。"

那个心肠恶毒的王后一回到家里，就走到镜子前面问：

"魔镜啊，魔镜，谁是世界上最美丽的女人？"

镜子依然回答：

"王后啊，这里你最美丽。但是越过山岭，在七个小矮人家里的白雪公主，要比你美丽一千倍！"

王后知道白雪公主依然活着，恼怒得气血翻涌。她说："我一定要想办法杀死她！"她用自己懂得的妖术，做了一把有毒的梳子。然后她又扮成一位老太婆，翻山越岭，来到七个小矮人的家里，敲着门喊道："卖好东西啦!"白雪公主望着窗外说："请你走开吧，这次我可不能再让任何人进来了。"老太婆说："只是给你看看这把漂亮的梳子，总可以吧。"她拿出有毒的梳子，高举着递给她看。白雪公主非常喜欢这把梳子，她又上了当，把门打开了。交易成交后，老太婆说："让我给你梳梳头发吧。"可怜的白雪公主没想到老太婆心存恶意，答应了让她梳头。梳子刚碰到头发，毒性马上发作，白雪公主失去了知觉，倒在了地上。那恶毒的王后说："你这个倾国的美人，现在该死了吧。"说完，她就走了。

幸运的是很快夜晚就来临了，七个小矮人回到了家。他们看见白雪公主躺在地上，像死了一样，马上怀疑她的继母来过，就四处寻找，终于找着了那把有毒的梳子。他们刚把梳子从白雪公主的头发里抽出来，她就恢复了知觉，醒了过来。她告诉了小矮人们事情的经过，他们又警告她，叫她当心，不要给任何人开门。

王后回到宫里，站在镜子前面问：

"魔镜啊，魔镜，谁是世界上最美丽的女人？"

镜子又像以前一样回答：

"王后啊，这里你最美丽。但是越过山岭，在七个小矮人家里的白雪公主，要比你美丽一千倍！"

王后听到镜子说完，气得浑身战栗。她狂叫道："我就是死，也要杀死白雪公主！"她走到一间偏僻的密室里，这间屋子以前从没有人来过，她在那里做了一个有毒的苹果。苹果白里透红，好像美人的面颊般，任何人看了都想咬一口。但如果谁吃下一小块，一定会马上死去。苹果做好后，王后照旧装扮了一下，化装成一个农妇，翻山越岭，来到七个小矮人家里。她敲了敲门，白雪公主从窗口伸出头来说："七个小矮人告诫过我，不要放任何人进来。"农妇回答说："没有关系，我的苹果很快就要卖完了。我把这个苹果送给你吧。"白雪公主说："不，我不能要。"农妇说："你怕苹果有毒吗?看，我把苹果切成两半，红的你吃，白的我吃。"原来那苹果做得非常巧妙，只有红的那一半才有毒。白雪公主很喜欢这个甜美的苹果，她看见农妇吃了起来，也忍不住伸手出去，拿了那有毒的一半。她刚刚咬了一口，就倒在地上，死去了。王后用恶毒的眼光端详着她，大笑着说："皮肤像雪一样白，嘴唇像血一样红，头发像乌木框一样黑！这次小矮人们再也救不活你了！”

她回到宫里问镜子：

“魔镜啊，魔镜，谁是世界上最美丽的女人？”

镜子终于回答说：

“王后啊，你是世界上最美丽的女人。”

王后的嫉妒之心这才平复。

小矮人们晚上回到家，发现白雪公主躺在地上，没有了呼吸，已经死去了。他们把她抱起来，到处找有毒的东西。他们解开她的带子，梳着她的头发，用水和酒来清洗她，但一切都是徒劳的。可爱的姑娘真的死了，再也醒不过来了。他们只好把她放到尸架上，七个小矮人围在她周围哭了三天三夜。他们想将她埋葬，但是她的样子，看上去像是还活着，她的脸依然红润，美丽动人。小矮人们说：“我们不能把她埋到阴冷黑暗的地下去。”他们找人做了一口透明的玻璃棺材，把她放了进去，这样从哪个角度都可以看到她。玻璃棺材上还用金子嵌着白雪公主的名字。他们将棺材抬出去，安放在山上，有一个小矮人永久留在那里看守着她。有几只鸟也飞来为白雪公主哭泣，首先来了一只猫头鹰，接着来了一只乌鸦，最后来了一只小鸽子。

白雪公主在棺材里躺了很久很久，她的样子看起来好像是在安睡，她的皮肤始终像雪一样白，嘴唇像血一样红，头发像乌木框一样黑。有一天，一位王子来到了这座森林里，他到七个小矮人的家里去过夜。在山上，他看到了棺材中美丽的白雪公主，又读了写在棺材上面的金字。他对小矮人们说：“请将这个棺材卖给我，你们要什么，我就给你们什么。”但是七个小矮人回答说：“就算把世界上所有的金子都给我们，我们也不卖。”王子说：“那么把她送给我吧，看不到白雪公主，我就活不下去了，我要守护她，像对待我的爱人一样。”善良的小矮人们听他这么说，心生同情，就将棺材送给了他。王子叫他的仆人把棺材抬走。不料他们被树桩绊了一跤，棺材被撞了一下，白雪公主吃下的那块有毒的苹果，从喉咙里吐了出来。很快，她睁开了眼睛，推开棺材盖，坐了起来。她复活了！

白雪公主叫道：“啊，天哪，我这是在哪里呀？”王子高兴地说：

“你跟我在一起。”他将事情经过告诉了她，又说：“我爱你，胜过世界上的一切。和我一起到我父亲的王宫里去吧，我要娶你做我的妻子。”白雪公主同意了，和王子一起向王宫走去。他们举行了盛大的婚礼，热闹非凡，喜气洋洋。

恶毒的继母也被请去参加婚礼。她穿着美丽的衣服，走到镜子面前说：

“魔镜啊，魔镜，谁是世界上最美丽的女人？”

镜子回答说：

“王后啊，在这里你最美丽。

但是王子的新娘比你还要美丽一千倍！”

恶毒的女人勃然大怒，开口咒骂。她根本就不想去参加婚礼了，但是她的内心无法平静，还是打算去看看王子的新娘。她刚一走进王宫，就认出新娘是白雪公主，吓得呆住了。

等待她的是一双放在煤火上的鞋子——有人用钳子夹了进来，放到她面前。她只好穿着火红的鞋子，一直跳舞，直到倒在地上死去。

古怪的姓

从前有一个磨坊主，他很穷，但是他有一个漂亮的女儿。有一天，他为了争面子，对国王说：“我有一个女儿，能够把稻草纺成金子。”国王说：“我很欣赏这种技能。如果你的女儿真像你所说的那样能干，请你明天把她送到我的王宫里来，我要当面考考她。”第二天，磨坊主把女儿送到国王那里，国王将她领到一间装满稻草的房间里，给了她纺车和纱管，说：“现在你开始工作吧，如果天亮之前，你还没有把这些稻草纺成金子，就处你死刑。”他亲自把房门锁上，让她一个人留在里面。

可怜的磨坊主的女儿坐在那里，想不出救自己性命的办法。她根本不知道如何把稻草纺成金子，她越想越害怕，最后哭了起来。

正在这时，房门开了，一个小人走了进来说：“晚安，磨坊姑娘，你为什么哭得这么伤心呢？”

女孩回答说：“唉，我得把稻草都纺成金子，可是我怎么会这个啊？”

小人说：“如果我给你纺，你怎么酬谢我呢？”

女孩说：“我把我的项链给你。”小人拿了项链，坐到小纺轮前，唧唧，唧唧，唧唧摇了三次纺轮，纱管上便绕满了金丝。然后他又插上另外一个纱管，唧唧，唧唧，唧唧摇了三次，第二个纱管也绕满了金丝。这样一直工作到早晨，所有的稻草都纺好了，所有的纱管上都绕满了金丝。太阳一出来，国王就走了进来，他看见那些金子又惊又喜。但是这样一来，他变得更加贪婪了。

他叫人把磨坊主的女儿带到另外一间更大的房间，这间房里面也堆满了稻草。他要她在一个晚上把稻草纺完，不然，她就性命难保了。女孩不知道该怎么办，又哭了起来。

这时，房门又打开了，小人走进来说：“如果我帮你把稻草纺成金子，你用什么酬谢我呢？”

女孩回答说：“我把我手上的这枚戒指给你。”

小人拿了戒指，又用纺轮唧唧地纺着，到了早晨，他把所有的稻草都纺成了金光闪闪的金子。国王看见了这么一大堆金子，满心欢喜，但他还是不满足，又叫人把磨坊主的女儿带到一间更大的屋子，那里堆满了稻草。他说道：“你得在今晚上把这些稻草都纺好，如果你做到了，我就娶你做我的妻子。”他想：“她虽然是一个磨坊姑娘，但是在世界上我找不出比她更富有的妻子了。”

女孩独自一人留了下来，那小人又来了。他说：“如果这一次我还帮你纺稻草，你拿什么酬谢我呢？”

女孩回答说：“我再也没有什么东西可以给你啦。”

“那么，如果你做了王后，就把你生的第一个孩子给我吧。”

磨坊主的女儿在走投无路中实在没有办法了，她想：“谁会知道将来的事情呢？”于是便答应了小人的要求。小人又把稻草纺成了金子。早晨，国王进来的时候，发现一切都如愿以偿，就娶了这个漂亮的磨坊姑娘做了王后。

过了一年，王后生下了一个漂亮的女孩子。她早就把那个小人的话忘得干干净净，可是一天那小人忽然来到她的房间里说："现在请你把承诺过的东西给我吧。"王后吓了一跳，对小人说，只要他能够不带走她的孩子，她愿意把王国里所有的财宝都送给他。但是小人说："不行，我宁愿要一个活东西，也不要世界上所有的财宝。"王后失声痛哭，小人看了，心生怜悯。他说："我给你三天的期限，如果你能在这期间内说出我的姓氏，你就可以将孩子留下。"

整整一夜，王后都在回忆着她生平所听过的一切姓氏，她还派了一个仆人到各处去打听所有的姓。早上小人来了，王后开始说"卡斯帕尔""麦尔希俄尔""巴尔哲尔"等姓，接着又把她所知道的一切姓都一一说了出来。但是小人听到每一个姓都说："我不姓这个。"

第二天，她叫人去调察附近居民的姓，把那些最特别、最稀奇的姓说给小人听："也许你姓'利本俾斯特'，或者'哈麦尔斯瓦特'，或者'斯律尔拜恩'？"但是小人还是回答说："我不姓这个。"

第三天，仆人回来报告说："我连一个新的姓氏也没有发现，但是我翻过一座高山，转到森林的尽头，在一个非常荒凉的地方，看见了一座小屋子。屋前燃烧着一堆火，一个非常滑稽的人围着火跳跃，他用一条腿跳着唱：

"今天我烤面包，明天我做酒，后天王后的孩子到我手。哈哈，没有人知道我姓'鲁木拍尔斯提尔慈辛'，你说我是多么的高兴！"

王后一听到这个姓，那高兴劲儿可想而知。不久，小人来了，他问："王后，我姓什么？"开始她说："你姓'孔慈'吗？"

"不是。"

"你姓'海因慈'吗？"

"不是。"

"你大概姓'鲁木拍尔斯提尔慈辛'吧？"

那小人叫道："这是魔鬼告诉你的！这是魔鬼告诉你的！"他生了气，把右脚向地下一跺，腿就进到了土中，一直埋到他的腰际。他大发脾气，用手使劲抓着自己的左脚，把自己撕成了两半。

三根羽毛

从前有一个国王，他有三个儿子。大儿子和二儿子聪明机智，而小儿子却不怎么爱说话，呆头呆脑，大家都管他叫“小傻瓜”。后来，国王渐渐年老体衰，觉得自己即将不久于人世，他不知道应该选哪个儿子继承他的王位。他对儿子们说：“你们出去闯荡一番吧，谁能给我带回最漂亮的地毯，谁就可以在我死后继承王位。”

为了公平起见，国王带他们来到城堡外，将三根羽毛吹向空中，说道：“你们要顺着羽毛的方向而行。”一根羽毛飘向了东边，另外一根羽毛飘向了西边，但是第三根羽毛径直向前飘去，没飘多远就落在了地上。就这样，老大向东走，老二向西走，他们都嘲笑着傻瓜弟弟，因为他不得不待在第三根羽毛飘落的地方。

小傻瓜悲伤地坐着，没多久，他发现羽毛降落的附近有一扇通往地窖的门。他拉开门，发现里面有楼梯，他顺着楼梯走了下去，来到了另外一扇门前，敲了敲，听到里面有人喊道：

“娇小俏丫头，跳来又蹦去，快快跳到大门口，瞧瞧来者是何人。”

门开了，小傻瓜看见一只肥硕的蛤蟆坐在那里，它的四周围满了小蛤蟆。这只胖蛤蟆问他有什么事？小傻瓜回答道：“我想要一个世界上最漂亮的地毯。”胖蛤蟆叫来了一只小蛤蟆说道：

“娇小俏丫头，跳来又蹦去，快快去将那只大盒子给我取来。”

小蛤蟆拿来了盒子，胖蛤蟆把它打开，从里面拿出一条地毯递给小傻瓜。这条地毯非常美丽，做工也很精致，世间无人能编出这样的地毯来。小傻瓜谢过了胖蛤蟆，然后爬了出去。

那两个哥哥以为他们的弟弟非常蠢笨，都坚信他什么都找不到。“我们何苦要费尽心思去找呢？”他们说道。于是他们从遇到的牧羊人妻子那里拿了粗糙的手帕，带回了家给国王看。与此同时，小傻瓜也带着他那张美丽的地毯回来了。国王看到这张地毯时，非常惊讶，他说道：“公正地讲，国王的位子将属于小儿子。”但是那两个哥哥让他们的父亲不得安宁，说小傻瓜缺少智慧，不能当国王，他们请求国王再给他们提一个新的条件。于是国王说道：“谁能给我带来最美丽的戒指，谁就能继承王位。”

他将三个儿子带到城堡外，向空中吹起三根羽毛，让他们跟着羽毛的方向走。两个哥哥再次一个朝东，一个朝西走去，小傻瓜的羽毛又径直落在了地窖门口的附近。他又下去，来见胖蛤蟆，告诉它，他想要最美丽的戒指。

胖蛤蟆立即命令小蛤蟆拿来它的大盒子，拿出戒指给了小傻瓜。戒指上的宝石闪闪发光，异常美丽，世上没有一个金匠能做得出来。

两个哥哥嘲笑着小傻瓜，以为他一定找不到金戒指。他俩不想再费精力，随便找来车轮上的旧铁环，敲去上面的钉子，拿给国王看。然而小傻瓜拿出了他的金戒指。他们的父亲说道：“王位应当由小儿子来继承。”

两个哥哥还是不肯善罢甘休，国王只好提出了第三个条件。他宣布谁带回最美丽的女子，谁就能做国王。他又将三根羽毛吹到空中，羽毛像前两次一样飞去。

小傻瓜马上走下地窖，对胖蛤蟆说：“我想要一个世界上最美丽的女子，把她带回家。”胖蛤蟆回答：“最美丽的女人可不在这儿，但是你还是可以得到她的。”胖蛤蟆给了他一个由六只老鼠拖着的空心胡萝卜。小傻瓜十分忧愁地说道：“我要这个干什么用呢?”胖蛤蟆回答说：“你在我的小蛤蟆里随便拿一只放在里面吧。”他随便拿了一只，放到胡萝卜里。小蛤蟆刚放到里面，就变成一个非常漂亮的姑娘，胡萝卜也变成了一辆马车，那六只老鼠变成了六匹马。他吻了吻姑娘，赶着马车，把她带到国王那里。他的两个哥哥也回来了，他们没有尽全力去找美丽的女子，只是把遇到的农妇带了回来。“在我死后，国家归小儿子管理。”但是两个大儿子还是不依不饶，把国王的耳朵都吵聋了：“我们不能同意让小傻瓜当国王！”他们提出条件，“谁的妻子能跳过挂在大厅中央的那个圈子，谁就能继承王位。”他们想：“农妇轻而易举就能跳过去，她们身体强壮，而那娇小的少女定会一跳而死。”国王最后同意了。

两个农妇跳了起来，穿过了圈子，但是她们重重地跌落在地，把粗壮的胳膊和腿都跌折了。小傻瓜带回来的这位美丽的少女纵身一跳，像鹿那般轻盈地跳了过去，优雅地落在地上。

再没有人能反对了，小傻瓜最终得到了王位，他贤明地管理了国家很长一段时间。

金鹅

从前有一个人，他有三个儿子，最小的儿子叫“蠢儿”。这个“蠢儿”经常被人轻视嘲笑，无论遇到什么事，他总要吃点亏。有一次，大儿子要去森林里砍柴，临走时，母亲给了他一块美味的蛋糕和一瓶葡萄酒，以免他挨饿受渴。他到森林里后，遇到一位白发苍苍的小老头。小老头向他问好，并且说：“请把你袋子里的蛋糕给我一块，再给我喝一口你的葡萄酒吧。我又饿又渴。”聪明的大儿子回答说：“如果我将自己的蛋糕和葡萄酒都给了你，我自己就没有了！”说完，他让小老头靠边站，自己走开了。随后，他开始砍树，砍了没多久，一不留神，斧头砍到自己的胳膊上了。他只好回家叫人帮他包扎去了。这是白头发的小老头从中作的梗。

接着，二儿子也到森林里去。母亲待他同大儿子一样，给了他一块蛋糕和一瓶葡萄酒。他同样遇到了一个白发苍苍的小老头，向他讨一块蛋糕和一口葡萄酒。二儿子也很聪明地拒绝：“我给了你，自己就没有了！”他让小老头往一边站，自己走开了。他也受到了惩罚，才砍了几下树，就砍到自己腿上，只好被人抬回家去。

“蠢儿”说：“父亲，让我去砍柴吧。”父亲回答说：“你的两个哥哥都因为砍柴受了伤，你不会砍柴，别去了。”但是“蠢儿”恳求了好久，最后，父亲只好说：“记住哥哥们的教训，小心点儿。”母亲给了他一个掺了水的、在灰里烤的饼和一瓶酸啤酒。他来到森林里，也遇见了那个白头发的小老头。小老头问候了他之后说：“把你的饼给我吃一点，把你瓶子里的酒给我喝一口，我又饿又渴。”

“蠢儿”说：“我的饼是灰里烤的，啤酒是酸的，如果你觉得可以，我们就坐下来一起吃吧。”他们坐下，“蠢儿”拿出灰烤的饼，但它却瞬间变成了一块精致的蛋糕，酸啤酒也变成了上好的葡萄酒。他们吃喝完毕，小老头说：“你的心肠很好，愿意和别人分享东西，我要报答你，给你幸福。那边有一棵老树，你去把它砍掉，在树根里会找到宝物。”说完，小老头就告辞走了。

“蠢儿”砍倒了那棵树，树根里面坐着一只鹅，羽毛是纯金的。他把鹅捉了出来，将它带到一个旅馆过夜。旅馆老板有三个女儿，她们看到金鹅都很好奇，觉得那是一只稀奇的鸟，她们还很希望得到它身上的一片金羽毛。大女儿想：“我一定有机会拔一根羽毛的。”“蠢儿”离开房间的时候，她抓起鹅的翅膀，谁料却把手指头粘在上面了。不久后，二女儿也来了，她也想拿一根金羽毛，但是她一挨到她姐姐，也被粘住了。最后小女儿也抱着同样的目的进来了，两个姐姐喊道：“别过来！千万别过来！”她却不明白为什么叫她别过去，心想：“你们到哪，我也能够到哪去。”她跳了过去，但她刚一挨着她的姐姐，也被粘住了。她们三姐妹只好在鹅身边度过了一夜。

第二天早晨，“蠢儿”抱着鹅上路，根本没注意粘在鹅身上的三个女孩，她们在他后面跑着，忽左忽右。在田间，他们遇到了一位教士，教士看见这个阵列说：“你们这些不知羞耻的女孩子，跟着一个年轻小伙子在田里跑，成何体统！”他一边说一边去抓最小的女孩的手，想把她拉开。但他刚一挨着她，就被粘住了，他也只好在后面跟着跑。

没过多久，教堂的司事走了过来。他看见教士先生跟在三个女孩子后面走，惊讶万分，叫道：“哎，教士先生，你走得可真快呀！你要到哪里去？别忘了，我们今天还要给一个小孩子做洗礼呢！”他向教士跑去，去抓他的袖子，但是他也被粘住了。这一行五人就这样依次走着，迎面碰到两个农夫带着锄头从田里走来。教士喊住他们，请他们将他和司事解救出来。但是这两个农夫刚挨到司事，就被粘住了，于是他们七个人跟着抱鹅的“蠢儿”在后面跑着。

后来“蠢儿”来到一座城市里，当地的国王有一个女儿，冷若冰霜，没有人能逗她发笑。因此国王颁布了一条法令，谁能够使公主发笑，谁就能同她结婚。“蠢儿”听到了这个消息，就抱着金鹅来到公主面前。公主看见金鹅后面粘着的七个人一个挨一个地跑着，立刻哈哈大笑，笑个没完。

“蠢儿”要求娶公主为妻，但是国王不愿意让他做女婿。他提出了一个条件，让他找到一个能喝完整个地窖中所有葡萄酒的人。“蠢儿”想那个白头发小老头或许能够帮助他，就来到森林里他砍树的地方。他看见有一个人坐在那里，满面愁容。“蠢儿”问他为什么这么不高兴。那人回答说：“我渴死了，喝什么都不解渴。我喝完一桶葡萄酒，就像热石头上的一滴水，不顶什么用？”

“蠢儿”说：“我可以帮助你，你跟我来，我叫你喝个饱。”他带那个人来到国王的地窖里，那人到了大酒桶前，喝呀喝，不停地喝，喝得腰酸背痛。一天不到，他就把整个地窖里的酒都喝光了。

“蠢儿”又提出要娶公主，但是国王还是不愿意将他的女儿嫁给被人叫做“蠢儿”的小伙子，于是他又提出新的条件：他得找到能够吃完堆得像大山一样高的面包的人。

“蠢儿”没多考虑，立即就来到森林里。在同一地方碰到一个人，那人坐在那里，用一根皮带紧紧束着肚皮，一副愁眉苦脸的样子。他说：“我吃了整整一炉子的硬面包，但是像我这种饿极了的人，这点面包顶什么用呢？我的胃还是空空如也，要想不饿死，只有把肚子勒得紧紧的。”

“蠢儿”听了很欣喜，说：“起来吧，跟我一起走，我要叫你吃个肚儿圆。”他把那个人带到王宫里，国王叫人把全国所有的面粉都收集起来，烤成面包，堆成了一个很大的山堆。那个从森林里来的人，走到面包山前面，开始吃了起来，不到一天的工夫，整个面包山就无影无踪了。

“蠢儿”第三次提出要娶公主，但是国王又提出了新的要求：要他找到一艘既能够在陆地上也能够在水里航行的船。他说：“你开着那艘船来见我，马上就可以娶我的女儿为妻了。”

“蠢儿”又动身去了森林里，以前吃了他的蛋糕的白头发老头就坐在那里，说：“我替你喝了酒，帮你吃了面包，我也会把船给你，因为你富有同情心，所以我心甘情愿地帮助你。”他把那只既能够在陆地上，也能够在水里航行的船送给了他。国王看见了船，知道再也留不住他的女儿了。

国王替他们举行了结婚典礼。

国王去世后，“蠢儿”继承了王位，和他的妻子愉快地生活了很久。

千种皮

从前有一个国王，他的妻子有一头美丽的金发，在世界上她是绝无仅有的人。忽然有一天，她病倒了，她觉得自己很快就要死去，于是对国王说：“我死之后，如果你再结婚，一定要娶像我一样美丽、一样有一头金发的女人。你一定要答应我。”国王答应了，王后闭上眼睛死了。

国王悲痛了很久，根本没有心思娶第二个妻子。最终，他的大臣们说：“这样下去可不行，我们必须要有一位王后，国王应该再娶一位妻子。”于是，国王派人四处寻找和已故王后一样美丽的未婚妻。但是世界上根本找不到这样的人，即使找到了，也没有那样的金头发。派出去的人全都空手而归。

国王有一个女儿，和她死去的母亲一样漂亮，也是一头金发。她一天天长大了，有一次，国王端详着她，看她处处都像死去的妻子，因而对她产生了强烈的爱恋。他对大臣们说：“我要娶我的女儿，她就是我亡妻的再版。我找不到比她更像她母亲的人了。”大臣们听到这话，大吃一惊：“上帝禁止父亲和女儿结婚！如果做了这种罪大恶极的事，一定不会有好结果。我们的国家也要灭亡了。”

女儿听到父亲这个决定，更为吃惊。她希望父亲能够改变主意。她对他说：“在我答应你的要求以前，我必须得到三件衣服：一件是金子做的，像太阳那样闪闪发光；一件是银子做的，像月亮那样银光四溢；一件是像星星那样明亮闪烁的。此外，我还要一件外套，这件外套要由国内不同的一千种野兽的皮毛缝制而成。”她想：“这些事是不可能办到的，这样就可以制止父亲的这个坏念头了。”

然而国王不肯轻易放弃，他叫国内最手巧的姑娘织了那三件衣服，一件是金子的，像太阳那样；一件是银子的，像月亮那样；一件像星星那样。他命令猎人捕捉全国所有的野兽，从每只野兽身上剥下一块皮，做好了一千种皮子的外套。

一切都准备好了，国王叫人把外套拿来，在女儿面前展开说："我们明天就结婚。"

公主看到不能使她的父亲回心转意，便决定逃走。夜晚，所有的人都睡着了，她拿出了自己最心爱的三件东西：一个金戒指，一个小金纺轮和一个小金线轴。然后，她将那三件像太阳、月亮和星星的衣服放到一个胡桃壳里，把那件用各种皮子做成的千兽皮穿在身上，用烟灰把面部和手涂黑。然后她祷告了上帝，便离家出走了。她走了一整夜，来到一座大森林里。她疲倦极了，钻进一棵空心树洞里睡着了。

太阳出来了，公主还没有醒。到了中午，她仍然在熟睡。恰巧本地的国王来这里打猎。他的猎狗走到树前，用鼻子嗅了又嗅，围着树洞跑着叫唤。国王对猎人们说："你们去看看，那里躲着什么野兽？"

猎人们去了，回来后说："那棵空心树里躺着一只非常好看的野兽，我们从来没有见过，它身上披着各种各样的皮子，正躺在那里睡觉。"

国王说："看看能不能活捉，然后绑到车上把它带回去？"

猎人们捉到了女孩，她醒过来后惊恐万分，冲他们叫道："我是个被父母遗弃了的可怜的孩子，可怜可怜我，把我带走吧。"

他们说："'千种皮'，你可以在厨房里帮忙扫扫灰。"

他们把她放到车子上，带回了王宫。他们指着楼梯下面不透光的小房间，说："小毛畜生，你可以在这里睡觉。"他们把她送到厨房里，她在那里担柴、挑水、生火、拔鸡毛、择蔬菜、扫灰，做着又脏又累的工作。

"千种皮"在那里度过了很长一段悲惨的时光。啊，她这样美丽的公主，还会遇到什么比这更糟的事情呢!

有一次，宫里举行舞会，她对厨师说："能让我上去看看吗？我只站在门外。"厨师回答说："好，去吧，但是半小时后，你必须回来扫灰。"公主拿了小油灯，到她的房间里，脱下了皮褂子，洗掉脸和手上的烟灰，又显现出她美丽的外貌了。她打开胡桃，穿上她那件金光闪闪、像太阳的衣服，去参加了舞会。

所有的人都纷纷为她让路，没有人认识她，大家都以为她是一位公主。国王走过来，伸出手邀请她跳舞，他心里想："我从来没有见过这么美丽的女人。"一曲终了，公主向国王鞠躬。国王再抬头看时，她已经不见了踪影，没有人知道她到哪里去了。国王喊来宫前卫兵来询问，却都没有人看见她。

公主跑回到她的小房间里，迅速脱下衣服，又把脸和手弄黑，穿上皮外套，变成了"千种皮"。她回到厨房里，打算去扫灰，厨师说："明天再做吧，我也要去看一下。现在你替我煮国王喝的汤，千万当心不要把头发掉在汤里，否则，就罚你挨饿。"

厨师走后，"千种皮"去煮国王喝的汤，她发挥所能，煮了一碗面包汤。汤煮好了，她到小房间里去，拿出她的金戒指，放到盛汤的碗里。舞会结束后，国王叫人拿汤喝，他很喜欢这汤的味道，说从来还没有喝过这么好喝的汤。

喝到碗底，他发现了那个金戒指，不知道它是怎么落到里面去的。他召见厨师，来他面前。厨师听到命令，吓得对"千种皮"说："你肯定是掉了一根头发到汤里了，如果真是这样，你就等着挨打吧。"

他来到国王面前，国王问他，汤是谁煮的。厨师回答说："是我煮的。"

国王说："不对，今晚的汤比以前的好喝得多，方法肯定不同。"

他回答说："实话实说，汤不是我煮的，是小毛畜生煮的。"

国王说："你去叫她上来。"

"千种皮"来了，国王问："你是谁？"

"我是个无父无母的可怜孩子。"

国王又问："你在我的宫里做什么？"

她回答说："没有做什么。"

国王接着问："汤里的金戒指是从哪来的呢？"她回答说："我不知道什么金戒指的事情。"国王见问不出什么，只好让她走开。

不久，王宫里又举办了一次舞会。"千种皮"像上次一样，恳求厨师允许她上去看看。厨师回答说："好，半小时后回来，替国王煮他很喜欢喝的面包汤。"她跑回小房间，赶紧洗手洗脸，从胡桃里取出那件如月光流淌般的银衣服穿上。

她上去了，像是一位公主。国王迎着她走来，很高兴又能见到她。奏乐响起，他们俩一起跳舞。舞曲完毕，她又迅速地溜走了，快到国王没看清她到哪里去了。她跑回小房间里，又将自己变成了小毛畜生的样子，来到厨房里，煮面包汤。厨师到上面去的时候，她去拿了小金纺轮，放到盛好汤的碗里。仆人将汤端给国王，国王喝着汤，觉得味道像上一次一样美味。他叫来厨师，这一回厨师承认汤是"千种皮"煮的。国王叫来"千种皮"，但是她回答国王说，她一点也不知道小金纺轮的事。

不久，国王第三次举办了舞会，事情仍旧像前两次那样发生了。

厨师说："小毛畜生，你准是个巫婆，你肯定往汤里放了些什么东西，把汤弄得那么好喝，国王觉得你煮出来的味道比我煮的好得多。"

但是她不想听厨师说话，她苦苦恳求，让她上楼看看。她得到允许后就来到楼上，穿上她那件像星星般闪烁的衣服，走到大厅里去。国王又同这位美丽的姑娘跳舞，觉得她比从前更加美丽。跳舞的时候，他趁她不注意，将一个金戒指套到了她的手指上，她却浑然不觉。国王又命令延长跳舞时间。舞曲完毕，他打算抓牢她的手，但是还是被她挣脱了。她赶紧挤到人群中去，消失了。

她迅速跑到楼梯下面，回到自己的小房间里，因为跳舞的时间过久，已经过了半小时，她来不及脱下漂亮的衣服，只好披上皮外套就回到厨房去。在匆忙之中，她没顾上将手指涂遍烟灰，有一个指头还是白的。"千种皮"跑到厨房里给国王煮面包汤。厨师不在的时候，她把金线轴放到了汤里。国王发现了碗底的金线轴，叫人喊"千种皮"来。

他看见了她白皙的手指，也看见了他在跳舞的时候给她戴上的金戒指。他紧紧握住她的手，她正挣脱着想逃走，没想到皮外套被拉开了一点，星星似的衣服露了出来，闪烁发光。国王抓住皮外套一拽，将她的外套拉下，公主那头金色的秀发露了出来。

她站在那里，美丽异常，她再也无法隐藏起来了。她揩掉了脸上的烟灰，她比世界上任何一个女人都美丽。

国王说：“你就是我亲爱的未婚妻，我们永远都不要分开了。”

他们举行了婚礼，愉快地生活在一起，一直到老。

狼和狐狸

有一只狐狸，他和狼住在一起。狼要什么，狐狸就得替他去做，因为狐狸的力量比狼弱。狐狸很想离开他的主人。

有一次，他们一起穿过一片大森林。狼说：“红狐狸，去给我找点东西吃。不然，我就把你吃掉。”狐狸回答说：“我知道附近有一个农场，里面有两只小羊。如果你愿意，我们就去弄一只来。”狼觉得这个主意不错，他们就一同去了。狐狸溜进去偷了一只小羊给狼，然后他们就逃走了。

狼吃完那只羊，觉得还不过瘾；他还想吃另外一只羊，于是就自己跑去偷。狼笨手笨脚的，被母羊发现了，她大声“咩咩”地叫喊起来。农民听见了，跑了出来，他们一看是只狼，将他痛打了一顿。狼一瘸一拐地跛着脚，大声喊叫着跑回狐狸那里。狼说：“你骗得我好惨啊，我想去偷另外一只羊，结果农夫们捉住了我，差点把我打成肉酱。”狐狸回答说：“你为什么这样贪婪呢？”

第二天，他们又到野外去。贪吃的狼说：“红狐狸，去给我找点东西吃。不然，我就要把你吃掉。”狐狸回答说：“我知道一户农家，今天晚上女主人要煎薄饼，我们去偷一些来吃吧。”他们来到农舍。狐狸在屋子的周围蹑手蹑脚地侦察了很久，一边嗅一边张望，终于发现了放油饼的盘子，他偷了六张油饼给狼。他对狼说：“这些是给你吃的。”狐狸说完就走开了。

狼转眼就吞完了六张油饼，说：“味道真好，不过瘾，我还想吃。”于是，他也跑进房间，把整个盘子都抓了下来。结果盘子掉在地上打得粉碎，发出很大的声响。女主人出来了，看见是狼，连忙喊人来。人们都跑来了，一起用棍子狠狠地打狼。狼拖着两只瘸脚，大声号叫着，从屋里逃出来，回到森林中。他对狐狸大叫说：“你为什么这样恶毒地骗我！我被农夫捉住，打得皮开肉绽！”狐狸回答说：“你为什么这样贪婪呢？”

第三天，他们又一起到外面去，狼勉强着跛脚走路，他对狐狸说：“红狐狸，去给我找点东西吃。不然，我就要把你吃掉。”

狐狸回答说：“我知道有个人杀了头猪，将刚腌好的肉放在地窖里的一只桶中，我们去偷一些吧。”

狼说：“我要跟你一起去。如果我被逮住了，你好帮助我。”

狐狸说：“随你的便。”说着，他把通往地窖的小路指给狼看。

他们从那条小路上走，终于走到了地窖里。那里有很多肉，狼张开口就吃了起来。狼想：“我还要吃很多很多肉才能饱呢！”

狐狸也吃了很多，但他一面吃，一面向四周张望。还时不时地跑到进来的洞口试一试，看自己的身子是不是还能够钻过去。

狼说：“亲爱的狐狸，你能不能告诉我，你为什么钻进钻出、跳来跳去的？”

狡猾的狐狸回答说：“我得看看是不是有人来，可不要吃得太多。”

狼说：“我要把这只桶里的肉吃完了再走。”

这时候，农夫听到狐狸钻来钻去的声音，就朝地窖里走来。狐狸看见他来了，一溜烟就跳到了洞外面逃走了。狼也想跟着跳出去，但是他吃得太胖，肚子鼓鼓的，结果卡在洞口，钻不出去了。农夫拿着一根棍子把狼打死了。

狐狸跑回森林里，心里非常高兴，因为他终于脱离了那个贪得无厌的主人。

幸福的罕斯

罕斯给他的雇主做了七年工，这会儿他对雇主说：“先生，我做工的期限已经满了，我要回我母亲家去，请把我的工资给我。”

雇主回答说：“你为我做事很忠实。你工作这么努力，也应该得到可观的工资。”

雇主给了罕斯一块金子，这块金子有罕斯的脑袋那么大。罕斯从口袋里拿出手帕来，将金块包好，扛到肩上，踏上了回家之路。

他一步一步地朝前走，显得非常吃力。走着走着，他看见一个人骑着一匹英俊的马，很高兴地迎面而来。罕斯大声说：“啊，骑在马上真是一件令人轻松愉快的事情！就好像坐在了家里的一把椅子上，既不担心脚撞着小石头，也不会磨损鞋子，不知不觉就向前走了很远的路。”

骑马的人听到他说的话，勒住马，喊道：“喂，罕斯，你为什么步行呢？”

罕斯回答说：“我扛着这块东西回家。它虽然是金子，但是它压得我的头都抬不起来，还压着我的肩膀。”

骑马的人说：“我们交换好吗？我把马给你，你把金块给我。”

罕斯连忙说：“正合我意，但是我得告诉你，你扛着它会很吃力呢。”

骑马的人立即跳下了马，接过金子，帮助罕斯上了马，把缰绳递到他手里说：“要是你希望马跑得快些，只要咂着嘴喊两声‘哦驾，哦驾’，就行了。”

罕斯骑在马上，心满意足。过了一会儿，他想要马走得快些，就咂着嘴喊两声“哦驾，哦驾”。马放开四蹄，跑了起来，罕斯一个不留神，摔了下来，滚进路旁的沟里。

正在这时，路上有一个赶着母牛的农夫，看到这种情形，急忙把马拦住，马才没有跑掉。罕斯很费劲地爬了起来，极为懊恼，他对农夫说：“骑马是费力不讨好的事，尤其是骑这种坏马，它脚一蹬，就把我给掀下来了，摔得我半死。我再也不想骑马了。真羡慕你有头母牛，赶牛的人在牛后面悠闲地走着，每天都能挤到牛奶，也能加工成奶油和干酪。我真希望有一头母牛，无论出多少钱都可以！”

农夫马上说：“如果你真的喜欢母牛，我愿意用自己的牛换你的马。”

罕斯乐意之至，立刻就答应了。农夫翻身上马，急忙策马疾驰而去。

罕斯悠悠闲闲地赶着牛，边走边打着如意算盘。“有了这头牛，我就可以吃上涂着奶油和干酪的面包了；我口渴的时候，可以挤牛奶喝。这么称心如意，我还需要什么其他东西呢?”他走到一家旅馆处，停了下来，心里一美，就把他带的中饭和晚饭，吃得所剩无几，又用剩下的一些钱，买了杯啤酒喝。酒足饭饱后，他赶着母牛继续朝他母亲住的村庄走去。

越到中午，天气越热，罕斯走在一片空旷的荒原上，看起来还需要很久才能走到。此时他觉得烈日当空，口干舌燥。罕斯想："我有办法了，我来挤点牛奶喝。"他将母牛拴在一棵枯树上；没有小桶，就用皮帽子接，但是无论他怎样用劲，却连一滴牛奶都挤不出。他笨手笨脚，反而让牛痛得忍受不住，抬起后脚朝他的头上踢了一脚。罕斯昏倒在地上，不省人事了。

幸运的是，过了一会儿，有一个屠夫推着一头小猪经过这里。他叫道："出了什么事？"他停下来，把罕斯扶起来。罕斯讲了他的遭遇。屠夫便把自己的酒瓶递给他说："你喝一口酒，提一下神吧。这是一头老母牛，没有奶了，看起来它没什么用处了，除非把它杀掉。"罕斯摸着头说："唉，真是的，谁能想到是这么一种情况呢！如果是别人杀这头牛，还会得到一些牛肉吃。但是我不爱吃牛肉，我嫌它太老。我真希望能有一头小猪！猪肉的味道很鲜美，还可以做成香肠。"

屠夫说："罕斯，为了叫你称心，我打算用我的这头猪换你的牛。"

罕斯说："上帝保佑你的善举。"他把母牛交给屠夫，屠夫把小猪从车上卸下来，将拴猪的绳子递到罕斯手里。

罕斯边牵着猪走，边想他所有的事情都是那么称心如意。尽管他也碰到了一些烦心事，但是马上就转危为安了。正想着，迎面又遇到了一个乡下人，乡下人的胳肢窝下挟着一只漂亮的白鹅。他们互相问好，罕斯向他讲起自己的幸运经历，说他怎样同人交换东西，在交易中总是占尽了便宜。乡下人听完他的话后，对他说，他带这只鹅要去参加一个孩子的洗礼仪式，这只鹅就是宴会上的盘中餐。他提着鹅的翅膀说："你掂掂，看它多重呢。其实只养了两个月就肥了。将它红烧，还可以烧出很多油水来呢。"罕斯接过来用手掂了掂说："是啊，它的确很重，但是我的猪也不赖。"这时候乡下人朝四面八方看了看，琢磨了一下，摇着头说："啊，你的猪恐怕来路不对。我刚刚经过一个村庄，有人偷了村长猪栏里的猪。恐怕你手里拿的就是那头猪。他们派人出来找了。如果他们把你和猪抓住，那就糟了，最起码也得判你坐牢。”

善良的罕斯害怕了。他说：“啊，请上帝帮助我避免这场灾难。你对这里比较熟悉，请把我的猪赶走，把你的鹅换给我。”

乡下人回答说：“我务必要冒这个险，我真不愿意见你受难呢。”

说着，他从汉斯手中接过绳子，牵着猪从小路上迅速走掉了。罕斯放心大胆地把鹅挟在胳肢窝下朝家里走。他自言自语地说：“仔细想想，我这次交换占了很大的便宜，真划算。我可以先吃美味的红烧鹅，烧出来的油可以吃三个月的鹅油面包。将这美丽的白毛装进枕头里，一定可以安安稳稳地睡个好觉。我母亲肯定会很高兴的！”

他走过最后一个村庄时，看见一个磨剪刀的人推着一辆小车，那人站在那里，车轮辘辘地响。他唱道：“我磨剪刀快得奇，按照风向穿大衣。”

罕斯站着看了他一会，开口说道：“你这样愉快地磨剪刀，生活一定充满乐趣。”

磨剪刀的人回答说：“是的，有手艺就有黄金。一位优秀的磨刀人，手一伸到口袋里就掏得出钱来。咦，你打哪里买了这只好看的鹅？”

“这不是我买的，是我用猪换来的。”

“猪呢？”

“是用一头母牛换来的。”

“母牛呢？”

“是用一匹马换来的。”

“马呢？”

“是用一块像我的脑袋一样大的金子换来的。”

“金子呢？”

“唉，那是我做了七年工挣来的工资。”

磨刀的人说：“你总是很幸运。如果你随时站起来，都能够听见钱在口袋里响，那你就会更幸福了。”

罕斯说："我怎样才能办到呢？"

"你应该和我一样当一个磨刀的人。只要有一块磨刀石，别的就不用愁了。我这里有一块，它虽然有点损坏，但它的价值不比你的鹅低，你要换吗？"

罕斯回答说："这还用问吗？我只要把手向口袋里一伸就能掏出钱来，就成了世界上最幸福的人，还有什么可求的呢？"

罕斯把鹅递给磨刀的人，磨刀的人不但给了他一块磨刀石，还就地拾起一块普通的很重的石头说："给，这里还有一块大石头，它很结实，你可以在上面把旧钉子敲直。你拿去好生扛着吧。"

罕斯怀着兴奋的心情扛着石头向前走，眼睛里闪烁着喜悦的光芒。他心想："我出生的时候，头上一定有胎膜，一切都称心如意，好像一个幸运儿。"

因为他从天一亮就开始赶路，这时候开始感到疲倦了。他再次饥饿难耐，因为之前他换了母牛的时候，一高兴就把所有带着的食物都吃得一干二净了。他只能勉强向前走，每过一会儿就得休息一次；此外石头又将他压得够戗。他不住地想：如果我现在不用扛石头，该多么好！

他像一只蜗牛，慢吞吞地走到一口水井旁边，打算在那里休息，喝口水解渴。坐下的时候，他为了不把石头弄坏，小心翼翼地把它们放在身旁井口边缘上。然而就在他弯腰喝水的时候，一不留神，轻轻碰了一下石头，石头"扑通"一声，落到井里去了。罕斯瞪着眼睛看到它们落到井的深处，竟然欢喜得跳了起来，他跪下感谢上帝，眼里闪着泪花——上帝慈悲为怀，竟然用这个好方法，叫他免遭这两块沉重石头的烦恼，还不用责备自己。他叫道："我是世界上最幸福的人了！"解除了一切负担，他无牵无挂，跳着回到他母亲家里去了。

放鹅姑娘

从前，有一个老王后，她的国王丈夫已经死了多年，她有一个美丽漂亮的女儿。女儿长大了，与一个远方国家的王子订了婚。到了他们结婚的日子，女孩准备起程到那个国家去。老王后为她打点了很多值钱的家具和装饰品，还有金银珠宝——总而言之，王室嫁妆中但凡有的宝贝，都给她备上了，因为老王后非常爱她的女儿。老王后又给女儿安排了一名侍女一道前往，叫她骑马护送新娘，再把新娘送到新郎手里。她俩每人骑着一匹马前行，公主的马叫法拉达，能够说话。

分别的时候，老王后到女儿卧房里，拿出了一把小刀，割破自己的指头，在一块小白布上滴下三滴血，她将布交给女儿说："亲爱的孩子，好好保管着它，你在路上会用得着它的。"

母女俩伤心地告别后，公主把那块小布放在她的胸前，骑上马，踏上了到新郎那里的路。她们走了一会儿，公主热得口渴，对侍女说："请你下去，用你给我带着的杯子，从小河里舀点水，我想喝一些。"侍女说："如果你口渴了，就自己到水边去喝；我不愿意再做你的侍女。"

公主渴得厉害，只得自己下马到小河旁，伏在边上喝水，她并不敢用那个金杯子。她说："啊，上帝！"三滴血回答说："如果你的母亲知道了，她的内心一定很痛苦。"但是公主一向逆来顺受，她什么话都没有说，又跨上了马。

她们向前走了几里地后，天气变得更热了，不久公主又渴了。她们来到一条河边，她又叫她的侍女说："请下去，用金杯子舀点水给我喝。"她早已忘记那侍女说的傲慢无礼的话了。没想到侍女更高傲地说："如果你想喝水，就自己去喝，我不愿意做你的侍女。"公主因为渴得厉害，只好下了马，伏在河边哭着说："啊，上帝！"三滴血又回答说："如果你母亲知道了，她的内心一定很痛苦。"公主将身体伏在河边喝水的时候，那有着三滴血的白布从胸前落下，随着水漂流走了。她因为紧张害怕，一点都没有察觉。但是侍女看见了，她满心欢喜，因为公主失掉了这三滴血，就变得懦弱无力了，公主就在她的掌控之中了。

当公主再次打算跨上她那匹叫法拉达的马时，侍女说："我来骑法拉达，你骑在我的劣马上！"公主只得忍受着。后来侍女又命令，公主脱下漂亮的衣服，穿上侍女的装束。最后她还要公主在青天下宣誓，不会在王宫里向任何人讲这件事；如果公主不宣誓，她立刻就把公主杀掉。法拉达看到了这一切，把一切都记在心里。

侍女骑到法拉达身上，而公主却骑在侍女的马上。她们经过长途跋涉，终于来到了王宫里。大家对她们的到来都很欢喜，王子飞跑出来迎接她们。他把侍女从马上扶下，以为她是自己的未婚妻。王子带她上楼梯，而真正的公主却留在了下面。

国王从窗户里望去，看见真正的公主站在院子中间，她看上去那么文雅、温柔、超凡脱俗。他马上来到王子房间里，问新娘带来的站在下面的姑娘是谁？“那是我带在路上做伴的丫头。请给她点事情做，免得她站在那里闲着无聊。”但是国王没有工作给她做，最后他说：“有一个少年在替我放鹅，她可以去帮帮他。”那个少年名叫小昆尔特，真新娘就去帮他放鹅了。

不久假新娘对王子说：“亲爱的丈夫，我请你做一件使我高兴的事。”

王子回答说：“我很愿意效劳。”

“请你叫一个杀马的人来，把我骑来的那匹马杀掉，因为它难以驾驭。”

原来，她害怕马儿说出她如何对待公主的事情。忠实的法拉达就要被杀死了，这消息传到真公主的耳朵里。她悄悄给了杀马的人一笔钱，恳求他为她做点事。城里有一个城门又大又黑，她每天晚上和早晨都要赶着鹅从这个门洞经过，她叫他把法拉达的头钉到黑门下面，让她能够常常看到它。杀马的人答应了她的请求，砍下马头，将它牢牢钉在黑暗的城门下面。

第二天一大清早，她同小昆尔特赶着鹅从城门出去，她走过门下的时候悲痛地说：

“哦，法拉达，你挂在这里。”

那马头回答说：“哦，年轻的王后，你从这里走过。要是你的母亲知道了，她的内心一定很痛苦。”

公主默不作声地走到城外。他们把鹅赶到田里去。她来到草地上，坐下来打开她的头发。她的头发是纯金的，小昆尔特看见了，很喜欢她的头发发出的光，想要拔下几根下来。

她说："风儿啊，吹呀，吹呀，吹掉小昆尔特的帽子。让他去追它，等我编好、梳亮头发，再让他戴上帽子。"

一阵很大的风吹来，把小昆尔特的帽子吹跑向田地，他只得去追帽子。等他回来的时候，公主已经梳好了头发戴上了帽子，他拔不到她的头发了。小昆尔特非常气恼，不再同她讲话。俩人就这么放着鹅，直到傍晚才回家。

第三天早晨，他们赶着鹅从黑暗的城门下出去的时候，少女说：

"哦，法拉达，你挂在这里。"

法拉达回答说："哦，年轻的王后，你从这里走过。要是你的母亲知道了，她的内心一定很痛苦。"

公主又坐到野外的草地上，开始梳她的头发，小昆尔特又跑来抓她的头发。她赶快说："风儿啊，吹呀，吹呀，吹掉小昆尔特的帽子。让他去追它，等我编好、梳亮头发，再让他戴上帽子。"

风吹起来，把他头上的帽子吹得很远，小昆尔特只得去追它。他回来的时候，她的头发早已梳整齐了，他一根头发也揪不到了。他们继续放鹅，一直到天黑。

晚上，他们回家之后，小昆尔特到国王面前说："我再也不要和那个女孩放鹅了。"

国王说："为什么？"

"唉，她戏弄了我一整天。"

国王让他讲出了事情的经过。小昆尔特说："每天早晨，我们赶着鹅群在黑暗的城门下面走过的时候，她都会向墙上挂着的马头说：

"'哦，法拉达，你挂在这里。'

"马头回答说：'哦，年轻的王后，你从这里走过。要是你的母亲知道了，她的内心一定很痛苦。'"

接着，小昆尔特把放鹅时发生的事情，包括他在风中追帽子，都告诉了国王。

国王叫他第二天还是和往常一样去放鹅。

早晨来临，国王躲在黑暗的城门后面，听到了她怎样同法拉达讲话；然后他也跟着他们到野外去，躲在草地的一片丛林中。不久，他在那里亲眼见到放鹅姑娘和放鹅少年是如何放鹅的；过了一会儿，她又如何坐下，打开头发，让头发灿烂发光。

接着又听到她说：

“风儿啊，吹呀，吹呀，吹掉小昆尔特的帽子，让他去追它。等我编好、梳亮头发，再让他戴上帽子。”

话音刚落，吹来了一阵风，把小昆尔特的帽子吹掉了，他跑到很远的地方去追，姑娘梳着头，从容地编她的发辫。

国王将这一切都看在眼里，然后他就悄悄地回去了。

晚上，放鹅姑娘回到家后，国王喊她来到身边，问她做这些事的原因。

“我不敢告诉您，也不敢对任何人诉说我的痛苦，我在青天下赌过咒，否则我会被杀死的。”

国王不停地逼问她，但是一无所获，他不能叫她说出什么来。国王说：“如果你不肯告诉我，那么你就向这只铁炉诉说你的痛苦吧。”老国王走开了。

姑娘爬到铁炉里面，开始号啕大哭，把她心里的话都讲了出来。她说：“所有的人都舍弃了我，我本来是一位公主，一个很坏的侍女强迫我，叫我脱下美丽的衣服，她却在我新郎的家里夺走了我的地位，叫我当放鹅姑娘，做下贱的事情。如果我母亲知道了，她的内心一定会很痛苦。”

国王站在外面的火炉烟筒旁听到了她的话，又走了进来，叫她从火炉里出来，给她换上了漂亮的衣服。那真是罕见的美人。国王喊来他的儿子，告诉他说，他的新娘是假的，她只是一个侍女，真正的新娘站在这里，她就是放鹅姑娘。

王子看见她的美丽和德行，心里十分欢喜。但他什么也没说，只是举行了一个盛大的宴会，把王宫里所有的人和好朋友都请来了。王子坐在上面，公主坐在这一边，侍女坐在那一边，但是侍女的眼睛花了，没有认出那个穿得光彩照人的人就是公主。他们吃饭、喝酒，大家非常高兴。

国王出了一个谜语给侍女猜，说一个女人如此这般地欺骗王子，应该受怎样的处分。他把全部经过都了讲出来，问她这样的女人应该接受怎样的判决。假新娘说："她应该被脱得赤身露体，把她放到一只里面钉满尖钉子的桶里，前面套上两匹马拉着桶，从这条街拖到那条街，让她在痛苦中死去。"

老国王说："那个人就是你，你说出了对自己的判决，你应该受到这样的惩罚。"

在执行了这个判决后，王子同他真正的新娘结了婚。两个人在和平幸福中，治理着他们的国家。

农夫聪明的女儿

从前有一个贫穷的农夫，他没有土地可耕，只有一间小房子和一个女儿。有一天，女儿说："我们应该请求国王给咱们一块荒地。"国王听说他们贫穷的状况后，便送了他们一块土地。女儿和父亲翻耕着那块地，想在地里种点麦子。他们快翻完田地的时候，在地里发现了一个纯金的臼。

父亲对女孩说："咱们的国王非常仁慈，送了我们这块土地，我们应该把这个臼献给他。"

但是女儿不同意，她说："父亲，咱们有了臼，却没有杵，那我们就应该去找一个杵来才行，所以最好还是别吭声。"

父亲不听女儿的话，拿着臼献给国王说，这是他在田地里找到的，请国王当作礼物收下。国王拿了金臼，问他是否还找到了别的东西。农夫回答说："没有。"国王叫他把杵也拿来。农夫说他没有找着杵，但是国王并不相信。农夫被关到了监狱里，只有他把杵拿来了，才能放他出去。狱卒们每天给农夫拿清水和面包，这是坐牢的人的饮食。他们常常听见农夫不住地叫："啊，要是我听了女儿的话就好了！啊，啊，但愿我听了女儿的话！"

狱卒们向国王报告，说犯人不住地喊：“‘啊，但愿我听了女儿的话！’他既不肯吃饭也不肯喝水。”国王叫狱卒把犯人带来，问他为什么不住地喊那句话。

“我女儿叫我不要献出臼来，我们应该找杵。”

“要是你的女儿这么聪明，你叫她来一趟。”

农夫的女儿奉命来到国王面前，国王想看看她是不是这样聪明。他要出一个难题给她，如果她能够解答，他就会娶她。她马上说，好的，她愿意解难题。

国王说：“你到我这里来，不能穿衣服，不许赤身；不能骑马，不得坐车；不要从路上来，也不准从路外来。如果你能办到，我就娶你为妻。”

女儿回去了，她脱光了衣服，这样就算是没有穿衣服了；她拿了一张大渔网，钻进渔网，一圈圈用网裹满全身，这样她就不是赤身了；她租了一头驴，把渔网系在驴尾上，她在网里，让驴拖着她走，所以她既不是骑马，也不是坐车了；驴子在大道中拖她，她只用大脚趾踏到地上；这样，她既不是在路上，也不是在路外了。她就这样来到国王面前。国王说她解答了难题，满足了所有条件。国王命令将她的父亲从监狱里放出来，还娶了他的女儿做王后，并把全部王室财产都交给她掌管。

几年过去了，有一次，国王要去检阅军队，有些卖木材的农夫驾着车子停在宫前。有些车由牛拉，有些车由马拉。有一个农夫的车由三匹马拉着，其中一匹马生了一匹小马，小马产下后就跑了，卧到另外一辆车前的两头牛中间。农夫为此争吵起来。

赶牛的农夫想要那匹小马，说小马是牛生的；真正的主人说小马是他的马生的，所以小马归他所有。他们争吵到国王面前，国王判决说，小马躺在谁那里，就归谁所有。于是赶牛的农夫得到了并不属于他的小马，真正的主人只好痛哭着离开了。

他听说王后非常仁慈，她也是贫穷农夫的女儿，于是他到王后那里去求情，问王后能否帮助他要回他的小马。王后说：“好的，如果你保证不讲出是我的主意，我就告诉你怎么做。明天一早，国王要去检阅卫兵，你站到他必经的马路中间，拿一张大渔网装作打鱼的样子，一边拉网还一边往外倒，好像网里真装满了鱼似的。” 王后又告诉了农夫，如果国王问起他的时候，他应该怎样回答。

第二天，农夫站在那里作出打渔的样子。国王经过时看见了，派他的传令兵去问那傻子在干什么。农夫回答说：“我在打鱼。”

传令兵问：“这里没有水，怎么打渔呢？”

农夫道：“牛都可以生出一匹小马来，我在这块地上也可以打鱼。”

传令兵把这个回答报告给国王。国王叫农夫来，说：“这话应该不是你自己想出来的，是谁教你的？马上说出来吧。”农夫不肯承认，一直说是上帝保佑他自己想出来的。国王叫人把他放在一捆麦草上拷打，最后他只得承认是王后教他的。

国王回家问王后：“你为什么对我这样不忠实？我不要你再做我的王后了。你的好日子已经到头了，回到你原来的地方，回到你那农屋里去吧。”但是国王容许王后带走她认为最心爱、最珍贵的东西，就算作是离别的礼物。

王后说：“好吧，亲爱的丈夫。你怎么说，我就怎么办。”说着她向国王扑去，亲吻他，向他告别。然后她叫人拿了一份的很浓的安眠水来，当作告别酒。国王喝了一大口，但是她只喝了一点点。不久，国王就睡熟了，她喊仆人拿来一块漂亮的白麻布，把他包在里面，仆人们把国王抬到停在门前的车上，王后自己驾车把他送到农夫的房子里去。

王后把国王放在小床上。他睡了一天一夜，醒来时，他向周围看了看说：“啊，上帝，我究竟在哪里呢？”他喊他的仆人，但是一个都不在。最后他的妻子走到床前说：“亲爱的国王，你叫我把王宫里最心爱和最珍贵的东西带来，对我来说，再没有比你更心爱和更珍贵的东西了，所以我把你带了回来。”国王感动地流着眼泪说：“亲爱的妻子，你属于我，我也属于你。”国王又把王后带回王宫里，重新同她结婚。也许时至今日，他们还活着呢。

玻璃瓶里的妖精

从前，有一个穷樵夫，每日起早贪黑地工作着。他终于积攒了一些钱，对他的儿子说："你是我的独子，我把我的血汗钱给你，供你念书。你好好学点实实在在的本事，等我老了，四肢僵硬，只能坐在家里的时候，你就可以养活我了。"

儿子上了一所高等学校，他勤奋学习，他的老师都对他交口称赞。他在那里读了很久，但是他只读完了几门课程，在各科还没有学完的时候，父亲挣的一点钱就已经花完了，他只好辍学了。

父亲伤心地说："啊，我不能给你什么了。在眼下艰难的时期，我除了买面包的钱以外，一分钱也赚不到了。"儿子回答说："亲爱的父亲，别为这个发愁了。既然这是上帝的安排，那么一定对我有好处，我肯定会想到办法。"

父亲要到森林里砍柴卖钱。儿子说："我也要同你一起去，帮助你。"父亲说："不行，我的孩子，你没有干过粗活，你吃不消的。再说，我只有一把斧头，没有多余的钱再买一把呀。"儿子回答说："你到邻居那里，请他把自己的斧头借给你。等我赚了钱，自己能买一把的时候，再还给他。"父亲便向邻居借了一把斧头。

第二天早晨，天亮的时候，父子俩就一块到森林里去了。儿子十分卖力地帮助父亲做工。中午时分，父亲说："咱们休息一下，吃午饭吧，吃完饭后还要好好地干活。"儿子拿起手里的面包说："父亲，你歇着吧，我一点也不累，我去森林里走一走，找找鸟窝。"父亲说："唉，你这傻孩子，你到处跑什么？等你回来后，一定累得连胳膊都抬不起来了，还是待在这里，坐在我身边休息吧。"

但是儿子还是走进了森林里，他边转悠边吃着面包，心情愉悦。他在绿树枝里面搜寻着，看能不能发现一个鸟窝。他在林中走来走去，到处寻找着，最后来到一棵枝叶繁茂的大橡树前。那棵树大概有几百年的树龄了，又粗又高，五个人都抱不拢。他站在老橡树下，心想："这上面一定有很多鸟筑巢。"

忽然，他仿佛听见了一种声音。他屏息静听，听到了一个很低沉的声音叫道："快放我出去！快放我出去！"他向周围看看，什么都没发现，不过他觉得那声音好像是从地下发出来的。他喊道："你在哪儿？"那声音回答说："我在橡树根下面。快放我出去！快放我出去！"

儿子开始在树根周围挖起土来，他在树根近旁寻找着，终于在一个小洞里，发现了一个玻璃瓶。他拿起玻璃瓶，对着亮光看了看，只见一个形状如同青蛙模样的东西，正在瓶里上蹿下跳。他又叫道："快放我出去！快放我出去！"儿子想都没想会发生什么事，就拔掉了瓶塞。

瞬间，那东西立即从瓶子中升起，越长越大，速度非常快，不一会儿就长成了一个可怕的壮汉，足有那棵树一半高。他站在儿子面前，用可怕的声音叫道："你知道把我放出来，会得到什么样的报酬吗？"儿子面无惧色，回答说："不知道，我哪会知道呢？"妖怪叫道："我告诉你，我要拧断你的脖子。"儿子回答说："要是你早点告诉我，我就不会放你出来了。但是，我的头还是牢牢地站在肩上，你要砍掉，还得多和几个人商量商量。"妖怪叫道："不管和多少人商量，你还是要得到你应得的报酬。你以为我是无缘无故被关这么久的吗？不，我是在受罚。我是神的使者，威力无边的默尔库利乌斯，谁放了我出来，我就得拧断谁的脖子。"儿子回答说："冷静，不要这样性急，我想知道，你是不是真的被关在这个小瓶子里，你是不是真正的妖怪。如果你能够回到瓶子里去，我才相信，我才愿意任你处置我。"妖怪趾高气扬地说道："小菜一碟。"说完，他立即缩成一团，身子缩得和以前一样细小，通过原来的瓶口和瓶颈钻到里面去了。妖怪刚一进去，儿子马上把瓶塞子塞紧，将他扔回橡树根旁的老地方。妖怪受骗了。

现在，儿子准备回到父亲身边去，但是妖怪悲惨地叫道："啊，求你放我出去吧，求你放我出去吧。"儿子回答说："不行，我不能放你第二次。我曾经放过你，但你却想要谋害我的命，我绝对不能再放你出来了。"妖怪叫道："如果你放了我，我就给你许多钱，叫你终身享用不尽。"儿子回答说："你会像第一次那样骗我。"妖怪说："你不放我，就会失去你的幸福。我不会害你的，我要好好地犒劳你。"儿子想："那我就再冒一次险吧，也许他会兑现诺言，不至于害我。"于是他拔掉了瓶塞，妖怪像上次一样从瓶里升起来，越变越大，变成了一个巨人。他说："现在你可以得到你的报酬了。"他把一块和橡皮膏一样的布递给了儿子，说："用一头轻轻地擦伤口，伤口就可以愈合；用另外一头擦铜和铁，它们就会变成银子。"儿子说："我得试一试。"他走到一棵树旁，用斧头刮破了点树皮，用橡皮膏的一头擦了擦。树皮的破损处马上拢到了一起，恢复了原状。他对妖怪说："确实不错，现在我们可以分别了。"妖怪感谢他放了他，儿子也感谢妖怪送他的这件礼物，然后就去找他父亲了。

父亲说："你去哪里了啊？为什么忘了做工？我早跟你说过，你是什么事都做不成的。""父亲，请别生气，我会补做。"父亲生气地说："是的，补做，但于事无补。""父亲，你看好了，我一斧子就能把那棵树劈开。"他拿起橡皮膏，在斧子上擦了一下，然后猛地砍了下去。但是斧头上的铁已经变成银子，所以斧头卷了起来。"唉，父亲，你看，你给我的斧头不好使，斧刃已经坏了。"父亲大吃一惊，说："啊，你怎么搞的！现在我还得赔邻居一把斧头，但是又不知道用什么东西去赔，你真是越帮越忙。"儿子回答说："别生气，我一定能赔这把斧头。"父亲叫道："哦，你这蠢东西，你用什么来赔呀？除了我给你的钱以外，你身无分文。你脑子里有的，只是孩子间的恶作剧，至于砍木头的事，你一窍不通。"过了一会儿，儿子说："父亲，我不能再工作了，我们还是休息吧。"父亲回答说："啊，什么话，你以为我能像你那样无所事事吗？我还要工作，但是你可以回去了。""父亲，我是头一回到森林里来，我一个人还不认识路，咱们一块儿回家吧。"父亲的怒气消了，答应和儿子一起回去。他对儿子说："去把那把坏掉的斧子卖掉，看看能卖多少钱。我还得去挣来所差的数额，赔邻居一把新斧子。"儿子拿着斧头来到城里的金匠处。金匠掂了掂斧头，将它放在秤杆上说："它值四百个银币，但我现在手头没有那么多现钱。"儿子说："把你所有的钱都给我，其余的我赊给你。"金匠给了他三百个银币，还欠他一百个。儿子回到家里说："父亲，我将斧头卖了钱，你去问问邻居这把斧头值多少。"老人回答说："我知道，一元六角。"儿子说："给他三元二角吧，加倍偿还，这应该够了，你看，我有的是钱呢。"他给了父亲一百元，说："你再也不会缺钱花了，好好享清福吧。"老人说："我的上帝啊，你哪儿来的这么多钱？"于是，儿子向父亲讲了事情的经过，因为有这种福气，他获得了这么一大笔钱。

他又带着剩下的钱去高等学校，继续进修。后来，他用那橡皮膏似的布，治好了一切伤口，成为了远近闻名的医生。

熊皮人

从前有一个年轻的小伙子，应征当兵。他在枪林弹雨中表现得很勇敢，往往冲在最前线。如果战争继续下去，他就会顺利晋升，但是最后战争结束了。缔结和约后，他被遣散了。

上尉说："愿意去哪儿就去哪吧。"但是，他的父母都已经死了，他无家可归，于是投奔到兄弟那里去，请求他们收留。但是兄弟们都无情无义，他们说："我们该拿你怎么办呢？你对我们没有用处，你自己想办法谋生吧。"士兵只剩下一杆枪，他把枪扛到肩上，打算闯荡世界。

他来到一块荒地上，四周除了一圈树外，什么都没有。他伤心地坐在树下，想着自己的命运。他想："我身无分文，除了作战的本领以外，我一无所长。现在讲和了，他们就用不着我了，我看我只有饿死这一条路了。"忽然间，他听到一阵呼呼的声响，他向周围一看，一个身材魁伟的陌生人站在他面前，穿着一件绿褂子，却长了一双难看的马脚。

那人说："我已经知道你需要什么，我要给你很多的金钱，让你随便使用。但是我要看看你是否无所畏惧，免得你浪费金钱。"

士兵回答说："一个士兵怎么会有胆怯之心呢？你可以试试我的胆量。"那人回答说："好吧，你向后瞧。"

士兵转过身，只见一只大熊，正咆哮着向他走来。士兵叫道："噢呵，我来给你的鼻子挠挠痒，你就没有兴致咆哮了。”他拿枪瞄准熊的鼻孔射击，熊轰然倒下，不动了。

陌生人说：“我看你还算是有胆量，但你还要办一件事情。”

士兵已经知道站在他面前的是什么人了，回答说：“只要不是伤天害理，对我以后的幸福没有损害，我都可以答应。”

绿衣人回答说：“将来你自然会知道的。你在七年之内，不准洗手洗脸，不准刮胡子，不准梳头发，不准剪指甲，不准祈祷上帝。我再给你一件褂子和外套，在这期间你就一直穿着。如果你在七年之内死了，你就归我了，但是如果你仍旧活着，你就可以恢复自由之身，并且一辈子都有享用不尽的财富。”士兵想到他现在非常困难的处境，以及他屡次出生入死的生活，便大着胆子答应了下来。

魔鬼脱下绿褂子，递给士兵说：“如果你把这件褂子穿到身上，把手伸到口袋里去摸，就会有很多的钱。”魔鬼把熊皮剥下来说：“这既是你的外套，也是你的床，你只许在这上面睡，不准到别的床上去。因为这套衣服，你的名字就叫‘熊皮人’。”说完，魔鬼就不见了。

士兵穿上这件衣服，立即伸手到口袋里，发现魔鬼的话不假，然后他披上熊皮去旅行，很是愉快。凡是对他有好处，对钱有损害的事情，他都尽量去做。第一年还勉强过得去，但是第二年他看起来已经像一个怪物了。他长发遮面，胡子像一块粗毛毡，手指像兽爪，脸上全是污泥，好像把芹菜种撒下去，都可以长出来似的。谁见了他，都要跑开。他四处撒钱给穷人，叫他们祈祷自己七年内不会死去，因为他买东西时都很慷慨大方，所以总能找到住宿的地方。到了第四年，他来到一个旅馆里，老板不肯接待他，甚至连马厩都不肯让他住，因为他怕他的马受到惊吓。但是“熊皮人”伸手到口袋里，拿了一大把金币出来，老板这才转变了态度，找出后屋的一间房让他住下。不过他要“熊皮人”承诺，不能让别人看见他，免得坏了旅馆的名声。

晚上，“熊皮人”独自坐着，一心盼望这七年快快过去。他听见隔壁房里传出哭声，便起了同情心，打开门，看见一位老人双手捧头，正在痛哭。“熊皮人”走到他跟前，老人跳起来准备逃走。但他听见是人的声音，才放了心。最后，“熊皮人”苦口婆心地劝慰他，他才把痛哭的原因说了出来。原来他破产了，他和女儿们只能受苦，身无分文，连住旅馆的钱都付不出来了，只有等着去坐牢。“熊皮人”说：“如果你没有别的顾虑，我有的是钱。”他把老板叫来，付了他的房钱，还将满满一包的金子，放到老人的口袋里。

老人知道自己摆脱了困境，但不知道应该怎样感谢他。他对“熊皮人”说：“跟我来，我的女儿们都美若天仙，你可以选一个做妻子。如果她们知道了你为我所做的一切后，是不会拒绝的。你的样子虽然有点怪，但是她们一定会给你收拾得整整齐齐的。”这话使“熊皮人”很高兴，就一起去了。

大女儿看见他的面容，吓了一跳，叫着跑开了。

二女儿虽然站在那里，从头到脚打量他，但是她说：“我怎么能嫁给一个没有人形的丈夫呢？曾经有一只剃了毛的熊到这里来过，它假扮成了人形，穿着轻骑兵的皮袍，戴着白手套，它比他还像样些。”

小女儿说：“亲爱的爸爸，他帮助你摆脱掉灾难，一定是个好人。你答应许他一个未婚妻，就应该实现诺言。”于是她就成了“熊皮人”的未婚妻。

可惜“熊皮人”的面孔被污泥和头发遮住了，不然我们就可以看到他听到了这话是多么高兴啊。“熊皮人”从手指上取下一个戒指来，折成两半，把一半给未婚妻，另外一半自己留着。他在未婚妻的那一半戒指上写上自己的名字，在自己的那一半戒指上写下了未婚妻的名字，他请未婚妻好好保存自己的那一半戒指。

后来他告别说：“我还要去流浪三年。如果我没回来，你就自由了，因为我一定是死了。但是请你祷告上帝，让他保佑我的生命。”

可怜的未婚妻穿了一身黑衣服，每当她想到未婚夫，就泪流满面。她的姐姐只是轻蔑地嘲笑她。

大姐说：“你小心点，你把手伸给他，他会用熊掌打你。”

二姐说：“你防着点，熊爱吃甜食，如果他喜欢你，就会吃掉你。”

大姐又说：“你要投其所好，不然，他会大发雷霆。”

二姐接着说："熊会跳舞，结婚的时候一定很热闹。"

小女儿默不作声，她并不灰心。

"熊皮人"到处游历，从这一处走到那一处，尽量做着好事，把钱分给穷人，叫他们替他祷告。到了第七年的最后一天，天亮了，他又来到荒地上，坐在那一圈树下。不久，风呼呼地吹，魔鬼站在他面前，看着他，很不高兴。它把旧褂子丢给他，要讨回他的绿衣服。"熊皮人"说："事情没这么简单，你先把我弄干净。"魔鬼没有法子，只得去拿水来，给"熊皮人"洗身体、梳头、剪指甲。整理完毕后，他像一名勇敢的战士，比从前还要帅气很多。

魔鬼走了，"熊皮人"一身轻松。他进到城里去，买了件漂亮的丝绒的褂子，坐上一辆四匹白马拉的车，向他的未婚妻家里驶去。没有人能认得出他，父亲以为他是一名上校，带他到女儿们的房间里去。

他坐在两个姐姐中间，她们给他斟上葡萄酒，把美味佳肴放到他面前，她们觉得他是世界上最美的男子。但是未婚妻穿着黑衣服坐在他的对面，闭着眼睛默不作声。最后他问女孩们的父亲，能不能把一个女儿给他做妻子，两个姐姐跳了起来，跑到房里，穿上漂亮的衣服，她们都希望自己能被选中。

房间里只有他和他的未婚妻时，他把半截戒指拿了出来，丢在酒杯里，隔着桌子递给未婚妻。未婚妻接过来，把酒喝光，看见杯底的半个戒指，她心跳加速。她拿出系在她颈带上的另一半戒指，两半戒指放在一起，完全吻合。

他说："我是你的未婚夫，就是你见过的'熊皮人'。因为上帝的恩惠，我恢复了人形，还变得干干净净的了。"他向她走去，拥抱她并亲吻她。这时候，两个打扮得花枝招展的姐姐走了进来，看见妹妹和那个英俊的男子相拥，又得知他就是"熊皮人"，羞愧万分，转身跑了出去。她们一个跳井淹死了，一个在树上吊死了。

晚上，有人来敲门，新郎打开门看见穿绿衣服的魔鬼。魔鬼说："你看，我失掉你一个灵魂，却得到了两个灵魂。"

鹪鹩和熊

夏天里的一天，熊和狼在森林里溜达。熊听到一只鸟在欢乐地唱歌，非常好听，就问："狼兄，这是一只什么鸟，怎么唱得这样好听？"

狼说："这是鸟王，我们应当在他面前鞠躬。"其实那只是一只鹪鹩。

熊说："如果是这样，我很想看看他美丽的王宫。你带我去吧。"

狼说："不可能像你说的那样容易，你得等到王后回来。"

不久，王后回来了，她的嘴里还衔着食物。国王也来了，一起喂他们的孩子。熊很想马上就跟着去，但是狼扯着熊说："不行，你得等到国王和王后走了再去。"于是他们记住了巢的位置，又走了。

熊心里老是惦记着要看王宫。过了一会儿，他又转了回来。那时国王和王后都已经飞了出去，熊探身向巢里面瞧，看见了五六只小鸟蹲在里面。

熊叫道："这难道就是国王的宫殿吗？太寒酸了！你们也不是王子，你们是私生子。"

小鹪鹩听了这话，非常生气，喊叫道："不，我们不是私生子！我们的父母是正经人！你这头笨熊，你要对你说的话负责任！"

熊和狼很害怕，回到洞里去了。但是小鹪鹩还是不停地叫嚣着，他们的父母衔了食物回来后，他们说："我们宁愿饿死也不会吃一只苍蝇的小腿，你们应该先讲清楚，看我们是不是正经孩子。熊来过了，辱骂了我们。"国王说："你们安静些吧，这事会讲清楚的。"他同王后飞到熊的洞门口向里面喊道："老熊，你为什么骂我们的孩子呢？我要叫你吃点苦头，我们用战斗来解决。"

于是熊应了战。他把地上一切四脚动物都召集到一起：有公牛、驴子、母牛、鹿、獐等。鹪鹩召集了所有在空中飞的鸟类和昆虫：不但有大大小小的鸟，还有蚊子、黄蜂、蜜蜂和苍蝇也都前来助战。

开战的时间到了，鹪鹩派了间谍去探听敌人的总司令是谁。蚊子很有策略，他飞到敌人聚集的森林里，隐藏到树叶下面，敌军就在那里发布口令。熊站在那里，将狐狸叫到面前说：“狐狸，在所有的动物中，你最狡猾，你应该当将军，指挥我们作战。”狐狸说：“好的，我们要用什么信号呢？”没有人了解这种事情。于是狐狸说道：“我有一条美丽的、毛茸茸的长尾巴，像一根红羽毛。如果我把尾巴向上竖着，那说明没有情况，你们可以进攻；如果我将尾巴放下来，你们就赶快逃跑。”蚊子听到了这话，便飞回去，一五一十地向鹪鹩报告了。

决战的那一天清早，四脚动物都跑来了，动静很大，连地皮都震动了。鹪鹩也带着他的军队从空中飞来，叽叽喳喳，吵闹得吓人，他们从两边聚拢过来。鹪鹩派出黄蜂，让他落到狐狸的尾巴下面，用力刺他。黄蜂蜇狐狸第一下的时候，他抖了一下，抬起了一只腿，但是他忍着痛，尾巴还是朝上竖着；蜇他第二下的时候，狐狸不得不将尾巴放下了一会儿；但是刺他第三下的时候，他受不了了，大叫起来，把尾巴夹到两腿之间，再也不能竖起尾巴了。别的动物看见了，以为大势已去，就四散逃开，回到自己洞里去了。这一次，鸟类打了胜仗。

国王和王后飞回到他们的孩子那里，叫道：“孩子们，欢呼吧，你们尽量吃喝，我们打了胜仗。”但是小鹪鹩们说：“要熊到我们巢前来谢罪，说我们是正经孩子，我们才吃东西呢。”鹪鹩飞到熊的洞门口，叫道：“老熊，你得到我的巢前去谢罪，并且说他们是正经孩子，否则他们就要砸烂你的肋骨呢。”熊很害怕，爬去他们的巢前谢罪。现在，小鹪鹩们心满意足地坐在一块吃喝，一直玩到深夜，人人都很高兴。

聪明的人们

有一天，一个农夫从屋子的角落里拿出他的榛木拐棍，对他的妻子说：“特里内，我现在要出门去，三天之后才回来。如果牛贩子在这期间到家里来买咱们的三头牛，你可以卖给他。但是要价必须是两百块钱，少了不卖，你听见了吗？”

妻子回答说：“上帝保佑，你只管去吧，我一定会照你的话办。”

丈夫说：“你啊你！你小的时候，有一次把头摔伤了，一直到现在还有后遗症。我警告你，如果你做了傻事，我就让你的背青一块，紫一块，不过不是用染料，而是用我手里拿的这根棍子。你可要当心，那颜色保证一年都褪不掉。”丈夫说完就走了。

第二天早晨，牛贩子来了，妻子没有同他过多寒暄。他看了牛，听了价钱后，说道：“我很愿意出这么多钱，这个价钱很公道。我这就把牛牵走。”牛贩子把链子解开，把牛赶到栏外。他正要出大门的时候，农夫的妻子抓住他的袖子说：“你得给我两百块钱，否则我是不会让你走的。”那人回答说：“那当然，可我忘记带钱包了。你放心吧，我会给你一个担保做抵押。我先带两头牛回去，把第三头牛给你留下做抵押品。”妻子答应了，让牛贩子把牛牵走了。她想：“我处理得很绝妙，罕斯知道了，一定很高兴。”

第三天，农夫回来了，他问妻子有没有将牛给卖了。妻子回答说：“当然啦，亲爱的罕斯，我按你说的卖了两百块钱。它们实在不值这些钱，但是牛贩子并没有还价钱就把牛牵走了。”农夫问：“钱在哪里呢？”妻子回答说：“我还没有拿到钱，他刚巧忘记带装钱的腰带了。但是他马上就会把钱送来的，他给我留了一个很有价值的抵押品。”丈夫问：“什么抵押品？”“三头牛中的一头牛，他必须把那两头牛的钱付了，才能得到这一头牛。我留了个心眼，留下了最小的一条，它吃得最少。”丈夫气极了，他拿起棍子，正准备把妻子揍一顿。但他忽然又把棍子放下来说：“你是上帝创造的地球上最傻的人了，我很可怜你。我要到大路上去等上三天三夜，看是不是有比你更蠢的人。如果我找到了，那我就饶了你；但如果我找不到，你就等着结结实实地挨揍吧。”

这个农夫走到了大路上，坐到一块石头上，看着来往的人。这时，他看见一辆四围有栏的牛车朝他走来。一个女人站在车中间，她既不坐到身边的草堆上，也不在牛旁边牵着它们走。农夫心想：“这一定是我要找的人了。”他跳起身来，在车子前面跑来跑去，好像是个脑子有问题的人。

女人向他说：“老大哥，你要做什么呢？我不认识你，你打哪里来呢？”

农夫回答说：“我是从天上掉下来的，不知道该怎么回去，你能用车送我上去吗？”

女人说：“那可不能，我不认识路。但如果你是从天上来的，那请你告诉我，我丈夫在那里怎么样吗？他在那里已经有三年了，你一定见过他吧？”

“我见过他，但是在那里也并不是人人都能过得很好。他负责放羊，放羊很忙很累。它们在山上乱跑，还跑到森林里，他也得跟着羊群跑，将它们赶到一起。他的衣服也都破了，就快要穿不住了。那里没有裁缝，圣彼得不让裁缝上天堂，这点你是知道的。”

女人叫道：“谁想得到是这种情形呢！你看这样行吗？他有一件星期天穿的衣服，就挂在家里的柜子里，我去拿来，穿得体面些能让他受到尊重。请你帮帮忙，把衣服带给他吧。”

农夫回答说：“那可不行，天上不许人们带衣服上去，到了大门口时会被人收走的。”

女人说：“你听我说，我昨天卖了许多麦子，卖了个好价钱，我想把钱给他。你把钱藏在你的口袋里，没人会发现的。”

农夫回答说：“如果没有别的法子，我只好帮你这个忙啦。”

女人说：“你坐在这里别走，我坐车回去拿钱包，马上就回来。我不坐到那捆草上，而站在车上，是因为这样牛可以减轻些负担。”

她赶着牛走了，农夫想：“她可真是十足的蠢材，如果她果真把钱拿来，我的妻子就幸免一顿毒打了。”没有多久，女人急匆匆跑了回来，她亲手将钱放到他的口袋里，离开时还对他千恩万谢呢。

这个女人回到家里，看见儿子从田里回来了，便向他讲述了刚才所遭遇的意外之事，她还说：“我很高兴碰到了这个机会，给我可怜的丈夫带了点东西去，谁能想到他在天上缺衣少穿呢？”

儿子惊讶极了。他说：“母亲，不是每天都能碰到从天上来的人的。我要马上去看看他是否还在那里，他可以给我讲讲天上是什么样的情形，大家是如何工作的。”

他配上马鞍，快马加鞭离开了。他找到了农夫，农夫正坐在一棵柳树下面数袋里的钱呢。

小伙子向农夫叫道："您有没有看见一个从天上来的人？"

农夫回答说："看见了，他已经动身回去了，他去了那边的山上，从那里去要近些。如果你骑马加快速度，还可以赶得上他。"

小伙子说："啊，我辛勤工作了一整天，又骑马来到这里，一点劲儿都没有了。既然你认识那个人，请你帮帮忙，骑上我的马去劝他回来一趟。"

农夫想："这也是一个没大脑的人。"他说："我怎么能拒绝给你帮忙呢？"他骑上马一溜烟儿就跑掉了。

小伙子坐在那里，一直等到黑夜，也没见农夫的踪影。小伙子想："天上的人一定很着急，回不来了，农夫肯定是把马送给他，叫他带给我父亲了。"

小伙子回了家，向他母亲讲了事情的经过。他把马送给父亲，免得他总是跑着赶路。母亲回答说："你做得很好，你还年轻，可以步行。"

农夫回到家，把马拴到做抵押的牛旁边，然后他走到妻子跟前说："特里内，你运气好，我找到了两个比你还要蠢的人。这回你不会挨打，我会给你留着，等到下次再说。"

随后，他点上烟袋锅，坐在摇椅上说："这是一桩好买卖，用两头瘦牛换了一匹肥马，还加上一大袋子的钱。如果糊涂常常能换来这么多的收入，我很愿意对愚蠢表示尊敬。"

农夫是这样想的，而你也一定很喜欢头脑简单的人了。

小寿衣

从前，有一位母亲，她有一个七岁的儿子，长得十分英俊、可爱，母亲爱他胜过世界上的一切东西。不料天有不测风云，他突然生病了，后来去世了。母亲悲痛欲绝，日夜哭泣。

小孩下葬后不久，却在夜里出现在他生前坐过、玩耍过的地方。如果母亲哭，小孩也会陪她一起哭，到了早晨，他就消失不见了。母亲一直哭个不止。

有一天晚上，小男孩穿着入葬时穿的白色小寿衣，头上戴着小花圈，站在母亲床前说："喔，母亲，请不要再哭了，我在棺材里无法入睡，因为你的眼泪都落到我的小寿衣上，把它打湿啦。"母亲听见了这些话，非常担心，她不再流泪了。

第二天晚上小孩又来了，手里举着一盏小灯说："你看，现在我的寿衣快干了，我可以在墓中安息了。"母亲把自己的痛苦交给了上帝，忍受着心中的悲伤，孩子也在地下的小床上长眠，不再来了。

王子

从前有一位国王，他有一个王子。有人预言王子在十六岁时，一头公鹿会害死他。王子十六岁时，有一次和猎人们外出打猎，在森林里和其他人走散了。这时，他突然看到了一头很大的公鹿，想立刻举枪打死他，却没有击中。他追着公鹿走了很远的路，走出了森林。这时，公鹿消失了，一个又高又大的人出现在他面前，说道："太好了，可追到你了，要知道为了跟上你，已经弄坏了我六双玻璃溜冰鞋。"

说完，此人拉着王子，带他蹚过一片大湖，来到一座宏伟的宫殿，和王子一起吃饭。原来此人是这里的国王。他们一起吃过东西后，国王说："我有三个女儿，我要你在大女儿那里守护一晚，从晚上九点钟守到早上六点钟。每个整点钟声敲响时，我会亲自来叫你，如果你没有回应，我第二天早晨就赐你死罪，但如果你每次都回答我，你就可以娶我的女儿为妻。" 王子走进卧室，里面有一个石像，大公主想帮助王子，便对石像说："我的父亲将在九点钟来，他会每小时来一次，一直到早上六点钟。他问话时，你就替王子回复。"石像迅速地点了点头，然后动作越来越慢，最终彻底静止不动了。果然，晚上九点后，国王每个整点都来叫王子，每次都由石像作答。

第二天早晨，国王对王子说："你做得很好，但是我不能让你带走我的女儿，你现在必须还要在我的二女儿那里看守一晚，然后我再考虑自己是否让你娶我的女儿为妻。我会每小时亲自来访，我叫你时，你便回答我。如果我叫了你，你却没有回答，我会让你流尽鲜血。”

王子和大公主一起走进了卧室，那里立着一尊更大的石像，二公主对石像说：“如果父亲来叫时，就请你回答他。”石像迅速点了点头，点头的速度越来越慢，直到静止不动。王子躺在门口，头枕在手上，睡着了。每个整点国王的问话都由石像作答。

第二天早晨，国王对他说：“尽管你做得很好，但我还是不能让你带走我的女儿。你现在必须再看守一晚我的小女儿，我才会考虑是否让你娶我的女儿为妻。我会亲自每小时来一趟，我叫你时，你得答应我。如果我叫你，你没有回答，我会让这里血流成河。”

王子和小公主一起来到卧室，屋里有个比前两个更高更大的石像。小公主对石像说：“我的父亲来叫时，请你回答他。”这尊巨大的石像点了半个小时的头，终于静止不动了。王子躺在门口睡着了。每个整点时，国王的问话，都由石像作答。

第二天早晨，国王说：“尽管你看守得尽心尽责，但我现在却不能将我的女儿嫁给你。我有一片大森林，如果你能从早上六点钟到晚上六点钟间将树林里的树砍倒，我就会考虑这事。”然后，国王给了王子一把玻璃斧子、一把玻璃楔子和一个玻璃棒槌。王子走进树林，开始砍伐，但斧子断成了两半；他又用棒槌打楔子，结果楔子被砸得粉碎。这下他可慌了，他相信自己一定活不了了，坐在地上哭了起来。

当时已经是中午了，国王对三个女儿说：“你们谁去给他送些东西吃。”

“我们可不去，”两个姐姐说道，“他最后为妹妹守夜，妹妹可以带吃的东西给他。”

小公主不得不去给王子送吃的。她来到森林里，询问王子的进展情况。

“噢，”王子回答，“情况糟极了。”

公主让王子来吃点东西。“我不想吃，”王子说，“我不吃，吃了也得死，我吃不下去。”小公主不停地劝他吃点东西，王子只好答应了。王子吃完饭，公主说：“我给你梳会儿头吧，这样你会开心些。”公主给王子梳着头发，倦意袭来，王子很快就睡着了。

王子睡着后，公主拿起手帕，将它打成了结，在地上敲了三下，说道："土地公公，快出来吧。"过了一会儿，几个小小的土地公公出来了，他们询问公主有何旨意。公主说："你们必须要在三个小时内将树林里所有的树砍掉，树木全都堆放在一起。"小土地公公们领旨分头去将他们家族的人都召集过来，一起干活。他们立刻开工，三小时过去后，工作已经做好了。他们来到小公主面前，向她汇报。她拿起白色的手帕说："土地公公们，请回家吧。"他们顷刻间便消失不见了。

王子醒来后看到这一切很高兴，公主说："等钟敲响六下时，我们就回家。"王子听了公主的话。

国王问王子："你将森林里的树都砍倒了吗？"六点一到，他们就回到王宫里去。"砍完了。"王子回答。

他们坐在桌前，国王说："我还不能将我的女儿嫁给你为妻，你必须再为她做些事情。"王子问国王还需要做什么事情，国王说："我有一个很大的鱼塘，你必须明早去将池塘里的污泥全部清理干净，里面的水要如镜子那般清澈，再将池塘里装满各种各样的鱼。"

第二天早晨，国王给了他一把玻璃铲子和一把玻璃锄头，说道，"你必须要在晚上六点前清理完鱼塘。"说完他就走了。王子来到鱼塘，用铲子挖池塘里的污泥，铲子却断成了两半；他将锄头杵进泥里，结果锄头也断了。王子又惊慌起来。

到了中午，国王的小女儿给王子送来了午餐，问他进展如何。王子说事情进展得很不顺利，他也许会丢掉脑袋。"我的工具又裂成碎片了。""噢，"公主说，"你一定要来吃点东西，这样你才能换个心情。""不，"王子说，"我不想吃，就算吃了饭我也不会有任何快乐的感觉！"公主对王子说了很多贴心的话，王子终于过来吃了些东西。公主又给王子梳了梳头，王子再次睡着了。

公主拿出手帕，打成结，在地上敲了敲，说道："土地公公，请出来吧。"不一会儿，冒出了许多小土地公公，他们问公主有何需求。公主告诉他们要在三个小时内将鱼塘彻底清理干净，水要清澈得可以让人在水中见到自己的倒影，鱼塘里还要有各种鱼类。小土地公公们离开了，召唤来所有的亲戚帮助他们，结果他们只花了两个小时就全部完工了。土地公公回到公主身边，向她汇报："我们已经按您的要求完成了任务。"公主拿出手帕在地上敲了三次，说道："土地公公们，请回家吧。"他们全都走了。

王子醒了过来，看到鱼塘的活已经做完了，非常高兴。公主也要走了，她告诉王子六点钟的时候再回到宫里。

王子回到宫里时，国王问："池塘里的活你都做完了吗？"

"做完了，"王子回答，"活儿完成得很是圆满。"

他们坐在桌前，国王说："尽管你将鱼塘的活儿完成得很漂亮，但我还是不能将女儿许配给你。你还要再做一件事。"

"什么事呢？"王子问。

国王说，他有一座高山，那里很荒芜，只有荆棘，王子必须要除去荆棘，再在山顶建一座宏伟的城堡。城堡定要坚固无比，所有的家具设备都要一应俱全。

第二天早晨王子起床时，国王给了他一把玻璃斧头和一个玻璃手钻，他必须要在六点前完工。王子用斧头砍掉第一丛荆棘时，斧头就断了，碎片蹦得到处都是；王子也无法用手钻了，因为它也碎了。他现在真是绝望至极啊，他等候着亲爱的公主来帮助他。到了中午，公主给他送来了吃的，他走上前去，将一切都告诉了公主。王子吃完东西后，让公主帮他梳头，然后又睡了过去。

公主再次将手帕打成结，在地上敲了敲，说道："土地公公，请出来吧！"一群土地公公又钻了出来，问公主有何指示。公主让他们在三小时内除去所有的荆棘，并在山顶上建一座坚固无比的城堡，里面的家具也要应有尽有。土地公公们离开了，他们召集了所有的家人帮忙。规定的时间到了，所有的工作也都做好了。土地公公来向公主汇报了情况，公主掏出手帕在地上敲了三下，说道："土地公公们，请回家吧。"他们就都消失不见了。王子醒来时，看到所有的事情都完成了，快乐得像空中飞翔的小鸟。

钟敲响六点钟时，王子和公主一起回到了宫中。

国王说："城堡建好了吗？"

"建好了。"王子回答。

他们又坐在了桌前，国王说："在我的两个长女结婚前，我还是不能将小女儿嫁给你。"王子和公主非常伤心，王子不知道现在应该怎么办才好。到了晚上，他找到公主，劝她和自己私奔。但他们还没跑多远，公主就发现父亲正在后面追。

"噢，"公主说，"我们现在该怎么办？我的父亲就在我们后面，他会把我们带回去。我现在立即将你变成一丛荆棘，我自己变成玫瑰花，掩藏在中间。"

国王赶了上来，发现了一丛荆棘，里面还有一朵玫瑰花。他刚想摘下玫瑰，荆棘上的刺扎痛了他的手指，国王不得不返回宫里去了。

王后问国王为什么没有把女儿带回来，国王说他差点就抓到她了，但是她突然在他眼前消失了，面前只有一丛荆棘和一枝玫瑰。

王后说："如果你把玫瑰摘来，那荆棘肯定也会跟着回来。"

国王又回去采玫瑰，但王子和公主已经过了平原。国王在后面紧追不舍，公主看到父亲已经跟了上来，她说道："噢，我们现在可怎么办？我要立刻把你变成一座教堂，我自己就变成一个牧师，站在讲坛上布道。"国王跟上来后，发现那里有一所教堂，牧师正在里面布道，他听了一会儿弥撒后，就回宫了。

王后问国王为什么没有将女儿带回来，国王说，"别提啦，我在后面跟踪了她很久，眼看就要追上了，前面却是一座教堂，里面有位牧师正在布道。""你应该将牧师带回来，"王后说，"教堂也就跟着回来了。你去真是没用，还是我亲自出马吧。"

王后走了一会儿，远远地看到了那两个人。公主发现了母亲已经跟了上来，说道："现在我们无计可施了，我母亲亲自追来了，我马上把你变成一个池塘，我自己就变成一条鱼。"

王后追到时，发现了一个大池塘，池塘中间有一条鱼正在水中快乐地跳跃着，还时不时探出脑袋张望。王后想捉住这条鱼，却扑了个空。她怒不可遏，为抓住那条鱼，她一气喝干了池塘里的水，但这令她很难受，她又不得不把池塘里的水全部吐了出来。

王后哭着说："看来我现在是没有任何法子了。"她恳求他们回到她身边，最后王后给了公主三个核桃，告诉她："在你最需要帮助时，这些核桃会派上用场。"这对年轻人又一起离开了。他们走了大约十英里路，来到了王子的国土。在王宫附近，有一个小村庄。他们到了村庄，王子对公主说："留在这里等一会儿，亲爱的。我先回宫，安排马车和随从来接你。"

王子回到宫中后，大家都为他重返家园而欢呼。他告诉大家他的新娘正在村庄中，让他们赶紧备马车将她接回来。大家即刻套上马具，许多随从在车外各就各位。王子上车前，他的母亲吻了他一下，结果他忘记了发生过的所有事情，也忘了他打算要做的事情。在他母亲的命令下，大家撤下了马具，又回到了宫中。

公主坐在村中守候着，她以为王子会来接她，最终却没有等到人来。公主只好到村中的磨坊店里干活，她的工作是每天下午在池塘边清洁器皿。有一天，王后从宫里散步出来，路过池塘时，看到了体态玲珑的公主坐在那里，不禁感叹："这女孩身材真是曼妙啊！我很喜欢她！"王后和身边所有的随从都打量着公主，但谁也不认识她。

公主为磨坊主工作了很长时间，一直勤勤恳恳、忠心耿耿。与此同时，王后也为王子从很远的地方寻找到了一位妻子。新娘一到，他们就会立即结婚。很多人蜂拥而来，都想目睹这一盛况。公主也听说了这个消息，向磨坊主请假，希望他可以发善心允许她去看看。磨坊主答应了："好的，你去吧。"她走前，打开了一个核桃，一条美丽的裙子摆在了她面前。

公主穿上了裙子，来到教堂，站在圣坛边上。这时，新娘和新郎到了，他们坐在圣坛前，牧师正要祝福他们时，新娘看见了站在那里的公主。她站了起来，说除非她也有一件如那位女士般美丽的裙子，否则是不会结婚的。婚礼只好中止，他们回到宫中，派人去问公主是否愿意卖那条裙子。

公主不愿意卖掉裙子，新娘问她如何才有得到那条裙子？公主说只要让她在王子的门外睡一晚，就可以把裙子送给新娘。"好的，你可以这么做。”但是随从得到王后的命令给王子喝下了安眠药。

公主躺在门前，整夜都在悲泣。她为他砍伐了森林，为他清理了鱼塘，为他建立了城堡。她将他变成了一丛荆棘，然后又将他变成一座教堂，最后把他变成一个鱼塘，然而，他却忘得这么快。

在睡梦中的王子一个字都没有听到，但是他的随从们醒了过来，听到了公主说的话，却不解其意。

第二天早晨，大家都起床了，新娘穿上了裙子和新郎离开，直奔教堂。公主又打开了第二个核桃，里面装着一件更美丽的裙子。她穿上了裙子，去了教堂，站在圣坛前。事情又如昨天一样重复着，公主又和昨天一样整晚躺在王子房间的门口，有个随从再次受王后之受命给王子喝下了安眠药。

然而，这个随从同时给王子喝了能令他保持清醒的东西，王子上床就寝后，公主就在门前像昨晚一样恸哭着自己的命运，又说了一遍她曾经说过的话。

王子听到这些话，伤心不已，所有的记忆又重新回到他的脑海中。他想走到她身边，但他的母亲锁住了房门。第二天早晨，他立即来到公主面前，告诉了她所发生的一切，恳请她不要为他失忆而生气。

公主打开了第三个核桃，里面是一件更为华丽的裙子，她穿上裙子和新郎向教堂走去，很多孩子都赶来为他们献上鲜花，在他们脚底围上喜庆的彩带。他们接受了牧师的祝福，婚礼热闹非凡。虚伪的母亲和那未婚的新娘遭到了流放。

七个施瓦本人

有一次，七个施瓦本人聚到了一起。第一个是舒尔茨先生，第二个叫杰克里，第三个叫马力，第四个叫耶格立，第五个是米绍尔，第六个是汉斯，第七个是韦特利。他们七个人都下定决心要去周游世界，去猎奇冒险，成就伟大的事业。但是为了安全起见，他们手中都得备有武器。他们认为应该拿一把又长又结实的长矛，这样才是明智的做法。七个人将矛抓在手里，走在最前面的是英勇无畏的舒尔茨先生，其他人都跟着排成一队紧随其后，最后一个是韦特利。

他们一起走了很远的路，但离他们要过夜的住所，依然还有很长的路要走。黄昏时分，他们走到一片草地，一只大甲虫抑或是大黄蜂从灌木丛后面飞来，发着“嗡、嗡”的恐吓之声，从他们身边掠过。舒尔茨先生很害怕，他扔掉了矛，感觉冷汗浸透了全身。

“听啊！听啊！”他对同伴大叫，“天哪！我听到了打鼓声！”

在他后面举着矛的杰克里，觉得闻到了一股味道，说：“肯定是发生了什么事情，我闻到了火药味和柴火味。”

听到这话，舒尔茨准备逃之夭夭，转眼间，他就跳过了篱笆，但是那里有一把人们除过草后留在那里的耙犁，他碰巧跳到了耙尖上，耙柄打到了他的脸上，令他痛不可当。“噢，天哪！噢，天哪！”舒尔茨先生尖叫着，“你抓到我了，我投降！我投降！”

其他六个也都跳过来，一个趴在另一个的头顶上，大叫着：“如果你投降，那我也投降！如果你投降，那我也投降！”最后，并没有敌人把他们绑起来带走他们，他们意识到是自己弄错了。为了避免让这件事外传，免得让别人当自己是傻瓜，受人嘲弄，他们彼此都发誓除非有人不小心说出去了这件事，否则大家都要保守秘密。

他们继续往前走。过了几天，他们走过一片荒芜的耕地，有只野兔正在阳光下坐着。它的耳朵耸立，玻璃般透明的眼睛睁得滚圆。见到这么可怕的野兽，这七个人都很吃惊。他们一起讨论怎样才能将伤害减到最小。如果他们跑开，那个怪物定会追上他们，将所有人一口吞尽。

他们说：“我们必须得经历一番激烈危险的争斗了。大胆一搏，就成功了一半。”

七个人都紧紧地抓住矛，舒尔茨在最前面，韦特利在最后。舒尔茨先生总想举着矛原地不动，但是在最后面的韦特利却很勇敢。他总想向前冲，大叫：“向前冲吧，以施瓦本人的名义，否则我希望你们都变成跛子。”

但是汉斯不知道如何对付，说道：“你说得倒是漂亮，但真正做起来，你却落在后面。”

米绍尔叫道：“丝毫不差，它不是兔子，一定是魔鬼。”

轮到耶格立开口了：“如果不是魔鬼，也至少是鬼它妈，要不就是魔鬼的继兄。”

现在马力有了新的主意，对韦特利说：“前进吧，韦特利，前进吧，冲吧，我会在后面握着矛。”

韦特利却对此不予理会，杰克里说：“舒尔茨应该第一个冲，除了他，没人该享此殊荣。”

舒尔茨先生鼓起勇气，沉着地说：“让我们勇敢前进，去战斗吧！到了展示我们勇猛和力量的时刻了。”

于是，他们都一起进攻那个野兽。舒尔茨先生画着十字架，祈祷上帝的帮助。但这些都无济于事，他离敌人越来越近，这时他声嘶力竭地尖叫了起来，“噢，喔！”这声音惊醒了野兔，它立即惊慌失措地逃走了。

舒尔茨先生看见它从这场战斗中逃掉了，欢呼雀跃着，“快看，韦特利，看啊，它不是怪物，它只是一只野兔！”

这七个施瓦本人继续他们的冒险之旅。这天，他们来到了摩泽尔河，这条河很静却很深，四周布满了青苔，河上的桥不多，很多人都乘船去往各地。

这七个施瓦本人不知道这种情况，他们叫住了一个正在河对面工作的人，问他如何才能过河。因两岸距离远，他们问话的方式也让人不明所以，这个人用当地特有的土话问：“啥个子，你们说啥个子？”

七个人听不懂对方说什么。舒尔茨先生想了想说：“涉水，涉水过河。”

由于他在最前面，所以第一个踏进了水里。没多久，他便陷进了泥里。巨浪拍打着他，风将他的帽子吹到了河对岸，一只青蛙蹲在帽子边，叫着：“呱，呱，呱。”

在对岸的六个人听到这声音，说：“噢，伙伴们，舒尔茨先生正在叫我们。如果他能蹚水过去，我们为什么过不去呢？”

于是他们一起跳进了急流中，全都淹死了。这样，一只青蛙要了七个人的命，没有一个施瓦本人活着回家。

一只眼、两只眼和三只眼

从前有一个女人生了三个女儿：老大名叫一只眼，因为她只在额头中间长了一只眼睛；老二名叫两只眼，因为她像普通人一样长了两只眼睛；而最小的老三长了三只眼睛，所以叫三只眼，而她的第三只眼睛也长在额头中间。

然而由于两只眼和常人没什么两样，她的两个姐妹以及母亲都看不起她。她们对她说："你与普通人一样长了两只眼睛，你和我们不是一起的。"她们对两只眼推推搡搡，捡旧衣服给她穿，挑她们吃剩下的饭给她吃，想尽办法为难她。

有一天两只眼被迫去山上放羊，她饥饿难耐，因为她的姐姐留给她吃的东西太少了，就坐在山脊上忍不住哭了起来。她哭得太伤心了，眼泪流下来汇成两条溪流。

正当她愁眉苦脸时，一个女巫站在她面前，说道："你为什么哭得这么伤心啊，小两只眼？"

两只眼回答道："我能不哭吗？与普通人一样，我有两只眼睛，结果我的姐姐和妈妈就因此憎恨我，把我向皮球一样扔来扔去，扔旧衣服给我穿，还只准我吃她们的剩饭菜。今天她们给我吃得更少了，到现在我还饿着肚子。"

那个女巫说："别哭了，两只眼，我来告诉你让你不再挨饿的办法，你只要对你的山羊说：

"'小山羊，咩咩，小桌子，开饭，把桌子摆满吃的东西。'

"然后，你的面前就会摆上一张小桌子，上面铺着干净的桌布，摆满了美味的食物，你想吃多少，就可以吃多少。等你吃饱了，不需要那张小桌子的时候，你就要说：

"'小山羊，咩咩，小桌子，去吧。'

“那么小桌子就消失了。”

说完女巫就离开了。两只眼想：“我现在就要试试，看看她说得准不准，我实在是太饿了。”

于是她说：

“小山羊，咩咩，小桌子，开饭，把桌子摆满吃的东西。”

这句话还没说完，就真的出现了一张小桌子，上面铺着雪白的桌布，整齐地摆放着盘子、刀子、叉子和银调羹等餐具，还有美味的食物，热气腾腾，就刚出锅似的。两只眼很高兴，用自己知道的所有祷告词感谢上帝说：“感谢上帝赐予我食物，阿门。”她就放开了吃，仔细地品尝各种美味。吃饱后，她又按照女巫教给她的那样说：

“小山羊，咩咩，小桌子，去吧。”

小桌子果然就消失了。两只眼非常高兴，觉得这是自己有生以来最高兴的一天了。

傍晚时分，她牵着山羊回家，看见小盘子里少得可怜的食物，是姐姐留给自己的——她动也没动。第二天，两只眼又牵着山羊出门，她们递给她的几块碎面包，她也都放着没动。

第一次和第二次这样，姐妹们根本没有在意，但她每次都这样不吃不喝，她们就注意起来，她们说：“两只眼最近有些不对劲，她这两天都不吃留给她的食物。以前递给她食物时，她总是吃得干干净净的。她一定有别的办法吃东西了。”

为了弄明白到底是怎么回事，就在两只眼赶山羊去草地的时候，她们派一只眼一起去，要她注意看两只眼都做了什么，是不是有人拿东西给她吃。所以第二天当两只眼动身出发时，一只眼走过来说：“我也要和你一起去野外，看你把山羊照顾得怎么样，让它吃饱了没有。”两只眼猜出了一只眼心底的打算，就把山羊赶到草丛深处里面去，对一只眼说：“来，一只眼，咱们坐下吧，我来唱歌给你听。”两只眼就开始唱起歌来。于是一只眼坐了下来，由于不常走路，再加上太阳很晒，她觉得很热，她一会就睡着了。

两只眼问：“一只眼，你醒着呢，还是睡着了？

直到一只眼把那只眼睛闭上睡熟了，两只眼才会念出咒语：

“小山羊，咩咩，小桌子，开饭，把桌子摆满吃的东西。”

小桌子和食物又出现了，她坐在小桌子旁边，吃饱喝足。然后说：

“小山羊，咩咩，小桌子，去吧。”

等桌子消失之后，两只眼叫醒一只眼说：“一只眼，你既然来放羊，怎么又睡着了？现在山羊可能已经吃饱了，我们一起回家吧。”于是一只眼和两只眼回家了，两只眼还是没有吃盘子里的食物。母亲就问一只眼缘由，但她说不出两只眼到底为什么不吃饭，不好意思地说：“我在外面睡着了。”

第二天，母亲对三只眼说：“这一次你和两只眼一起去吧，要留意看两只眼是不是在外面吃了什么东西，是不是有人给她东西吃。她肯定背着我们吃过东西、喝过东西，所以才不用吃家里的饭了。”所以当两只眼动身出发时，三只眼走过来说：“我也要和你一起去野外，看你把山羊照顾得怎么样，把羊放到哪里。”两只眼猜出了三只眼的心思，就把山羊赶到草丛高大茂盛的地方，对三只眼说：“来，三只眼，咱们坐下吧，我来唱歌给你听吧。”于是三只眼坐下来，由于不常走路，再加上太阳又很晒，她觉得很热。两只眼开始唱起歌来：

“两只眼，你睡着呢？三只眼，你醒着呢？”

她本来应该唱“三只眼，你睡着呢？三只眼，你醒着呢？”但她把歌词唱错了。

于是三只眼闭上其中的两只眼睛睡着了，但第三只眼睛没有睡着，实际上她什么都能看到。而两只眼认为三只眼已经睡着了时候，便开始使用自己的魔法：

“小山羊，咩咩，小桌子，开饭，把桌子摆满吃的东西。”

她又开始大吃大喝起来，接着又让小桌子消失了：

“小山羊，咩咩，小桌子，去吧。”

这一次三只眼什么都看到了。当两只眼走到三只眼跟前，喊她起来说：“唉，三只眼，你睡着了吗？你真是来放羊的吗？快起来，我们要回家去了。”等回到家里，两只眼还是没有吃饭，三只眼就对母亲说：“我终于知道她为什么不吃饭了。她在外面只要对山羊说：‘小山羊，咩咩，小桌子，开饭，把桌子摆满吃的东西。’就会有一张小桌子摆在她面前，上面摆着美味的食物，比我们这里的丰盛多了。等她吃饱了，就说：‘小山羊，咩咩，小桌子，去吧。’那么小桌子就消失了。这一切我都清清楚楚地看到了。她还念了一个魔咒，让我的两只眼睛都睡着了，多亏我额头上还有一只眼睛醒着。”

母亲听后嫉妒极了，大喊道：“难道你要我们难受吗？我可不能让你这么开心！”她拿了一把刀，一下子扎进山羊胸口，山羊倒下死了。

两只眼看见山羊倒地死了，非常悲伤，就在田埂上伤心地哭了起来。那女巫又出来了，对她说：“两只眼，你为什么又在这里哭呢？”“难道我不应该哭吗？”她回答道，“我原以为只要说出您那句魔咒，每天就能吃到好东西了。可是山羊被我的母亲杀死了，现在我又得挨饿受罪了。”女巫说：“两只眼，我再教你一个好办法。你请你的姐妹们把杀了的山羊内脏交给你，你出去埋到门前的地里，就会给你带来好运。”女巫说完又消失了。

两只眼回家后对姐妹们说：“好姐姐，好妹妹，把我的山羊给我一些吧。好的我不要，只要把内脏给我就行了。”她们笑道：“如果你不要别的了，那就给你。”两只眼拿了内脏，等到晚上一切都安静下来了，她就按照女巫教的办法，把内脏埋到了门前。

第二天一大早，全家人起床后，走到门口时，看到那里长了一棵既奇特又漂亮的苹果树，它的叶子是银的，上面挂着金苹果，在世界上，可没有比这更漂亮、更值钱的东西了。大家都不清楚一晚上的工夫，这树是怎么长出来的，唯有两只眼明白这是从山羊的内脏里长出来的，因为这棵树正好长在她昨天晚上埋内脏的地方。

于是母亲对一只眼说：“孩子，你爬上去摘一些金苹果下来。”一只眼爬了上去，但是她眼看要抓住金苹果的时候，树枝哧溜从她手里溜走了。几次都是这样，不管用什么方法，都没法从树上摘下一只金苹果。

于是母亲又对三只眼说："三只眼，你爬上去试试吧。你长着三只眼睛，会比一只眼看得更清楚、更准确些。"一只眼从树上滑下来，三只眼爬上树去。三只眼并没有比一只眼灵活多少，虽然尽力抓每一只苹果，但金苹果还是从她手边溜走了。母亲终于不耐烦了，她自己亲自爬上树去摘苹果，结果并没有比两个女儿好多少，每次都抓空了。

于是两只眼说道："我爬上去试试吧，或许我能抓到呢。"两个姐妹嘲讽道："你？只有两只眼睛，你能做什么呢？"不过两只眼还是爬上树去，金苹果没有再溜走，却掉到她手里。她一个一个地摘着，装满了一裙子下来了。母亲把摘的苹果都拿走了，她们并没有因为这样就对两只眼态度好一些，恰恰相反，因为只有她一个人能摘苹果，两个姐妹对她心生妒忌，待她更加刻薄。

有一次，当姐妹三个正站在树下面时，突然来了一位年轻的骑士。两姐妹喊道："两只眼，你赶快趴在地上，你在这里，让我们很没面子。"

她们俩非常急迫，就提起树旁边的一个空桶，盖住可怜的两只眼，还把她摘下来的金苹果也放到了里面。骑士走到树前面停了下来，他是一个英俊的少年，对这棵金银树赞不绝口。他对两姐妹说："这棵美丽的树是谁种的啊？谁能帮我折一根树枝，或者这棵树随便什么东西都可以。"于是一只眼和三只眼回答说，这棵树是她们的，她们可以帮他折一根树枝。但她们爬上树去费了好大力气，都没能成功，因为树枝和果实老是摇来摆去，每次都没能抓住。骑士说："真奇怪，这树怎么会是你们的呢？你们连一个树枝都抓不到。"她们再次强调这树就是她们的。

就在他们对话的时候，桶下面的两只眼让几个金苹果滚了出来，一直滚到骑士脚下。因为两只眼看到一只眼和三只眼在说谎很生气，所以这样做。当骑士看到这些金苹果后很吃惊，问这些金苹果是从哪里来的。一只眼和三只眼只好回答说，她们还有一个姐妹，但不能见人，因为她和普通人一样只有两只眼睛。但骑士非常想见到她，他大喊道："两只眼，快快出来吧！"两只眼很开心，于是鼓起勇气从桶下面钻了出来，骑士见她长得这么漂亮，很是惊讶。他说：“两只眼，你一定可以从树上给我折一根树枝下来吧？”“是的。”两只眼回答道，“我当然可以做到啦，因为这棵树是我的。”于是她爬上树去，很轻松就折下一个挂着银叶子和金苹果的树枝，递给骑士。骑士说道：“两只眼，我有什么可以回报你的吗？”“唉！”两只眼回答道，“我终日忍饥挨饿，从早到晚受苦受罪。如果你能带我走，让我脱离这一切，那我就幸福了。”于是骑士扶着两只眼骑上马，带她来到父亲的城堡里。

骑士给她穿锦衣玉食，吃美味佳肴，样样都让她称心如意。而且骑士非常爱她，在牧师的祝福下，他们欢天喜地地举行了结婚典礼。

两只眼被英俊的骑士带走时，两姐妹看到她那么幸福开心，羡慕得很。她们寻思：“还好这棵奇异的树还在，虽然我们不能摘到果实，但是还会有年轻英俊的男子站在树下面，在我们跟前交口称赞，谁敢保证我们不会获得幸福呢！”但在第二天，苹果树消失了。苹果树去哪了呢？一天早上两只眼从她房间里朝外面看时，她高兴地发现那树出现在她现在住的屋子前面了，她喜出望外，原来树跟着她来了。

两只眼就这样开心地生活着。过了很久，有两个穷女人来到她宫里讨饭吃。两只眼一看到她们，就认出了那两个人是她的姐姐一只眼和妹妹三只眼。她们穷得一无所有，只能到处流浪，乞讨过日子。但是两只眼还是很欢迎她们的到来，给她们好吃好喝，养活她们。一只眼和三只眼感到非常愧疚，后悔她们小时候对两只眼做的那些坏事。

雪白和玫瑰红

从前有一个贫穷的寡妇，她居住在一个偏僻的小屋里。在小屋前面是一座花园，花园里面种着两棵玫瑰树。一棵玫瑰树开出的是白花，另外一棵开出的是红花。这位寡妇有两个女儿，长得很像玫瑰，一个孩子叫雪白，另外一个叫玫瑰红。

这两个孩子生性善良，活泼可爱，是世上最好的小孩子，只是雪白要比玫瑰红更安静、娴淑。玫瑰红喜欢在草地上和田野间奔跑，她喜欢采花朵，扑蝴蝶。但是雪白则更愿意和母亲待在家中，帮助母亲做些家务活，无事可做时，便读书给母亲听。两个孩子的感情很深厚，她们出去时，总是手拉着手，每当雪白说“我们永远也不分开”时，玫瑰红都会回答说，“此生永不分开”。她们的母亲听到这话总会补充说道：“有难同当，有福同享。”

她们经常一起跑到树林里摘草莓吃，野兽们从不会去伤害她们，只是很信任地靠近她们。小野兔会吃掉她们手中卷心菜的叶子，小鹿在她们身边吃草，小马欢快地在她们身边跳来跳去，鸟儿们放心地站在大树枝上，唱着她们熟悉的歌曲。

她们从来没有遇到过什么灾害，如果她们在树林里待到很晚，夜晚来临后，她们就挨着躺在苔藓上，睡到第二天清晨。她们的母亲知道这件事，却也并不担心。

一天，她们晚上逗留在树林中，黎明唤醒了她们，这时她们看见床边竟然坐着一个美少年，他穿着一件白色的衣服，在阳光下闪闪发光。他站起身，温柔地看着她们，然后一言不发地走进了树林中。她们向四周看去，发现她们睡觉的地方离悬崖很近，如果在黑暗中再走几步，必定会掉到深渊之中。她们的母亲告诉她们，那一定是守护善良孩子的天使。

雪白和玫瑰红将母亲的小屋整理得井井有条，参观屋里的摆设竟是件赏心悦目的事呢。在夏天，玫瑰红会照料屋子，每天早晨，她都会在母亲醒来前，从每棵玫瑰树上摘下花朵，做成花冠，放在母亲床边。在冬天，雪白会生起火，在铁架上挂个水壶。她将铜做的水壶擦得闪闪发光，好似金子般在发光。到了晚上，天上飘起雪花，母亲会说：“雪白，去把门闩上。”然后，她们围坐在炉边，母亲戴上眼镜，高声读着一本大书，两个女孩就边听边纺线。在她们附近的地板上，躺着一只小山羊，在她们身后的架子上栖息着一只白色的鸽子，头正埋在翅膀下面。

一天晚上，她们正舒服地坐在一起时，有人敲门，对方希望让他进屋。母亲说："快，玫瑰红，开开门，这一定是位求宿的旅客。"玫瑰红去拉开了门闩，琢磨着来者必定是个可怜的人。但来的却不是人，而是一头熊，它那宽宽的黑脑袋正探进门内。玫瑰红尖叫着跳到了后面，小山羊咩咩地叫着，鸽子拍动着翅膀，雪白藏到了母亲的床后。

但是熊却开口说了话："不要害怕，我不会伤害你们！我快冻死了，只想在你们身边取取暖。"

"可怜的熊，"母亲说，"来躺到火边吧，小心不要让火烧到你的皮毛。"

接着她叫道："雪白，玫瑰红，快出来吧，这只熊不会伤害你们，它没有歹意。"两个女孩都出来了，渐渐地，小山羊和鸽子也走到熊的跟前，不再害怕它。

熊说："孩子们，帮我扫扫身上的雪。"孩子们拿出扫帚，将熊身上打扫干净，熊在火边伸了伸懒腰，舒服满足地哼着。

没多久，她们彼此就很熟了，和笨拙的熊玩着游戏。她们拉它手上的毛，将脚放在它的后背上，将它滚来滚去。她们还用榛木枝抽打它，若它吼叫，她们就大笑。熊很乐意这样，只有她们太过分了，熊才会大叫一声："放了我吧，孩子们，你们要把你们的爱人打死吗？"

到了睡觉的时间，孩子们都去睡了，母亲对熊说："你可以躺在火炉边，这样你就可以免遭严寒和恶劣天气的侵袭。"黎明到来，两个孩子让熊走了，它小跑着踏过雪堆，走进了树林。

自此以后，熊每天晚上都会在同一时间到来，它躺在火边，让孩子们随意和自己玩耍。她们也习惯了有它的陪伴，只要这位黑朋友不来，她们就不闩门。

春天来了，屋外绿草茵茵。一天早晨，熊对雪白说："我现在必须得走了，整个夏天都不会回来了。"

"你要去哪里？亲爱的熊？"雪白问道。

"我必须得进树林里守护我的财宝不受邪恶的小矮人掠夺。冬天，大地冰封时，他们就只得待在下面，不能使坏。但是现在，阳光融化了一切，普照着大地，他们会破洞而出，出来窥探并且偷窃。一旦他们得手，将东西拖到他们的洞穴，就不那么容易再见天日了。”雪白对这次离别感到非常难过，她为熊打开门。熊出去时，碰到门闩，脱落了一块毛发，雪白好像看到里面有一道金光，但是她并不确信。熊很快跑掉了，不久就消失在树林中。

过了一段时间，母亲让孩子们去树林里拾柴火。在那里，她们发现了一棵砍倒的大树卧在地上，在树干附近，有东西正在草丛中来回地跳着，她们看不清那是什么东西。她们凑近一看，发现原来是一个小矮人，他的脸又老又干巴，雪白的胡须足有一尺长，胡子末端卡在树的缝隙处。小矮人像一条拴在绳子上的狗，不停地来回地蹦着，不知如何是好。

他用一对通红的眼睛盯着女孩们，大叫道："你们还站着干吗？就不能过来帮帮我吗？"

"你怎么给卡在那里了呢，小矮人？"玫瑰红问。

"你这个蠢东西，爱打听闲事的傻瓜！"小矮人回答道，"我本想劈柴做饭。我们就那么一点点食物，用大木头会把食物烧焦，我们可不像你们那些贪婪的人类似的吃那么多。我本来已经把楔子安全地打了进去，事事如我所愿，但是这可恶的木头太狡猾了，突然蹦了出来，树缝迅速合拢，我都没来得及拉出我美丽的胡须。现在树把我的胡须给卡住了，我出不去了，而你们两个愚蠢的、圆滑的家伙还有心情笑！呸！你们真是可恶透顶！"

姐妹俩使出了吃奶的劲儿也没能将他的胡子拉出来，胡子在里面卡得太紧了。"我去找人来。"玫瑰红说。

"你这个无知的笨蛋！"小矮人咆哮道，"你为什么要去找人来？你们俩就已经够了，你就不能想些更好的法子吗？"

"别着急，"雪白说，"我来帮你。"她从口袋里取出了剪子，一刀就剪断了胡子的末端。

小矮人刚一重获自由，就抓起放在树根下的一个装满了金子的袋子。

他一边拎着包，一边嘟嘟囔囔地自言自语："粗笨的人类，竟然剪掉了我美丽的胡须，祝你们坏运气！"说着，他将口袋甩到后背上，看都没看那姐妹俩，就走掉了。

姐妹俩拾完柴火后又去钓鱼。她们走近小溪时，看见一个像一只大蚱蜢似的东西在水前蹦跳着，眼看就要跳进水里去了。她们跑过去，发现是刚才的小矮人。

"你要去哪儿？"玫瑰红问。"你不会是想跳进水里吧？"

"我又不是傻瓜！"小矮人大叫，"你没看到是那条该死的鱼想把拖我进水里吗？"

原来小矮人本来坐在那里钓鱼，很不幸，一阵风将他的胡须和鱼线搅到了一起，而此时，一条鱼上钩了，这位手无缚鸡之力的小矮人可没有力气将鱼拉上来。鱼儿占尽了上风，拖着小矮人朝水里拉。小矮人拉着芦苇和灯芯草，但这毫无用处，他不得不跟着鱼的游动而上下跳动，随时有被拖进水里的危险。

姐妹俩来得真及时！她们紧紧抓住他，试图把他从鱼线中解救出来。但一切都是徒劳无功，胡须和鱼线紧紧地缠绕在一起。看来除了再次拿出剪子，剪断胡须，别无他法了。这样，小矮人的胡须又少了一截。

小矮人尖叫道："这是有礼貌的行为吗？你们这些毒虫，你们这是在令我出丑吗？剪过一次我胡须的末端还不够吗？现在你们又剪掉了胡须最漂亮的一段，我还有什么脸再去见人？滚，我希望你们跑得丢掉鞋！"说完，他便拿起放在草丛上的一袋珠宝，没再多费一句口舌，一步一拐地消失在石头后了。

不久后，孩子们的母亲让姐妹俩去镇上买一些针线和花边缎带回来。她们沿路来到一片荒芜之地，那里到处都布满了大块的岩石。她们注意到一只巨大的鸟在空中盘旋，围着她们慢慢地飞着。鸟儿越飞越低，最后，它落到了不远处的一块岩石上。

紧接着，她们听到一声哀怨的叫喊声。她们跑过去，恐怖地发现那只老鹰已经捉住了她们的老熟人——小矮人，正打算把他抓走呢。姐妹俩心中充满了同情，立刻抓紧了小矮人，和老鹰较量抢夺了很久。终于，它放开了这个战利品。

小矮人一放松下来就尖着嗓子大叫道："你们就不能更小心些吗？你们拽着我这棕色的外套，把它扯得全是洞，你们这些没用的笨蛋！"说完，他提起一袋宝石，又消失在岩石后，回到他的洞里。

姐妹俩此时已经习惯了他不知感恩的态度，没有理会他，仍然赶路去城里买东西。

回家的路上，她们经过荒地，把小矮人给吓了一跳。小矮人正在一片空地倒腾他装宝石的袋子，万万没有想到这么晚还会有人来。晚霞将石头照得通明，它们闪闪发光，发出五彩缤纷的颜色，姐妹俩静静地站在那里，看着这些宝石。

"你们站在洞穴那里做什么？"小矮人大叫道。他苍白如死灰的脸因愤怒变成了铜色。他还在不停地说着恶毒的话语，这时，只听一声咆哮，一只黑熊从树林里奔了出来，扑到他们跟前。小矮人害怕地跳了起来，但是他还没来得及逃回到洞穴里去，熊已紧逼眼前。他恐惧万分地大叫道："亲爱的熊先生，饶了我，我会将所有的财宝都给你。看，这些钻石多漂亮！放过我吧，我这把老骨头还有什么可值得期待的？我都不够给你塞牙缝的。来吧，吃掉这两个邪恶的女孩，她们很嫩，像小鹌鹑一样肥美，看在上帝的份上，吃掉她们吧！"熊没有在意他讲的话，它劈手给了这个可恶的家伙一掌，小矮人再也动不了了。

女孩们转身就逃，但是熊叫喊着让她们回来："雪白，玫瑰红，别害怕，等等，我和你们一起走！" 她们听出了它的声音，停下来等着它，熊来到她们跟前，突然，熊皮脱落了，一个英俊的男人站在那里，身着金色的衣服。

"我是一位国王的儿子，"他说，"那个邪恶的小矮人给我施了法术，他还偷了我的财宝。我不得不跑到树林里扮成一只野熊。他死了，我才能恢复原貌。现在，他得到了应有的惩罚。"

后来，雪白嫁给了他，玫瑰红嫁给了他的哥哥，他们平分了小矮人收集到洞中的财宝。老母亲平静、幸福地和孩子们生活了很多年。她将两棵玫瑰树移到了窗前，年年都能盛开出最美丽的白玫瑰和红玫瑰。

安徒生童话

Andersen's Tales

〔丹麦〕安徒生

主编序言

汉斯·克里斯蒂安·安徒生，1805年4月2日出生于丹麦欧登塞。父亲是一位补鞋匠，在安徒生11岁的时候去世。由于家境贫寒，安徒生没上过几天学，为了追求艺术，14岁时安徒生去了哥本哈根，希望在剧院谋得一份差事。后来历经无数挫折与艰辛，安徒生终于获得资助，重新返回学校，继续接受教育。安徒生的文学之路开始于1829年他创作的滑稽剧《从霍姆运河到阿玛岛东的徒步之旅》，后又陆续创作了话剧、诗歌和游记。1835年，安徒生的第一部小说《即兴诗人》大获成功。同年，他从自己的第一卷童话故事（即后来的《安徒生童话》）中发现了自己真正擅长的领域——起初他自己以及评论界都未真正认识到这一点。评论家对安徒生创作的童话充满不屑，认为他创作的童话故事的道德教育性不够清晰，语言也偏重口语。但孩子们只听一遍就喜欢上了它。

日复一日，年复一年，安徒生的童话故事逐渐有了固定的读者群体。除了童话，安徒生还创作了小说《奥·特》和《不过是个提琴手》，话剧《穆拉托人》，游记《一位诗人的集市》《在瑞典》《在西班牙》，以及诗集《亚哈随鲁》。这些作品的问世，使安徒生很快声名鹊起，闻名于丹麦国内外，受到了民众的热烈欢迎。1875年，安徒生体面而荣耀地离开了人世。

在生活方面，安徒生虚荣而多情。他的一生受困于虚荣与空虚，这远甚于生活中遇到的苦难。他曾看不起让自己家喻户晓的童话故事。但经过短暂的不适应，他终于大获成功。

奇怪的是，尽管安徒生自己并不喜欢孩子，但他却能够轻而易举地逗乐孩子。也正因为安徒生的这一才华，他的朋友才会建议他写一些逗孩子开心的书。他创作的童话故事很多都是民俗故事，离奇古怪，语言幽默生动，终让他在读者中赢得一席之地。

查尔斯·艾略特

丑小鸭

乡下真是美丽极了。正值夏日，麦田里金灿灿的一片，燕麦绿油油的，干草成捆成捆地堆放在绿色的牧场中。鹳鸟迈着它那又长又红的腿，踱着步，用埃及语咕哝着，这门语言还是从它了不起的妈妈那里学来的呢。田野和牧场的四周环绕着大片树林，树林中有些很深的池塘。乡下的风光真是明媚亮丽！

阳光照耀着农场，周围流着几条很深的小溪。从墙角一直到水里，都盖满了牛蒡的大叶子，大叶子长得那么高，小孩子们都可以直着身子在下面走过。这里很美，但有时也像浓密的树林里一样，寂寞无聊。一只鸭子坐在窝上，它得把几只小鸭子孵出来。不过鸭妈妈此时已经筋疲力尽了。很少有朋友来看它，相比起坐在牛蒡叶下和它闲谈，其他的鸭子们更喜欢在溪流中游泳。

最后，小鸭子们一个接着一个地破壳而出了。“噼！啪！”鸭蛋壳响起来，所有的小家伙都从蛋壳中露出了小脑袋。

“嘎！嘎！”它们争先恐后地大叫了起来，并在绿色的树叶下打量着四周。妈妈任由它们东张西望，绿色对它们的眼睛大有好处。

“世界真广阔啊！”小鸭子们说，外面的世界当然要比它们在壳里的生活宽广多了。

“你们认为这就是世界的全部面貌了吗？”妈妈问，“这个地方远远地延伸到花园的另一头，一直伸展到牧师的田地里，那才远呢！但是我从来没有去过那边。我想你们都在这里了吧？”鸭妈妈站了起来看了看窝里的蛋，最后失望地说，“没有，我还没把你们都孵出来呢，那个最大的蛋还躺在那里没有动静。它得躺多久啊？我真是有些烦了。”说着，它又坐了下来。

“那只蛋怎么啦？”一只来看它的老鸭子问道。

“这只蛋费了很长时间都孵不出来，”鸭妈妈坐着回答，“它老是不裂开。你看看其他的小鸭子吧，它们是不是你见过的最漂亮的鸭子？它们长得像它们的父亲。哼，那个坏家伙，都没有来看过我一次。”

“我来瞧瞧这个还没孵出来的蛋吧，”那位来访的老鸭子说，“这也许是一只火鸡蛋。我就上过一次当，它们带给我不少麻烦和苦恼，因为它们是那样的怕水。我跟你说，我简直没法让它们试一下水。我嘎嘎叫，唠叨地劝说，但都没有用。让我来瞧瞧这只蛋。没错，这就是一只火鸡蛋。就让它待在那里，去教其他的小鸭子游泳吧。”

“我想我还是再在上面多坐一会儿吧，”鸭妈妈说，“反正我已经孵这么久了，不妨再孵几天。”

“随你愿意吧。”老鸭子说着，就离开了。

终于，这只个头很大的蛋裂开了。“噼！啪！”小东西叫着，从里面爬了出来。这真是一只个头又大、面貌又丑的小家伙。妈妈看了看它。

“你的个头可真大，”它说，“其他的鸭子都不像你，难道这真的是一只小火鸡？好吧，我们很快就能知道真相了。”必须得让它下水，哪怕是我亲自把它推下水。

第二天，天气晴朗，万里无云，太阳照射着绿树林。鸭妈妈带着它的孩子们走向溪边。哗啦啦！它跳到了水中，“嘎！嘎！”它叫道，一只只小鸭子尾随着妈妈也跳了下去。水没过了它们的头顶，但它们很快就冒出了水面，熟练地游起泳来。它们的腿灵活自如，现在它们都在水里了，连那个很丑的灰色小家伙也和它们一起游着泳。

“不，它不是火鸡，”鸭妈妈说道，“看它的腿游得多灵活啊，它的平衡掌握得多稳。它是我的孩子！仔细看看它，它看起来也很顺眼呢。嘎！嘎！跟着我来，我要带你们去看看广大的世界，把养鸭场介绍给你们。但是你们一定要紧跟着我，这样就没人会踩到你们了，你们还要多多留神猫咪！”

于是，它们来到了养鸭场。那里一阵骚乱，两个家族间正因为一只鳝鱼头而争吵，而最终猫儿把它抢跑了。

“看到了吗，世界就是这个样子！”鸭妈妈说道。它咂吧着嘴，因为它也很想吃到鳝鱼头。“运用你们的腿，”它说，“这样你们可以跑得快些。如果看见那边的老鸭子，你们就要低下头。它是这里最受尊重的鸭子，它有西班牙的血统，所以才会那么丰腴。你们看到了吗？它的腿上有红色的布条，那代表了一种特殊的荣誉，那是一只鸭子能够享有的最大的殊荣：那个布条代表了人们不想失去它，动物们和人类都认识它。打起精神来，别把脚趾缩回去，一只很有教养的鸭子会伸出脚趾，就像爸爸妈妈一样。现在，弯下你们的脖子说一声‘嘎！’”

小鸭子们都照做了，但是其他的鸭子围着看它们，其中一只冒冒失失地说道：

“看啊，现在我们又有新客人了，好像我们这里的人还不够多！呸！那只鸭子看起来多丑。我们不能忍受有这样的同类！”它冲最后出壳的灰色小家伙拍了拍翅膀，啄了一下它的脖子。

“请别理它，”鸭妈妈说，“它不会伤到任何人。”

“对，但它太大个了，太特别了，”啄它的鸭子说，“因此必须要制服它。”

“鸭妈妈生的可爱的孩子们都在那边，”腿上有布条的老鸭子说，“除了那只以外。其他的小鸭子们都很漂亮。那只很不幸，我希望鸭妈妈能再孵一次它。”

“那是不可能的了，夫人。”鸭妈妈回答道，“它是不太漂亮，可是它的性格很好，它游泳的技术像其他小鸭子一样好。是的，我甚至可以这么说，它游得比其他小鸭子还要好。我想它会越长越漂亮的，只是需要一点点时间罢了。它在蛋壳里躺得时间太久了，因此模样有点不太自然。”鸭妈妈理了一下它脖子里的绒毛。“它还是只公鸭呢，”她说道，“因此模样并不重要。我想它会很结实，它已经有自己的出路了。”

“其他的小鸭子都很端庄。”老鸭子继续说道，“如果你找到了鳝鱼头，就将它给我好了。”

现在，它们像在家里一样自在了，但是那只最后一个才从蛋壳中爬出来的小鸭子看起来太丑了，它被很多鸭子和小鸡咬来咬去，被它们排挤、被嘲笑。

“它的个头好大啊！”大家都这么说。有只出生时脚上就有距的火鸡，觉得自己是个帝王，把自己吹得像一只鼓帆的船。它径直来到丑小鸭的面前。它瞪着大眼睛，脸上涨得通红。可怜的丑小鸭不知道应该站在什么地方，这真使人悲伤，因为它长得那么丑陋，是整个鸭院里嘲笑的对象。

第一天就是这样的情形，以后的日子越来越糟。大家都想赶走这只可怜的鸭子，甚至它的兄弟姐妹们也很生它的气。它们说道：“如果猫来了，也只会抓你，你这只难看的怪物！”鸭妈妈说：“要是你能走远些就好了！”鸭子们啄它，小鸡们也啄它，喂家禽的女佣也用脚踢它。

最后，它飞过篱笆逃走了。灌木中的小鸟一见到它，害怕地飞了起来。

“这一切都是因为我很丑！”鸭子心想，它闭上眼睛，向更远处飞去。它飞到了一片大沼泽地里，那里住着野鸭子。它在那里躺了整整一夜，又疲倦又沮丧。

第二天早晨，野鸭子们都飞起来了，这时，它们看到了新的伙伴。

“你是谁？”它们问道。小鸭子深深地弯下了腰行礼。“你可真够丑的！”野鸭子们说道，“但这对于我们来说无关紧要，反正你又不会和我们家族中的成员结婚。”

可怜的小家伙！它当然想都没想过什么结婚，它只是希望在芦苇中躺会儿，喝些沼泽中的水。

它躺了两天，从那边又来了两只野雁，准确地说，是两只公雁。它们爬出蛋壳应该没有多久，因为它们非常调皮。

“听着，伙计，”一只野雁说道，“你太丑了，但是我喜欢你。你愿意做只候鸟，和我们一起飞走吗？离这里很近的地方，另外有一片沼泽地，还有几只可爱的甜心野雁，都未婚，都能够说‘嘎’。你虽这么丑，却也还有机会遇到佳人。”

“噼！啪！”空中回响着大雁的叫声，两只大雁一头扎进沼泽里，水变成了血红色。“噼！啪！”又是一阵响声，整群野雁都从芦苇中飞了起来。原来猎人正在进行一场声势浩大的打猎活动。猎人埋伏在沼泽四周伺机而动，一些人甚至坐在伸向芦苇上空的树枝上。升起的蓝色烟雾像云块似的在黑色的树间缭绕，慢慢在水面上向远方飘去。猎狗们来了，扑通，扑通！它们来到了沼泽里，灯芯草和芦苇向四周倒去。这可吓坏了可怜的丑小鸭！它转过头，将头藏在翅膀下，但是就在这个时候，一只凶猛的大狗站在了丑小鸭的身旁。它的舌头长长地吊在嘴巴外面，眼睛里闪烁着可怕而残忍的光芒。它的鼻子顶在了丑小鸭的身上，露出尖利的牙齿。扑通，扑通！它跑开了，并没有把它抓走。

“噢，谢谢老天！”丑小鸭叹息道，“我实在太丑了，连狗都不愿意咬我！”

它安静地躺下来，子弹穿过芦苇，发出一声声的枪响。终于，一天结束了，四周都静了下来。但是这只可怜的丑小鸭还是不敢站起来。它等了几个小时后才敢向四周环顾一下，然后夹着尾巴以最快的速度逃出了这片沼泽地。它跑过田地和牧场，这时狂风怒吼，很难从一个地方跑到另外一个地方。

天黑前，丑小鸭来到了一个简陋的农家小舍里。这间小屋残旧不堪，不知道哪边随时会倒塌，但好在它没有倒。狂风在丑小鸭周围怒吼着，可怜的小家伙不得不对着它坐下了。风力越来越强，丑小鸭注意到门上的一个链子脱落了，大门倾斜着，它可以从空隙钻进屋子里去，它也这么做了。

屋里住着一个女人、一只猫和一只母鸡。猫的名字叫索妮，它能弓腰、咪咪叫，它的身体还能迸出火花来——不过要这么做，就得倒摸它的毛。母鸡的腿相当短，主人叫它小短腿。它源源不断地生鸡蛋，女主人对它视如己出。

早上，他们立刻注意到了来历不明的丑小鸭，猫咪咪叫，母鸡也咯咯地叫了起来。

“它是谁？”女主人问道，她向四周看了看。但是她的视力不太好，以为丑小鸭是一只迷了路的肥鸭子。“这真是个难得的奖赏！”她说，“我就要有鸭蛋吃了。我希望它不是一只公鸭。我们试试看。”

就这样，丑小鸭留下来接受了三个星期的实验，但是它一只蛋都没生出来。猫是屋子的绅士，母鸡是夫人，他们一张嘴就总是说“我们和这个世界……”他们以为他们就是半个世界，而且还是更好的一半呢。丑小鸭有不同的观点，但是母鸡却不允许它这么想。

“你能生蛋吗？”它问。

“不能。”

“那你就闭嘴吧！”

猫说：“你能弓腰、咪咪叫、迸出火花吗？”

“不能。”

“那当聪明的人说话时，你就不应该发表任何意见。”

丑小鸭坐在角落里，意志消沉。它想起了新鲜的空气和阳光，突然有一种奇怪的渴望：它想去水里游泳。它情不自禁地将这种想法告诉了母鸡。

“你为什么会有这种想法？”母鸡叫道，“你无事可做，所以才会有这些怪念头。你生个鸡蛋，或者咪咪叫，那么你就不会有这些怪念头了。”

“但是能够在水里游戏可有趣了！”丑小鸭说道，“一跃钻到水底，水没过头顶，那是多么痛快啊！”

“是的，那肯定很痛快，”母鸡说，“我想你一定是疯了。问问猫的观点吧，它是我认识的朋友中最聪明的动物。你问问它是否喜欢在水里游泳，问问它是否喜欢跳水、钻进水里，我不会妄自尊大讲自己。你问问我们的女主人，那个老女人，世界上再没有比她更聪明的人了。你认为她会想去游泳，让水没过她的头顶吗？”

“你无法理解我。”丑小鸭说。

“我们不理解你？那请问谁能理解你？你当然不会假装要比猫和女主人更聪明吧？我就不提自己了。别自欺欺人了，孩子，全心全意地感谢上帝吧，感谢你得到的一切吧。你难道不是住在一间温暖的屋子里，有了一些朋友？你也许会学到东西，但是你很爱闲聊，和你相处真是不愉快，你可以相信我，我说的都是为了你好。只有这样，你才知道谁是你真正的朋友！只要用心学会生蛋，或者咪咪叫，或者迸出火花！”

“我想我还是去广阔的世界闯荡一番吧。”丑小鸭说。

“好吧，你去吧。”母鸡回答道。

丑小鸭离开了。它一会儿在水里游着泳，一会儿钻进水里去，但因为它面貌丑陋，每个动物都不喜欢它。

秋天到了，树林里的叶子变成黄色和棕色。风卷起它们跳着舞，寒风凛冽。云沉重地载着冰雹和雪花，低低地悬着。乌鸦站在篱笆上冻得大叫着：“呱！呱！”是的，只要想想，就足以使人感到寒冷了。可怜的丑小鸭活得很艰难。

一天晚上，太阳正在收回它的光芒，有一大群漂亮的鸟从灌木丛中飞起。它们是那样炫目，雪白的颈项又白又柔软，它们是天鹅！它们发出奇特的叫声，展开美丽的长翅膀，从寒冷的地带飞向温暖的国度，飞向不结冰的湖上去。它们飞得那么高、那么高！丑小鸭注视着它们的时候，有种奇怪的感觉。它在水里像轮子一样转来转去，向它们伸长了颈项，也发出了奇怪的叫声，它的声音之大，自己听了都觉得害怕。噢！那些美丽、快乐的鸟儿让人见了就再也不能忘怀。很快，它就看不见它们了，它一头扎到水底，再次冒出水面之时，却感到非常空虚。它不知道这些鸟的名字，也不知道它们要飞向哪里，但是比起别的动物，它最爱它们，它并不嫉妒它们。它怎么能奢望像它们那样可爱呢？如果鸭子能够忍受它做伴，它就心满意足了，这只可怜的丑小鸭啊！

冬天来了，天气变得越来越冷了。丑小鸭被迫去河里游泳，预防河面全被冻上冰。但是它可以游泳的洞口一晚比一晚小，水冻得厉害，冰又碎裂了。丑小鸭不得不用它的腿不停地游动，以免水冻成冰。终于，它筋疲力尽，躺下一动不动，和冰块冻结在一起。

第二天一早，一位农民路过这里，他看到水面上被冻坏的丑小鸭，赶快脱下他的木鞋，凿开了冰，把丑小鸭带回了家，交给了妻子。丑小鸭苏醒了过来，孩子们想和它玩耍，但是丑小鸭以为他们是要伤害它，它恐惧地拍着翅膀打翻了牛奶锅，牛奶洒了一屋子。女主人拍着手掌，丑小鸭飞到了奶油桶里，又钻进了面粉桶中，最后又飞了出来。此时它的样子才好笑呢！女主人尖叫着，用火钳夹它，孩子们去抓丑小鸭，挤作一团，他们大笑着、尖叫着，房门是打开的，可怜的小家伙钻进灌木丛中新下的雪里面去。它躺在那里，累极了。

如果我将丑小鸭是如何忍受严寒，过得又凄惨、又忧虑的情形讲出来，那这个故事未免也太悲伤了。所以，我就不讲了。它躺在沼泽地里的芦苇中，太阳又照耀着它，百灵鸟唱起了歌：美丽的春天到来了。

丑小鸭立刻拍了拍翅膀，翅膀在空中扇动得越来越有力，它不知不觉地飞进了一片美丽的花园里。年长的树闻起来是那么香甜，它又长又绿的树枝垂到弯弯曲曲的溪流上。噢，这里真是美极了，充满了春天的气息！从灌木丛中游来了三只夺目的白天鹅。它们拍动翅膀，在水中优雅地游泳。丑小鸭认出这些高贵的天鹅，心里特别的忧伤。

“我要飞向它们，飞向这些高贵的鸟儿。它们会打我，因为我是这么丑，还胆敢靠近它们。反正结果都一样，被它们杀死也强过被鸭子咬，也好过被鸡群啄，也胜过被照管院子里家禽的佣人用脚踢，也比在冬天忍饥挨饿强！”它飞到水中，向美丽的天鹅游去，这些鸟看着它，张开翅膀迎它，向它游了过来。“杀了我吧！”可怜的小家伙说道，它将头垂到水上，等待着死亡。但是它在清澈的水中看到了什么？它看到了自己的影子。瞧！它不再是笨拙的、深灰色的、又丑又令人讨厌的鸭子了，而是一只天鹅了！

只要你曾经在一只天鹅蛋里待过，就算是出生在养鸭场里也没有什么关系。

它感到无比快乐，过去遭受的那些不幸都不算什么了，现在它意识到幸福和美好包围着它。高雅的天鹅围绕着它，用它们的嘴抚摸着它。

花园里来了几个小孩子，他们向水中抛来了面包和谷物。最小的孩子大叫道：“看啊，新来了一只天鹅！”其他的孩子也都快乐地大叫道：

"没错，又来了一只新的天鹅！"他们拍着手、跳着舞，向爸爸妈妈跑去。他们往水中扔进了面包和蛋糕，大家都说："这只新来的天鹅是最漂亮的！那么年轻、那么英俊！"那些年长的天鹅们在它面前也低下了头。

它很难为情，将头藏在了翅膀中，不知道应该怎么办才好。它是如此的快乐，但却一点也不骄傲。它想起曾经怎样受人迫害、被人轻视。而现在，它听到大家说它是所有鸟中最美丽的一只，甚至老树都在它面前弯下树枝垂到水里去，它开心极了。太阳温暖而轻柔地拂照着，它拍动的翅膀沙沙作响，它伸直修长的颈项，发自内心地叫道：

"当我还是一只丑小鸭的时候，从来也没梦想过会有这么快乐！"

猪倌

从前有一个贫穷的王子，他有一个很小的王国。不过王国虽小却足够供他娶妻，他也正希望结婚。

他也真够大胆，竟然直接问皇帝的女儿说："你愿意嫁给我吗？"他就是这么说的。因为他的大胆，他的名字远近闻名，有上百位公主都愿意嫁给他。但他只向皇帝的女儿求婚。我们来看看他是怎么做的吧。

在这位王子的父亲的坟前长着一棵玫瑰树，那是一棵最美丽的玫瑰树。这棵树五年才开一次花，而每次只开一朵。但是这朵花是那么特别，它那么香甜，能让人忘记所有的悲伤和烦恼。除了这特别的玫瑰花，王子还有一只夜莺，它唱起歌来婉转动听，好像小小的喉咙里藏着世上所有的和谐曲似的。王子把这两样东西放到两个大银匣中，再把它们送给自己爱慕的新娘——皇帝的女儿。

皇帝命人将两件礼物送进了大殿，公主正和侍女们玩着"拜访"的游戏，因为她们没有别的事情可做。公主看到大银匣时，快乐地拍起手来。

"啊，如果里面是只毛茸茸的小猫该多好！"她叫道。可是眼前却出现了一朵美丽的玫瑰花。

"噢，这朵玫瑰做得多么漂亮啊！"所有的侍女说道。

“它不仅仅是漂亮，”皇帝说道，“它惊艳四方！”

但是公主摸了摸它，差点哭出来。

“呸，爸爸！”她说，“这只玫瑰不是人工做的，它是真的！”

“呸！”侍女们都叫道，“它居然是朵真花！”

“我们先不要生气，再来看看另一只箱子里的东西。”皇帝建议。夜莺出来了，它快乐地唱起歌来。他们惊呆了，都说不出话来。

“动听极了！太有魅力了！”侍女们都叫道，她们都习惯了说法语，但一个比一个说得差。

“这只鸟让我想起死去的皇后的八音盒！”一位老侍臣说道，“啊，是的！完全是一样的声音、一样的唱法。”

“是的！是的！”皇帝说着，像个小孩子似的哭了起来。

“我依然希望这不是只真鸟。”公主说。

“但它是只真鸟。”送礼物的人说道。

“好吧，那就让这只鸟飞走吧。”公主转过身，她拒绝见王子。

然而，王子并没有泄气。他将脸涂成灰色和黑色，将帽子拉下来盖住耳朵，敲了敲皇帝的宫殿的门。

“日安，皇帝！”他说道，“我能在宫殿中找份差事吗？”

“噢，想找事的人太多了！”皇帝说，“让我想想。我想找个人照看猪，我们这里有很多头猪。”

于是王子被封为“皇家猪倌”。他的房间又小又脏，紧挨着猪圈。他整天坐在那里工作着。到了晚上，他做了一个漂亮的炖锅，炖锅周围挂了很多小铃铛。锅烧开时，这些铃铛就发出最动人的声响，演奏着和谐的音调：

“啊！你最亲爱的奥古斯汀！

“一切都消逝了，消逝了，消逝了！”

这个锅不但能唱歌，更巧妙的是，不管谁将手指伸向炖锅的蒸汽里，立即就会闻到城里每一个灶上所煮的食物的味道。你瞧，这个锅和玫瑰花比起来，可是大不相同的。

有一天，锅子烧开正在唱歌的时候，公主正巧路过。当她听到音调时，静静地站着，显得很高兴。因为她也能够弹奏《亲爱的奥古斯汀》，这也是她唯一会弹奏的曲子，不过她可是用一个指头来弹的。

“这是我会弹的曲子！”公主说，“那个猪倌一定受过很好的教育！去！进去问问他这个乐器的价钱。”

一个侍女进去了。“你的炖锅要多少钱？”侍女问。

“公主给我十个吻就行。”猪倌说。

“我的天啊！”侍女说。

“没错，少一个吻都不行。”猪倌说。

侍女出来了，公主问：“怎么样，他说什么？”

“我真的不能传达他的话，”侍女回答，“这太可怕了！”

“那你可以小声告诉我！”于是侍女低声说了。

“他真是个鲁莽的家伙！”公主说着便走开了。但是她还没走多远，美妙的铃铛声又响了起来。

“啊！你最亲爱的奥古斯汀！

“一切都消逝了，消逝了，消逝了！”

“等一下，”公主说，“去问问他是否愿意让我的侍女给他十个吻。”侍女去了。

“不行，谢谢！”猪倌回答，“让公主给我十个吻，否则我就自己留着炖锅了。”

侍女将他的话回复了公主。“那样都不行！”公主说，“那你们都站在我前面，这样就没人看见我吻他了。”

侍女们全都站在了公主面前，展开裙子。猪倌得到了公主的十个吻，公主也得到了炖锅。

她们都雀跃不已！炖锅整个晚上都在煮着东西，第二天也是如此。她们清楚地知道城里每家灶上都在煮着什么饭菜，从大臣到补鞋匠家里所煮的东西，她们全都知道。侍女们都跳起舞，拍起手掌。

“我们知道今天谁家做汤，谁家吃煎饼，谁家在炸肉，谁家在煮蛋。多么有意思啊！”

“多有意思啊！”侍女们附和说。

“是的，但是请替我保守秘密，因为我是皇帝的女儿。”

“上帝保佑我们！”大家齐声说。

这个猪倌，也就是王子，整天都在工作着。最后，他做了一个能发出嘎嘎响的玩具。只要旋转，它就能奏出自开天辟地以来最美妙的华尔兹舞曲和吉格舞曲。

“啊，真是好听极了！”公主走过时说道，“我从来没听过这么动人的曲子！去问问他乐器的价格，但是我不会再吻他了！”

“他要求公主给他一百个吻！”去问话的侍女回来说道。

“我想他是疯了！”公主说着就走开了。但是她走了没多远，就又停住了脚步。“我们应该鼓励艺术，”她说道，“我是皇帝的女儿啊！告诉他，像上次一样，他会从我这里得到十个吻，剩下的吻会从侍女那里得到。”

“噢！但是我们不愿意干这种事情！”侍女们齐声说。

“你们在咕哝什么？”公主问，“如果我能够吻他，你们当然也可以！记住，是我给你们饭吃，给你们钱花的。”于是侍女不得不又去找猪倌。

“我要公主一百个吻！”他说，“否则就不用谈什么交易了。”

最后，公主说道：“你们站成一圈！”所有的侍女都围成一圈站着，他们开始接吻。

皇帝正巧来到阳台上，看到一群人正围着猪倌和公主。“这群人在做什么？”他问道。他揉揉眼睛，戴上眼镜。“原来是侍女们，她们在搞什么鬼，我必须去看看她们到底在干什么！”他提上鞋后跟，本来后跟已经被踩塌了。

他来得多快啊！

他到了宫殿里，脚步放轻，侍女们都正全神贯注地数着吻的数目，为的是公平交易，因此没有注意到皇帝的到来。皇帝踮起了脚尖。

“这是怎么回事？”他问。他看到了眼前发生的一切，猪倌此时正吻到了八十六下，皇帝用鞋在公主的耳边打了几下。

“你走吧！”皇帝叫道，他非常生气，公主和猪倌都被赶出了城。

公主抹着眼泪，猪倌也抱怨着。

“噢，我多么可怜啊！”公主说，“如果我嫁给了年轻的王子该多好！啊！我是多么不幸啊！”

猪倌走到了树后面，洗掉了脸上的黑灰色，扔掉了脏衣服，换上了王子的长袍，走了出来。他看起来那么高贵，公主情不自禁地在他面前鞠了躬。

“我现在很瞧不起你，”他说，“你不要一位尊贵的王子！你也不欣赏玫瑰和夜莺，但是你却为了无用的东西去和猪倌接吻，这是你应得的报应！”

他回到自己的小王国里，在她面前关上了宫殿的门。现在，她也许还在唱着：

“啊！你最亲爱的奥古斯汀！

“一切都消逝了，消逝了，消逝了！”

皇帝的新衣

许多年前，有一个国王很喜欢穿新衣服，差不多把所有的钱都用在买衣服上了，他几乎每过一个钟头就要换一件衣服。由于醉心于各种衣服，他从不关心他的士兵，对演出也不感兴趣，成天想的就是出门夸耀他的新衣服。每当别国人民谈到他们的国王，都是说：“他在开会。”可是在这个国家里，大家总是说：“他在换衣服。”

国王的城市繁华热闹，常有三教九流混迹于此。有一天，有两个骗子来到这个国家。这两个骗子化装成织布匠去见国王，说能织出世界上谁也没见过的一种布。

“国王，”一个骗子说，“这种布不但图案美丽、色彩鲜艳，而且有一个特色——就是非常愚蠢或不称职的人是看不见它的。”

国王心想：“这衣服不错，如果我穿上它，我就能发现谁不称职，也能分辨出哪个聪明，哪个愚蠢。好的，赶快给我织好。”国王给了两个骗子不少钱，让他们赶快开工。

于是两个骗子竖起两架织布机，假装开始忙活起来。实际上织布机上什么都没有。他们要来最好的丝绸和最贵的金子，装进自己的口袋里，还一直在空织布机上忙到深夜。

过了一些日子，国王心想："不知道他们两个把布织得怎么样了？"

他很想去看看，可是他一想到愚蠢的人或才能跟职位不配的人看不见这种布的事，心里又有点不安。国王明白自己没什么好担心的，但还是自言自语地说："最好先派我的宰相去看看。他的学问和才能都比别人高。此外他对我又是最诚实的，从来没说过谎话。派他去看，是再可靠不过了。"城里所有人都知道国王正在让人纺织一种神奇的布料，同时他们也想知道自己的邻居是不是很愚蠢。

忠诚的宰相走进了织布机房。两个骗子指着空空的织布机，问他这种花样儿好看吗？那种颜色美丽吗？宰相看不见织布机上有什么，但是他不愿意让国王认为他是个愚蠢的人，不配做宰相。所以他说："嗯，好极了，这种花样儿很别致，颜色也好看。我要告诉国王，说我很满意，你们织的这种布是我从来没见过的、最新奇的布！"

"好的，很开心听您这么说。"于是他们命名了花色，解释了花样图案的奇特之处。老宰相认真地听着，以便能够回去复述给国王听。他也确实这么做了。

两个骗子趁机提出需要更多的钱、丝绸和金子来织布。他们把这些金银装进兜里，然后继续装腔作势地忙活着，其实根本没有一针一线。

又过了些日子，国王派了他的侍从官到织布房去看。

侍从官所看到的情形跟宰相看到的一样，织布机上连一根丝也没有。"啊，我一定是不配做侍从官。"他想，"真糟糕！不过我不能让国王知道我的能力不够。"

两个骗子说道："这布料摸起来是不是很柔滑？"他们接着绘声绘色地向侍从官描述着这压根就不存在的衣服。侍从官心里说道："我才不蠢呢，或许是我有点不能胜任自己的职位罢了，我可不能让别人看出来。"因此他也称赞这两个骗子织的布非常好看，回去以后就对国王说："国王，你见了一定会喜欢。那种布太美丽了！”

全城的人都在谈论着这件与众不同的衣服。趁衣服还未织完，国王自己也想亲自去看看。他挑选了一干精锐人马，也包括前面两位已经去过的官员，去看这两个忙得热火朝天其实什么也没有做的骗子。

两个去过的官员发出赞叹道：“这难道不是很光彩夺目吗？尊敬的陛下，您看看这图案和颜色！”他们指着织布机说着，心里想着估计对方能看到吧。

“衣服在哪里啊？”国王心里也嘀咕着，“我什么也看不到，太可怕了！难道我很愚蠢吗？难道我不适合做国王吗？这可太糟糕了！”

“是的，确实华彩夺目啊。”国王装出满意的神色盯着空空的织布机说道，“用再华丽的辞藻也无法形容这件衣服的美丽。”

后面的随从也都睁大眼睛看着，尽管看不到一根线、一尺布，但也都附和着国王：“确实很富丽华贵，国王应该穿着这件衣服参加即将举行的盛大游行。”人人交口称赞，国王也赐封两个骗子为皇家宫廷裁缝。

两个骗子日夜赶工，燃起十六支蜡烛。人们看到他们连夜把衣服做好了，然后从织布机上取下布匹，用剪刀裁剪尺寸，穿针引线，最后他们说道：“大功告成了！”

他们请国王脱光衣服，然后做出拿着新衣服给国王穿的样子，说：“看，这是内衣，这是衬衫，这是外套，这种美丽的布像蜘蛛网一样轻巧。穿了就跟没穿一样。不过，这正是这种布的特点。”

游行的时间到了，全城的人都争着来看国王的新衣服。他们各个都说：“国王的新衣服好漂亮啊！世界上再也没有比这更漂亮、高贵的衣服了！”

国王越来越高兴。可是就在他最得意的时候，人群中突然有一个小孩儿叫了起来：“国王明明光着屁股嘛！他身上什么都没穿！”小孩儿一直跟妈妈吵闹着：“难道你们都没看见吗？国王明明没穿衣服，你们为何还一直称赞国王的衣服美丽呢？”大家于是都跟着说：“国王确实什么也没穿！”这话让国王震惊了，因为事实上他们看起来是对的。但是他对自己说：“我得走完这个过程。”因此他挺了挺胸膛，大臣们也更加用力地托着那件根本不存在的衣服。

海的女儿

在大海的远处，水是那么蓝，就像最美丽的矢车菊花瓣，水又那么清澈，就像最纯净的玻璃。但是海水很深很深，深得任何锚链都达不到底。要想从海底到达海面，得让很多很多的教堂尖塔一个一个连结起来才行。海底世界里的人们就住在这下面。

你们千万不要以为海底除了铺满了白色的沙粒以外就什么都没有了，那里生长着最奇异的树木，它们的枝条和叶子柔软万分，只要水轻微地流动一下，它们就会摇动起来，好像它们是活着的东西。所有的大小鱼儿在树叶中游来游去，一如在树丛中飞行的鸟。在海底的最深处，坐落着海底王国的城堡。它的墙是由珊瑚砌成的，它那高高的哥特式窗户是用最纯净的琥珀做成的。屋顶上铺着贝壳，它们随着水的流动自动开合，这看起来可爱极了。每一只贝壳中都有一颗闪闪发光的珍珠，哪一颗都可以成为皇后王冠上最重要的装饰品。

住在那下面的海国王做了很多年的鳏夫，他的老母亲一直为他管理家务。她是位聪明的女人，对自己的高贵出身总是很骄傲，她的尾巴上戴了一打的牡蛎——其余的贵族只能戴半打。除此以外，她最被人称誉的是，她非常喜爱她的孙女们——那些小海洋公主。她们是六个漂亮的孩子。她们之中，最小的那个也是最美丽的。她的皮肤就像玫瑰花瓣般光滑细嫩，她的眼睛像最深的海洋一般碧蓝。但是，和其他公主一样，她没有腿，她身体的下半部分是一条鱼尾巴。

海公主们把大把的时间都消磨在城堡里，消磨在墙上有花生长出来的大厅里。大大的琥珀窗户打开着，鱼儿们向她们游来——就像我们打开窗户，燕子会飞进来一样。鱼儿们径直游向公主们，吃掉她们手里的食物，让她们轻抚自己。

在城堡外面，是一大片花园，里面盛开着很多火红和深蓝色的鲜花。水果闪闪发光像金子般，花朵开得像火焰。它们不停摇摆着枝干和叶子。

地上全是最细的沙子，但是蓝得像硫磺发出的火焰。在那里的每样东西都闪烁着奇异的蓝色光彩，你会认为自己是在高高的空中，而不是在深深的海底，你的四周全是蓝天。海沉静的时候，你可以看见太阳，它看起来像是一朵紫色的花，光芒四射。

每位海公主在花园里都有一块小地方，她们可以在那里种自己喜欢的植物。有的把自己的花圃布置成鲸鱼的形状，有的将她的花圃布置成美人鱼。但是最小的公主把自己的花圃布置得圆圆的像一轮太阳，她也只种像太阳一样红的花朵。她是个古怪的小孩，很安静，总是静静地想着什么，当其他的姐姐们用在沉船里找到的东西装饰她们的花园的时候，她除了种像太阳一样红的花朵以外，只愿意要一个漂亮的大理石雕像。这是一个英俊的男子的肖像，用一块洁白的石头雕刻而成，随船一起沉到海底的。她在这个雕像旁种了一株像玫瑰花一样粉红的垂柳。树木长得很茂盛，新鲜的树枝垂向雕像，一直垂到蓝色的沙地上去。它的倒影有一种绚丽的紫蓝色。这影子像枝条一样从不静止，看起来好像是树枝和树根一起玩着彼此亲吻的游戏。

她最大的快乐是听关于上面人类世界的故事。老祖母给她讲了所有自己知道的关于船只和城镇、人类和动物的事。特别使她感到美好的是：地上的花朵能够散发出芳香，而海底的花朵是没有香味的；地上的树木是绿色的，在树间游来游去的鱼儿能大声、清晰地唱歌，叫人感到愉快。祖母所说的“鱼儿”就是小鸟，如果她不这么说的话，公主就听不懂她的故事了，因为她从来都没有见过一只鸟。

“等你到了十五岁，”祖母说，“你就可以浮到海面上去，坐在月光下的岩石上，看着巨大的船只驶过你身边，你还会看到树林和城镇。”

第二年，她们中的一个姐妹就年满十五岁了——其他姐妹一个比一个小一岁，所以最小的公主还要足足等上五年才能够浮到海面上去，来看看我们的这个世界。不过每一位都答应下一位说，她要把她第一天所看到和发现的东西讲给大家听，祖母讲得太少了，不能满足她们了——她们有多少想知道的事情啊！

但是，她们谁也比不上最小的妹妹更渴望知道这些事情，而她却要等上最久的时间，同时她是那么沉默和富于深思。多少个夜晚，她站在开着的窗前，透过深蓝的海水仰望着那些鱼儿用鳍和尾巴拍打出的浪花。她能够看到月亮和星星——当然了，它们闪烁的光亮很微弱，但透过海水，它们看起来比在我们人类眼中看到的要大得多。假如有一片黑云一样的东西在它们下面飘过去的话，那也许是一条鲸鱼从她的头顶游过，也或许是一艘载着很多旅客的船只驶过。人类当然想象不到，在他们下面有一位美丽的美人鱼，正朝他们船只的龙骨伸出她那洁白的双手。

现在，大公主已经满十五岁了，她可以浮到海面上去了。

她回来的时候，简直有无数件事情要讲述，但是她说最美妙的事情是，平静的海面中，在月光下，躺在沙滩上，凝望邻近的海岸那边的大城市。那里灯光通明，像无数的星星在闪烁，听着音乐和嘈杂声，听着马车以及人类的喧闹声，看着教堂的尖塔，听听钟声。正因为她不能去那里，所以她也就更渴望那些东西。

噢，最年幼的公主听得多专注啊！后来，她站在敞开的窗前，透过深蓝的海水向上看，她想象着大城市里的人声鼎沸，她仿佛能听见教堂的钟声向她这里飘来。

第二年，二姐得到了许可浮上水面，随她喜欢任意遨游。她来到水面后，太阳刚刚落下。她说，这种景观，是最震撼人心的。整个天空仿佛镀了金色，就连云彩，她也不能恰当地描述出它们的秀美。它们从她的头上飘过，紫色和蓝紫色相互呼应，但是比云彩飞得更快的是几只野天鹅，像是一条白色的长长的面纱，掠过水面，向太阳飞去。她也向它们游去，但是太阳落山了，玫瑰色的晚霞，慢慢地在海面和云彩间消逝了。

第三年，第三个姐姐也浮上了水面。她是姐妹中最勇敢的，因此她游到了一条宽广的溪流中，潺潺的流水直接汇入了大海里。她看见了雄伟绿色的青山，漫山都种满了葡萄。宫殿和城堡在郁郁葱葱的树林中时隐时现。她听到了各种鸟儿的唱歌声，阳光照在她身上是那么温暖，她经常要跳到水中，清润一下她灼热的脸庞。在一个小河湾里，她发现了一群小孩子。他们都光着身子，在水里游来游去。她很想和他们一起玩，但是他们吓了一跳，飞奔着跑掉了。一只黑色的小动物走来了，原来是条狗，它冲美人鱼凶恶地叫着，她变得害怕起来，赶紧跳到大海中。但是她永远也忘不了那夺目的树林，绿色的山脉，在水中嬉戏的可爱的小孩子们，尽管他们没有鱼尾巴。

第四个姐姐胆子很小，她停留在了荒凉的大海中，她说那里才是最美的。你可以向四周很远很远的地方看去，天空悬挂在上面，像一个玻璃钟。她看见了船只，只是远远地看着，它们看起来像是一只海鸥。快乐的海豚翻着筋斗，庞大的鲸鱼从它们的鼻孔里喷出水来，看上去像是在举行一场喷泉表演。

现在终于轮到第五个姐姐了。她的生日是在冬天，所以她能看到其他姐姐们第一次浮出海面时没有见过的景象。大海染上了碧绿色，巨大的冰山漂浮在海面上。她说每一座冰山看起来就像是一颗珍珠，但还是比人类修建的教堂尖塔高出很多。它们的形状千奇百怪，有的像钻石一样发出光彩。她自己坐在最大的一座冰山上，让海风吹拂着她的长发。所有航行的船只都急速航行，绕过她坐着的地方。但是到了晚上，天空乌云密布，雷电交加，黑色的巨浪高高地掀起了巨大的冰块，在红色的雷电中闪着光。所有的船只都收了帆，到处都充斥着恐惧和惊惶。她在漂浮着的冰山上安静地坐着，望着蓝色的闪电，弯弯曲曲地射进反光的海中。

每一位美人鱼公主，在第一次浮上海面时，都惊讶于自己所看到的新奇景观。但是现在，她们都已经长大了，可以去任何她们想去的地方了，这些美景对她们来说也就不再稀奇了。她们还是希望回到家里来，她们说还是住在大海里最好，还是在家里最舒服！

黄昏的时候，五个姐妹手挽着手浮出海面。她们唱着动听的歌——她们有着人类所没有的天籁之音。当暴风雨就要来临的时候，当她们觉得在大海上航行的船即将沉没的时候，她们就游到船边，唱着动听的歌曲，歌唱海底的美妙，劝告水手们不要害怕到来的厄运。但是水手们听不懂她们的歌声，还以为是暴风在叹息。如果船沉了，他们只会淹死，根本看不到海底世界的华丽景观，就算来到海国王的宫殿，他们也都变成了死尸。

一天傍晚，五个姐妹又手挽手浮出海面，最小的妹妹独自站着瞧着她们。她好像要哭了一样，但是美人鱼没有眼泪，因此她更感到难过。

“啊，如果我已经十五岁了该有多好！”她说，“我知道我会非常爱上面的世界，喜欢住在那个世界里的人们。”

终于，她十五岁了！

“现在，你已经长大了，”她的祖母说，“来吧，让我打扮打扮你，像你其他的姐姐们一样。”

她在小美人鱼的头上戴上了一个白色的百合花环，上面的每一朵花的花瓣都是用半颗珍珠做成的。老夫人又将八个大牡蛎贴在小公主的尾巴上，表示她尊贵的地位。

“好疼啊！”小美人鱼说。

“是的，为了高贵必须要付出代价。”老夫人回答。

如果她能甩掉这些代表尊重的装饰品，把沉重的花冠放在一边，她该有多高兴啊！她花园里那些红色的花朵更适合她，但是她毫无办法。“再见吧！”她说。然后她浮上了海面，轻盈得像泡泡一样。

小美人鱼把头伸出海面，太阳刚刚落山，晚霞像玫瑰和金子般散发着光芒。在淡红的天空中，星星闪闪发亮，非常美丽。空气湿润而新鲜，海面风平浪静。这里停着一艘有三根桅杆的大船，船上只挂了一张帆，没有一丝风吹动，水手们正坐在护桅索周围和帆桁上面。船上传来悠扬的音乐声和美妙的歌声。夜幕降临，船上点起了颜色各异的灯笼，看上去像各国的旗子在空中飘扬。小美人鱼径直游到客舱的窗前，每次海浪将她托起时，她都能透过玻璃清清楚楚地看到里面许多穿着盛装的男子。但在他们当中，最英俊的还是那位有着乌黑眼睛的年轻王子，他一定超不过十六岁。今天是他的生日，因为这个缘故，才会这么热闹。水手们在甲板上跳着舞，年轻的王子一出来，上百个焰火一起腾空而起，将黑夜照成了白昼。小美人鱼相当吃惊，她钻到了海里，但是很快，她又探出了头，这时，她觉得好像天上的星星都在向她落下。她从来没有见过这样的焰火，巨大的太阳在四周喷出光芒，美丽夺目的鱼儿在蓝色的空中飞驰，所有的东西都倒映在清澈的海面上。这船全身被照得那么亮，连每条绳索都清晰可见。年轻的王子多么英俊！他和大家握着手，微笑着，音乐在灿烂的夜空中渐渐消逝。

已经很晚了，但是小美人鱼目不转睛地盯着船只和王子。彩色的灯笼已经熄灭，焰火也不再飞到空中，炮声也已停止，但是在海的深处响起了一种细语和嗡嗡的声响。她坐在水面上，随着波浪一起一伏地漂着，所以她能看到船舱里的东西。但是船现在加快了速度，帆先后都张了起来。波浪越来越猛，乌云密布，在远处，有闪电出现。噢！可怕的风暴即将到来，水手们收起帆，这艘大船在海上摇摇摆摆，急速前行。浪涛像黑色山峰高涨起来，它想要卷走桅杆。但是这艘船像一只天鹅，一会儿在巨浪中穿行，一会儿又在浪尖上驰骋。对小美人鱼来说，这是有趣的航行，但对水手来说，却是危险的警告。现在船只发出了嘎吱碎裂的声音，厚木板被海涛卷弯，船的桅杆像细细的芦苇，被折成了两半。船开始倾斜，水冲进了船舱。

现在，小美人鱼才知道人们正处于危险之中，她自己也要避开漂在水中的横梁和残骸。一瞬间，四周伸手不见五指，什么都看不见了，但是闪电劈过，使她能够清楚地看到船上的每一个人。她特别注意着那位年轻的王子，船只四分五裂时，她看到他也沉到了海里。她非常高兴，因为他要到她身边来了。

但是她记起了人类在海里是无法呼吸的，等王子快接近她父亲的宫殿时，也就必死无疑了。不，他不能死！她向漂在海面上的横梁和厚木板之间游去，浑然忘记这些东西也许会砸到她。她沉向水底，又随着波浪浮了起来，就这样，她终于来到了王子身边。王子在狂暴的海中无法坚持很长时间，他的胳膊和腿都开始失去了知觉。他紧紧闭着美丽的双眼，要不是小美人鱼赶了过来，他肯定活不成了。她将他的头托出水面，借着海浪随便到什么地方去。

天明时分，暴风雨已经过去。看不到船只的残骸，太阳红彤彤地出来，照耀着水面，它的光芒给王子的面颊也带来了色彩，但他的眼睛还是紧紧地闭着。小美人鱼亲吻着他高高的、光滑的额头，将他潮湿的头发理向脑后，她觉得他的样子很像她花园里的那个雕像，她又亲吻了他，希望他可以醒过来。

现在，她看到了陆地，还有那蔚蓝的高山，山顶上闪耀的白雪好像卧着的天鹅。沿着海岸有片美丽的绿树林，还有矗立在那里的建筑，她不知道那是教堂还是女修道院。在花园里长着柠檬和香橼树，门前立着高高的棕榈树。海在这里形成了一个小海湾，海面平静，却很深邃。一直到岩石那边都铺满了白色的细沙。她托着英俊的王子，把他放在了沙滩上，特别注意将他的头高高地放在温暖的阳光中。

雄伟的白色建筑里传来了钟鸣，许多年轻的女子穿过花园。小美人鱼向海里远远地游去，游到海面上几个高大的石头后面。她用海水的泡沫遮住了自己的头发和脖子，这样就不会有人看到她小小的面孔了。她凝望着看有谁会来救这位可怜的王子。

没多久，一个年轻的女孩向这边走了过来。她看起来很吃惊，但只是短短一瞬。她叫来了更多的人，小美人鱼看到王子醒了过来，他冲周围的人微笑着。但是他没有向她投来微笑，他不知道是她救了自己的命。当王子被带进高大的建筑里时，小美人鱼感到非常难过。她悲伤地跳到海中，回到她父亲的宫殿里去。

小美人鱼一直都是温和而忧郁的，现在更是如此了。她的姐姐们问她第一次浮出水面看到了什么，她什么都没说。

很多个夜晚和早晨，她浮出水面，向她放下王子的那个地方游去。她看到那花园里的水果都熟了，被摘了下来；她看到高山顶上的雪融化了；但是她看不到那个王子。她每次回到家后，愈加感到痛苦。她唯一的安慰是坐在她的小花园里，用双手抱着与那位王子相似的美丽的大理石像。但是她再也不照料她的花朵了，这些花儿好像是生长在野外，铺满土地，它们的长梗和叶子跟树枝缠在一起，这地方越显得黑暗起来。

最后她再也忍受不住了。她把心事告诉给一个姐姐，其他姐姐也就都知道了。但是除了她们和别的几个美人鱼，她们又把这秘密转告给自己几个亲密的朋友，别人谁也不知道。她们之中有一位知道那个王子。她也看到过那次在船上举行的庆典，她知道这位王子是从什么地方来的，他的王国在什么地方。

“来吧，小妹妹！”其他公主们说。她们手挽手，排成一长排，升到海面，一直向她们所知道的王子的宫殿游去。

这个宫殿是用一种明黄色石块建筑而成的，宫殿里有很多宽大的大理石台阶，有一个台阶还一直伸到海里呢。华丽的、金色的圆塔从屋顶伸向空中。围绕着这整个建筑物的圆柱中间立着许多大理石像，它们的样子栩栩如生。透过那些高大明亮的玻璃窗户，人们可以看到富丽堂皇的大厅，里面悬着价值不菲的丝绸窗帘和织锦，墙上装饰着大幅的图画，光看看这些东西也是一桩赏心悦目的事情。在最大的一个厅堂中央，有一个巨大的喷泉正喷着水。水朝上面的玻璃圆屋顶喷去，而太阳又透过玻璃反射下来，照到水上，照到生长在这大水池里的植物上面。

现在她知道了王子居住的地方。她在这里的海上度过了很多个黄昏和夜晚。她离陆地很近，比别的姐姐都要冒险。的确，她甚至游到了那个狭小的河流里去，而那个河流正在那个壮丽的大理石阳台下面。阳台的影子倒映在水上。她在这儿坐着，瞧着那个年轻的王子，而这位王子却还以为只有他一个人独坐月色中呢。

有好几个晚上，她看到他在音乐声中乘着那艘飘着许多旗帜的华丽的船航行。她从绿色的芦苇中向上面偷望，当风吹起她银白色的长面罩的时候，如果有人看到的话，也会以为这是一只天鹅在展翅膀。

有好几个夜里，渔夫们打着火把出海捕鱼，她听到他们说了许多称赞王子的话，她很高兴。当巨浪把他冲击得半死时，是她救了他的生命。她记起他的头是怎样安静地躺在她的怀里，她是多么热情地吻着他。可是对这些事儿他自己一无所知，他连做梦也不会想到她的存在。

她越来越喜爱人类，越来越盼望能够生活在他们中间。她觉得他们的世界比她的天地大得多。的确，他们能够乘船在海上行驶，能够爬上高耸入云的高山，他们拥有的土地带着森林和田野，伸展开来，她都望不到头。她希望知道很多东西，可是她的姐姐们回答不了她所有的问题。因此她只有问她的老祖母。老夫人对于“上面的世界”——这是她给海上国家起的恰当的名字，的确知道得一清二楚。

“如果人类不被淹死的话，”小美人鱼问，“他们会永远活下去么？他们会不会像我们住在海里的人们一样死去呢？”

“一点不错，”老夫人说，“他们也会死的，他们的生命甚至比我们的还要短促呢。我们可以活到三百岁，不过等我们在这儿的生命结束时，我们就变成了水上的泡沫，甚至连一座坟墓也不会留给我们爱的人。我们没有不朽的灵魂，我们不会有来生，我们像那绿色的海草一样，只要一割断，就再也绿不起来了。相反，人类有灵魂，它会永远活着，即使身体化为尘土，它仍是活着的。它升向晴朗的天空，升到那些闪耀着的星星中去！正如我们升到水面，看到人间的世界一样，他们升向那些神秘的、华丽的、我们永远不会看见的地方。”

“为什么我们没有不朽的灵魂呢？”小人鱼悲伤地问，“我要是能变成人，可以进入天上的世界，哪怕在那里只活一天，我也愿意放弃我在这里的几百岁的生命。”

“你绝不能有这样的想法，”老夫人说，“比起上面的人类来，我们在这里的生活要幸福、美好得多。”

“那么我就只有死去，变成泡沫在海上漂浮了。我将再也听不见波浪的音乐声，看不见美丽的花朵和红彤彤的太阳吗？难道我没有办法得到一个永恒的灵魂吗？”

“没有！”祖母回答道，“除非有一个男人爱你的程度超过爱他的父母。他无时无刻不牵挂着你，全心全意地爱着你，他让牧师将他的右手放在你的双手当中，许诺对你至死不渝的忠诚，这样他的灵魂才会分给你，进入你的身体，你将会分享到一个人类的快乐。他会给你一个灵魂，也能保留自己的灵魂。但这种事情永远都不会发生。海洋中被认为很美丽的鱼尾巴，在人类的世界里却认为很丑陋。他们理解不了这种体形，他们有一双笨拙的腿，认为那才是美丽的肢体。”

小美人鱼叹了一口气，悲伤地看着自己的尾巴。

“我们高兴点吧！”老夫人说道，“我们跳起舞来，庆祝我们可以活三百年。这时间够久的了！在这之后，我们就可以好好地休息了。今天晚上，我们将要举办一场宫廷舞会。”

舞会的场面很宏大，人间是从来没有见过这番景象的。舞会大厅的墙壁和天花板是用厚且透明的玻璃做成的。上百个粉红色和草绿色的巨大贝壳一排排站在四周。它们里面燃着蓝色的火焰，照亮了整个大厅。光亮还照透了墙壁，海洋的外面也被照得通红。人们看到数不清的大鱼、小鱼都向水晶宫深处游去。有的鱼鳞闪耀着紫光，有的鱼泛着像银色和金色的光亮。流动着的宽阔的溪流通过大厅中央，海中的男女们陶醉在自己的歌声中，他们跳着舞——人类可唱不出这样动听的歌声。

小美人鱼的声音最是甜美，整个宫中的人都为她拍起了手掌，摇动着尾巴。有那么一会儿，她觉得她的内心充满了快乐，因为她知道她拥有着海里乃至人间最美妙的嗓音。

但是没多久，她又想起了海上面的世界。她忘不了那位英俊的王子，也为没能拥有像他一样的不朽的灵魂而忧伤。她偷偷地溜出了父亲的宫殿，那里此时正充满了欢声笑语。她悲伤地坐在自己的小花园里，听到了从水面上传来的号角声，她想："现在他肯定是在上面航行，我无时无刻不在思念着他，我愿意把我一生的幸福交到他的手中，我愿意付出一切赢得他和不朽的灵魂。我的姐姐们正在父亲的宫殿里跳舞，尽管海里的女巫让我害怕，但我还是要去找她，也许她能够给我些建议，帮助我。"

现在，小美人鱼游出花园，来到掀起泡沫的旋涡处，女巫就住在那里。她以前从没有来过。那里没有花朵，没有海草，只有光秃秃的、灰色的沙滩伸向旋涡。旋涡里的水冲起的声音像怒吼的水车轮，将它所碰到的东西都转到水底深处。小美人鱼不得不通过这些急速的旋涡到达女巫的住所。这条路很长，却没有其他路可走，路上的泥土冒着热泡，女巫将这地方称为泥炭沼泽。

在这后面有个奇异的森林，女巫的住处就在里面。所有的树木和灌木丛都是珊瑚虫，它们一半是动物，一半是植物，看起来像是从地狱里长出来的百头蛇。它们的树枝都又长又黏滑，手指像是柔软的虫子，它们肢臂交错着从根部移动着，一旦在水中碰到什么东西，都会迅速抓住，再也不放开。

小美人鱼在它们面前站住了，心中非常害怕。她的心由于恐惧狂跳着，几乎想就此返回。但是这时，她想到了王子和人类的灵魂，又恢复了勇气。

她将飞扬的长发紧紧捆在头上，让珊瑚虫抓不到她。她将双手放在胸前，像水里跳着的鱼，在这些珊瑚虫中，向前跳去。这些珊瑚虫伸着柔软的臂膀和手指在她后面挥舞着。她看到它们个个都用上百条小胳膊抓住一样东西，像坚固的铁环一般。那些在海中死去并沉到海底的人们，在这些珊瑚虫的胳膊中像是白色的骷髅。它们还抓住船舵和箱子，抱着陆栖动物的骸骨，缠住一个被它们抓住并掐死的小美人鱼，这一切都让我们的小公主大惊失色。

现在她来到树林里一片大沼泽里，那里盘桓着肥硕的水蛇，露出它们丑陋的米黄色的身躯。在这片沼泽中有一座房子，是用遇难的人们的白骨造成的。海中的女巫就坐在屋里，嘴对嘴地喂着一只蟾蜍，正如人类用糖喂一只小金丝雀一样。她把这些丑陋的水蛇称为自己的小鸡，允许它们在她身上爬来爬去。

“我知道你想要什么，”海巫说，“你真是愚蠢，但是你有自己的道理。你会为此决定痛不欲生的，我的小公主。你想去掉鱼尾巴，要人类的两条腿，像上面的人类那样走路，这样，年轻的王子也许会爱上你，你也就会得到不朽的灵魂了。”女巫尖声刺耳地大笑起来，蟾蜍和水蛇摔到了地上，在她周围爬来爬去。

“你来得很及时，”女巫说道，“在明天日出之时，我就不能帮你了，得一直等到明年。我会为你准备药水，你必须得在明天日出前游到陆地上，坐在海滩上，喝下药水。然后你的尾巴将会分成两半，收缩成人类称之为双腿的东西。但是这药水会很痛，它会让你感到像是有把尖利的刀在切割你。但凡看到你的人，都会说你是他们见过的最漂亮的人。你的走路姿势会很优雅，没有人的舞姿能比得上你那么灵动。但是你走的每一步，都会像是在尖刀上行走，好像你的血在向外流淌。如果你能够忍受得了这些，我就能帮你。”

“我能够忍受！”小美人鱼用颤抖的声音回答。她心里想着王子和那不朽的灵魂。

“但是要记住，”女巫说道，“你一旦有了人类的身形，就永远都不能再做一条美人鱼了。你永远都不能回到水中，回到你姐姐的身边或你父亲的宫殿里去了。如果你没能赢得王子的爱，他没有为了你而忘了父母，没有爱上你的内心和灵魂，告诉牧师让你嫁给他，你就得不到一个永恒的灵魂。在他结婚后的第一天早晨，你的心就会破碎，你将变成水里的泡沫。”

“我坚持这么做。”小美人鱼说，但是她的脸变得和死去一样苍白。

“但你必须得付我报酬，”女巫说，“我要的可不是一点点。你的嗓音在海底最是甜美，你想靠声音来吸引他，但是你现在必须将这声音交换给我。我这价值不菲的药水必须换来你最好的东西！我将要在药水里加进我自己的血，好使它像双刃剑一样锋利。”

“不过，如果你把我的声音拿去了，”小美人鱼说，“那么我还剩什么东西呢？”

“你还有美丽的身形，”女巫回答，“你还有优美的走路姿态，还有会说话的眼睛，靠这些你就可以俘获一个男人的心。好啦，你还有勇气吗？伸出你的小舌头，我会切掉它，作为我的酬劳，你也能得到这强效药水了。”

“那就这么办吧。”小美人鱼说。

女巫拿出罐子配制药水。

“清洁是件好事。”女巫说着，将蛇打成结，用它清洗了药罐。然后她抓伤了自己，将她黑色的血滴到罐子里。药的蒸汽形成一股奇怪的烟升到空中，足以让旁观者目瞪口呆。每隔一会儿，女巫都会加一些新的东西到罐子里，当它煮沸时，传出了一种像鳄鱼的哭声一般的声音。最终，药水配制好了，它看起来像是最纯净的水。

“给你吧。”女巫说道。她切掉了小美人鱼的舌头，现在公主变成了哑巴，再也不能唱歌、说话了。她能够看到父亲的宫殿，宽敞舞厅中的烛火已经熄灭，他们一定都已经睡觉了。但是她不敢去找大家，现在她变成了哑巴，就要永远地离开他们了。她觉得自己的内心痛苦得要裂成碎片。她溜进花园，从每个姐姐的花坛上都摘了一朵花，朝宫殿的方向飞吻了上千遍，然后她游出了这片深蓝色的海。

小美人鱼看到王子的城堡时，太阳还没有升起。她走上那块大理石台阶，月光清澈如水。小美人鱼喝下灼烈的药水，感觉一把双刃剑刺进了她小巧的身体里。她倒下了，躺在那里好像已经死去一般。太阳照耀到海面上时，她醒了过来，感觉到尖利的疼痛。但是王子正站在她的面前，他乌黑的眼睛正盯着她，她低下头，发现自己的鱼尾巴不见了，取而代之的是少女才有的最漂亮的两条腿。但她没有衣服穿，于是她将自己遮蔽在长发中。王子问她怎么来的这里，她只是用温柔而悲伤的蓝眼睛望着他，因为她讲不出话来了。王子牵起她的手，带她回到了城堡里。小美人鱼每走一步，都如女巫告诉过她的那样，好像踏在了针尖和利刃上，但她很高兴地承受着这一切。她挽着王子的右臂，步子轻盈得像一个肥皂泡，王子和其他人一样，都很惊讶于她优雅的步伐。

她现在穿上了用丝绸和锦布做成的华美服饰。在城堡里，她是人们见过的最漂亮的女子。但她是个哑巴，既不能唱歌，也不能讲话。可爱的奴隶们穿着丝绸衣服，戴着金银，向前走去，在公主和王子面前唱歌。有一个比其他人唱得都要婉转动听，王子冲她笑着，拍着手掌。小美人鱼很伤心，她知道自己要远比她们唱得动听，她想道："噢！只希望他知道我为了和他在一起，牺牲了自己的声音！"

现在奴隶们伴随着美妙的音乐轻盈地跳着舞。小美人鱼抬起她美丽、细白的胳膊，踮着脚尖，在地板上跳舞。从没有人能像她一样跳舞。她每跳一步，都愈发能衬托出她的美丽容貌，她的眼睛比奴隶们的歌声更加打动人心。

所有人都为她折服，特别是王子，他称小美人鱼为"弃儿"。尽管小美人鱼每次碰触地面都像是踏在刀尖上，但她还是一遍一遍地跳着。王子说，她应该永远和他在一起，他允许她睡在他门前的天鹅绒垫上。

他让人做了一件侍者的衣服给她穿，这样她就可以陪伴他骑马了。他们骑着马穿过繁茂的树林，那里绿色的树枝拂过他们的肩膀，小鸟们在新鲜的树叶中唱着歌曲。小美人鱼和王子爬上高山，尽管她纤细的小脚流着血，其他人也都看见了，但她却笑笑并不在意，一直跟着他，直到看到云彩在他们身下移动，像一群向远方迁徙的候鸟。

每天晚上，大家都熟睡后，她就离开城堡向大海里的水晶宫走去。冰冷的海水瞬间冷却了她滚热的脚掌，小美人鱼不禁想起海底深处自己的家人。

一天夜里，她的姐姐们手挽手游来看她。姐姐们游出水面，忧伤地唱着歌，小美人鱼向她们招手。她们都认出了彼此，姐姐们告诉小美人鱼她的离去让她们多么难过。

接下来每个晚上她们都来看望她。有一次，她远远地看到许久未游出水面的年迈的老祖母，还有头戴皇冠的父王。他们向小美人鱼挥手，但没有像姐姐们那样游近地面。

王子一天比一天更加喜欢她了。但他对她就像爱一个可爱而聪明的孩子一样，从未想过要娶她为妻。而小美人鱼只有成为王子的妻子，才能获得永生的灵魂，否则就会在王子婚后的早晨成为海里的泡沫。

“在所有人中我是你最爱的人吗？”当王子揽小美人鱼入怀并亲吻她的额头时，小美人鱼的眼睛似乎问道。

“没错，你是我眼中的最爱。”王子答道，“因为你是所有人中最善良的。你对我的付出是最无私的，就像是我曾经见过但注定再也见不到的那个女孩一样。那时我落荒漂流在一艘破损的船骸上。海浪把我冲到海岸边，附近有一座神庙，几个年轻的女孩子正在那里做祈祷。最年轻的那个女孩发现了我，并救了我。我只见过她两次，她是这个世界上我唯一爱的人，但你和她是那么的相像，让我想起了她。她属于那座神庙，幸运之神把你送到我身边。我们将永远在一起！”

“啊，他不知道是我救了他的性命。”小美人鱼心里说道，“我把他从海里救出，放到神庙旁边的树林里。我躲在泡沫底下，偷望着有没有人过来。我看到了那个美丽的女孩，那个王子爱她更胜于爱我的女孩。”小美人鱼深深地叹了口气，但她不能哭。她在心里说道：“那个女孩属于神庙，将永远不会来到这个世界，而他们再也不会相见。我现在正和他在一起，每天都能见到他；我将珍惜他，疼爱他，甚至愿意为他献出我的生命。”

可现在，小美人鱼听说王子要结婚了，邻国美丽的公主将要成为王子的新娘，他为这事特别装备好了一艘美丽的船。王子表面上说是要到邻国拜访，事实上他是要去看那位邻国君主的女儿，还会有大批的随从跟随王子前行。小美人鱼摇摇头，微笑着，她比任何人都明白王子的心事。

“我必须得去。”他告诉小美人鱼，“我必须见一见那个美丽的公主，这是我父母的命令，但他们不会强迫我娶回公主。我不可能爱上她，她远远比不上神庙里那个和你十分相像的美丽少女。如果真要我选一位新娘，我会选择你，我亲爱的眼睛会说话的哑巴孤女。”

王子亲吻着她的嘴唇，拨弄着她的长发，她不禁梦想着人间的幸福和不朽的灵魂。

“你不会害怕大海吧？我的哑巴女孩。”王子问道。他们站在大船上，载着他们驶向邻国。王子向小美人鱼讲述着暴风与海浪，大海深处奇怪的鱼，还有潜水夫在海底从来没有见过的东西。她边听边笑着，因为她比任何人都更清楚大海深处的故事。

月光照耀的夜晚，除了仍在工作的掌舵手，人们都已入睡。小美人鱼坐在船边，凝望着清澈的海水。她似乎看到了父亲的王宫，老祖母头戴银色皇冠，正高高地站在王宫顶上。她透过激流看到了这条船的龙骨。不一会儿姐姐们游上水面，悲伤地看着她，挥着白净的手。她向她们招手，微笑着，想着要告诉她们自己很幸福。但船上的一个侍者向她走来，姐姐们迅速潜入水中。侍应以为看到的只是海里的白色泡沫而已。

第二天早上，大船驶进邻国城堡前的港口。教堂所有的钟声齐鸣，高塔上号声震耳，列兵们手持飘扬的旗子和明晃晃的刺刀。每天都是欢迎宴会、舞会与晚会，活动接二连三，但公主却没有出现。人们都说公主正在远处的神庙里学习皇家礼仪。

终于，公主出现了。

小美人鱼盼望着一睹公主的尊荣，而她不得不承认了公主的美貌。她从来没有看见过如此完美的身体，她的皮肤是那么细嫩、洁白，她那黑长的睫毛后面是一对微笑而又深邃的深蓝色眼睛。

“原来是你，那个我在岸边瘫如死尸时救我的女孩！”王子喊道。他把脸色微红的新娘拥入怀中。“哦，我太开心了！”他大喊着对小美人鱼说，“我人生最大的愿望得到了满足。你会为我的幸福而开心，因为你是其中最关注我的人。”

小美人鱼亲吻了王子的手，她发现自己的心碎了，因为王子婚礼的第二天早晨将是她的死期，她将变成大海里的泡沫。

教堂的钟声响了起来，信使穿梭在大街小巷，大声宣布着王子与公主订婚的消息。每个祭坛上，美丽的银制油灯都已经燃起芬芳的火焰。祭司们挥着香炉，新郎和新娘挽着手来接受主教的祝福。小美人鱼穿金戴银，托着新娘的婚纱，但她却听不到婚礼的音乐，看不到这神圣的仪式。她想到自己将要死亡的早晨，以及自己将要失去的一切。

当天晚上，新郎和新娘来到了船上。礼炮响起来，旗帜在飘扬。船中间架起一座金紫色的皇家帐篷，里面铺设了最美丽的垫子。在这里，这对美丽的新婚夫妇将度过他们清凉、寂静的夜晚。

风儿鼓起船帆，船开始在清澈的大海上航行，波澜不惊。

天将黑下来，华灯初上，船员们在船上载歌载舞。小美人鱼想起了自己第一次游出海面看到的场景，同样是充满了欢乐与华丽。她也跳起舞来，像一只飞翔的燕子，众人对她的舞蹈发出羡慕的欢呼声与喝彩声。她的腿就像是被刀割一样，但她却感觉不到痛，这与自己心灵遭受的创伤相比根本就不算什么。

她知道这是自己见到王子的最后一个夜晚了，她为了他离开了亲人和家园，还失去了动听的嗓音，每天承受失声的痛苦，但王子却无法看到这一切。这是她最后一个与王子共同呼吸、共同仰望星空、共同凝视大海的夜晚了，迎接她的将是漫长的夜晚，一个没有思想和梦境的永无休止的夜，没有灵魂，也得不到另外一个灵魂。船上还是充满了欢声笑语的。她笑着、舞着，但是她心中怀着死去的想法。王子亲吻着美丽的新娘，新娘也拨弄着王子的黑发，他们手拉手走向华丽的帐篷休息。

船上安静下来，只有舵手仍在掌舵，小美人鱼那洁白的手臂倚在舷墙上，向东方凝望，等待着晨曦的出现。她知道，第一缕阳光就会叫她灭亡。突然她看到姐姐们从波浪中露出来，她们像她一样脸色苍白，她们在风中起舞的美丽长发都被剪去了。

“我们把头发剪去给了巫婆，希望能换取帮助，让你不至于死去。她给了我们一把刀，看，就在这里。好锋利啊！太阳升起来之前，你必须把刀插进王子的心脏，王子的热血流在你脚上的时候，你的鱼尾将会重新长成，你将再次成为海的女儿，重新回到我们身边，并在变成泡沫前，仍旧可以活三百年的岁月。不要犹豫！太阳升起前，不是你死，就是他亡！我们年迈的老祖母由于过度悲伤，满头白发也已经掉光，而我们的头发也被巫婆剪掉了。快去杀掉王子回到我们身边！赶快行动啊！没看到天边泛起的红光吗？再过几分钟太阳将会升起，到那时你就会死去！”

她们深深叹了一口气，消失在海浪里。小美人鱼撩起窗帘进入帐篷，看到美丽的新娘躺在王子的胸膛上。她弯下腰吻了王子的眉毛，望了望愈加灿烂的朝霞，看了看手中的刀，眼神最终定格在王子身上。王子梦中还在叫着新娘的名字。她陷入沉思，手中的刀开始颤抖。突然她把刀扔向大海中，海浪立刻变红，就像鲜血从水里溅出来一样。

小美人鱼模糊的眼神再次投向王子，然后跳进大海中，感觉自己正在变成泡沫。

太阳终于高高升起来了。阳光柔和地照在冰冷的泡沫上，小美人鱼发现自己并没有死去。她看到火红的太阳，并从船只的白色桅帆和天空的红色祥云中，看到自己头上游着的无数透明而又美丽的生物。它们的声音是最美妙的音乐，但人类却无法听到这样的灵魂音乐，也无法看到这一切。它们没有翅膀，只是凭它们轻飘的形体在空中浮动。小美人鱼发现自己也有这样的身体，渐渐地从泡沫中升起来。

“我这是要去哪里啊？”她问道。她的声音也和其他空灵的物体一样，如此幻化美妙，人间的任何音乐都无法比拟。

“去天空的女儿那里！”有个声音回答道，“人鱼是没有灵魂的，而且永远也不会有这样的灵魂，除非她能够赢得凡人的真爱。她存在的永恒取决于外来的力量。天空的女儿也没有永恒的灵魂，但她们能够通过善良的行为获得永恒的灵魂。我们现在正飞往酷热的国家，那里炙热并致命的病疫空气正在让人们濒临死亡，我们过去吹起凉爽的风，在空气中撒播花儿的芬芳，传播新鲜与健康的精神。三百年后，我们经过努力带来力所能及的善行后，将获得永恒的灵魂，从而分享人类永恒的幸福。亲爱的、可怜的小美人鱼，你曾经全心全意为实现自己的目标而努力，你承受了苦难与痛苦，你善良的举动已经超升到精灵的世界里来了，三百年后你将获得永恒的灵魂。”小美人鱼向上帝的太阳举起了她光亮的手臂，望着上帝的太阳，满含泪水，第一次感受到了它的存在。

船上又恢复了人声与嘈杂声。她看到王子和新娘正在到处找自己，伤心地望着海里珍珠般的泡沫，好像知道自己跳入了大海一样。冥冥之中，她吻了新娘的前额，对着王子笑，接着就和空气中的其他孩子一样，骑上玫瑰色的云朵，升入天空里去了。三百年后他们将升入天国。

“我们也许用不着等那么久。”另一个空气的女儿低语道，“我们无影无踪地飞往人类家里，那里面生活着一群孩子。每当我们发现一个好孩子给父母带来快乐，值得父母爱他，上帝就会缩短我们轮回的时间。孩子们不知道我们何时飞进他们的房间。当我们为孩子的行为而开心时，我们就可以在这三百年中减去一年；当我们为淘气或顽劣孩子的恶行而不得不伤心流泪时，这其中的每一滴泪都会使我们的考验减少一天。”

妖山

一株老树的裂缝里，好多蜥蜴在迅速地钻来钻去。因为它们都说蜥蜴语，因此它们相互都认识。

“嗨，老妖精山那里吵死了！”一只蜥蜴说，“他们没日没夜地大吼大叫，弄得我两整夜合不上眼睛，难受得简直跟躺在床上害牙疼差不多，反正总是睡不着！”

“那儿一定发生了什么事情吧！”另一只蜥蜴说，“他们用四根红柱子把那座山支起来，直到天亮鸡打鸣为止。这座山算是畅快淋漓地通过风了！女妖们还学会了跺脚这类新舞蹈啊。我肯定那儿一定有什么事情要发生！”

“没错，刚才我还和一个老相识蚯蚓聊起这件事，”第三只蜥蜴说，“这位蚯蚓先生就是从山里来的——他没日没夜地在那山上翻土，听到不少事情。可怜的蚯蚓，虽然眼睛看不见，却知道怎样认路，还听别人谈话。妖山的主人正在等待一些有来头的客人。不过这些客人究竟是何方神圣，蚯蚓还不想说出来——或许他根本就不知道。鬼火都已准备到位，一场所谓的火炬游行就要开始。他们也已经准备好锃亮的金银器皿，并且在月光下摆出来啦，这些东西他们山里应有尽有！”

“那些客人到底是从哪里来的呢？”其他蜥蜴异口同声问，“那儿在发生什么事情呢？听呀，闹死了！吵死了！”

这时妖山大门敞开了。一位老妖小姐匆匆跑出来。她衣服穿得倒还齐整，可就是没有后背，前额戴着一颗心形琥珀。她既是老妖王的管家，还是他的远房亲戚。她的一双腿动得真够快：得！得！嗨，她才会走呢！她一口气三步并两步走到沼泽地那儿的夜乌鸦那儿去了。

“邀请你来妖山啊，今晚就去，”她说，“不过需要先请你帮个忙，把这些请帖送出去好吗？反正你自己家没有聚会，你总得做点事情呀！我们今天邀请了几位贵客——很重要的魔法师。老国王也希望借此做做排场！”

“究竟要请什么客人呢？”夜乌鸦问。

“嗳，谁都能来参加这个盛大的舞会，甚至人类也不例外——前提是他们在睡梦中也能讲话，或者模仿我们做一些事情。不过对于第一次参加宴会的人，需要精挑细选——我们只能请最有名望的客人。我和妖王讨论了好久，我坚持连鬼怪也不能请。首先得先请海神以及他的女儿们。虽然他们不一定喜欢来干燥的陆地做客，但只要准备一块潮湿的石头，或者比这更好的东西当作座位，他们就不便推辞不来了。也可以请带尾巴的大山矮人、河人和小妖精。当然也不能忘记墓猪、人马以及教堂的小鬼，虽然他们都是教会的一份子，跟我们没有什么联系，但是那也仅是他们的职务而已。他们跟我们往来频繁，经常来我们这里做客！”

“太好了！”夜乌鸦说道，于是就衔着请帖飞走了。

披着雾气和月光编织的长围脖，女妖们已在妖山上翩翩起舞。对于能欣赏这类舞蹈的人来说，跳起来倒是挺精彩的。装饰得整整齐齐的大客厅坐落在妖山正中，地板经过月光的清洗，墙壁由巫婆的蜡油擦过一番，看起来光辉四射，就像摆在灯前面的郁金香花瓣似的。厨房里摆着烤熟的青蛙、小孩的手指、毒菌丝凉菜、湿耗子鼻、毒胡萝卜等；还有沼泽地里巫婆熬的麦酒以及坟窖里亮晶晶的硝石酒。所有的菜都非常难得且受欢迎，甜菜中包括生了锈的指甲和教堂窗玻璃碎片几个菜。

老妖王用石笔擦亮黄金王冠。这是一根小学六年级学生使用的石笔，而老妖王费了很大劲才得到这样一根石笔！睡房里挂着蚊帐，这是用蜗牛的分泌物粘在一起的。没错，里面发出一阵吱吱呀呀的声音。

“我们要烧一些马尾和猪鬃，用来烧香。这样，我想我的工作就完成了！”一个妖小姐说。

“亲爱的爸爸！”最小的女儿问，“我现在可以知道我们最尊贵的客人是谁了吗？”

“可以，”他说，“我想现在是时候公布了！我的女儿中的两个会在舞会上一展风采，她们两个人要结婚了。挪威的老地精要带着他的两个儿子赴宴——他们每人都要讨一个老婆。老地精身居老杜伏尔山，砌成了好几座花岗石城堡，还有一个难以想象的金矿。老地精也是一个地道而正直的挪威人，直爽而乐观。和他碰杯结为兄弟前，我老早就认识他了。他自己讨太太时来过这里。他的老婆——莫恩岩石王的女儿——已经死了。就像俗话所言，他在白垩岩上讨老婆。啊，我多么想见识一下这个挪威地精啊！听说他的孩子很粗野，不过这句话可能说得不公平。他们年长一些就会变好的。我倒要看看，你们如何让他们更懂事一些。”

“他们什么时候过来啊？”一个女儿问道。

“这要依大风与天气来定，”老妖王说，“他们总是选择最经济的方式旅行！总是等着日子坐船。我倒希望他们绕道瑞典，不过这老家伙可不这么想！他已经落伍了——这点我和他可不一致！”

这时跳过来两个鬼火。一个快火，一个慢火，快的那个很快就到了。

“他们来了！他们来了！”众人大声叫着。

“快把我的王冠拿来，我要站到月光里！”老妖王说。

几个女儿拉开长围脖，弯腰匍匐到地上。

杜伏尔老地精就在眼前，戴着冰柱和光滑的王冠，身穿熊皮大衣与雪地靴。而他的儿子却不相同，脖子上什么也没戴，裤子上也没有吊带，显然他们都很强壮。

“这就是那个小土丘吗？”最小的孩子指着妖山问，“我们在挪威把这叫作土坑。”

“傻孩子！”老头子说，“土坑向下凹陷，土堆向上凸起，你没有看清楚吗？”

他们说唯一不可思议的是，他们能听懂这儿的语言。

走进妖山，这儿的客人果然都是名流，而且这么短时间全都请来了。人们多认为这是风吹来的。每个座位都安排得舒服而又得体。海神一家的座位安排在水盆里，他们满意地说，就像在家里一样舒服。所有人都举止得体，唯有那两个小地精无所顾忌，跷起腿到桌子上，觉得这很配他们的身份!

“拿开脚！”老地精说。他们应声着，但没有马上放下来。他们用松球在小姐们身上哈痒；还把靴子脱下来叫小姐们拿着，图一时之快。

不过他们的老地精父亲与他们截然不同。他活灵活现地描述着，从挪威庄严的石山到溅着白泡沫、爆出雷鸣或风琴般响声的瀑布，从听到水精弹起金竖琴时就逆流而上的鲑鱼到明朗的冬夜叮当作响的雪橇的铃声，从举着火把冰上滑跑的孩子们到冰底下吓得乱窜的鱼儿。的确，他描绘得有声有色，在座的人就像亲身经历过似的：看见了锯木厂，人们在唱歌，在跳挪威“哈铃舞”。哗啦！冷不丁的，这个老地精给了妖小姐一个响亮的“舅舅吻”。这才算是一个吻呢！不过他们并不是亲戚。

妖小姐们要开始跳舞了，跳着普通蹬脚的步子，接着是一种最有难度的舞——也叫“舞中之舞”。乖乖！腿舞动得太灵活了！简直分不清，哪里是开头，哪里是结尾；还看不清，哪里是手臂，哪里是腿，就像刨花一样，搅混得乌烟瘴气。她们团团转，把“客人们”弄得头昏脑涨，不得不退到桌子后。

“嘘嘘！”老地精说，“这才算得上是迷人的舞蹈啊！当然，除了跳舞、伸伸腿并扇起阵阵旋风后，还能做什么呢？”

“等着瞧吧！”妖王说。

于是他把大女儿喊出来，她轻盈透亮得像月光一样，也是所有女儿中最娇弱的一位。她把一根白色的木栓放在嘴里，马上就消失了——这就是她的咒法。

不过老地精说，他倒不希望自己的太太这样，也不认为自己的儿子喜欢这套本领。

第二个女儿可以与自己并排走，就像有一个影子一样——而实际上山妖并没有影子。

第三个女儿的本领更是截然不同。她在沼泽上女人的酒房里学过，知道怎样用萤火虫在接骨木树桩上擦出油来。

“她可以成为一个很好的妻子！”老地精说。他对她挤了挤眼睛，代替敬酒——自己不想喝太多。

终于第四个妖姑娘来了，拿出一架很大的金竖琴。弹第一下，大家就都抬起左脚，原来地精们都是左撇子，她再弹一下，所有人还得继续依着她的琴声抬脚。

“这个女人很危险啊！”老地精说。不过他的两位公子都已走出山去，他们实在感到腻烦无聊啦。

“下一位小姐可以做什么呢？”老地精问。

“我现在已经学会了怎样爱挪威人！”第五位小姐说，“如果我不能到挪威去，我就永远不结婚了！”

不过最小的小姐低声对老地精说：“这是由于她曾经听过一支挪威的歌曲。歌里唱道，当世界灭亡的时候，挪威的石崖仍将会继续作为纪念碑而存在。所以她盼望着有朝一日到挪威去，因为她害怕灭亡。”

“哈！哈！”老地精说，“这倒是心里话！最后的第七位小姐能够做什么呢？”

“第七位前面还有第六位小姐呢！”妖王说。可第六位小姐却害羞得不愿意露面。

“我只能讲真话！”第六位小姐说，“可是谁也不理我——我缝织自己的寿衣已经忙得团团转了！”

这时第七位，也是最后一位小姐，终于出来了。她能够做什么呢？她可以讲各种各样的故事——要她讲多少就能讲多少。

“这是我的五个指头，”老地精说，“为每个指头编一段故事吧！”

姑娘托起他的手腕，笑得喘不过气来。她手上戴着一枚戒指，仿佛知道有人要订婚似的，当她讲到“金火”的部分时，老地精说，“紧紧捏住你握着的东西吧，这只手就是你的了！我要讨你做妻子！”

妖姑娘说：“‘金火’和‘比尔’——玩朋友的故事还没有讲完呢！”

“留到冬天再讲给我听吧！”老地精说道，“到那时候我们还可以听各种各样的故事，比如松树的故事、赤杨的故事、山妖送礼的故事以及寒霜的故事！你可以尽情地讲，因为那儿还没有人会这一套！到了那里我们可以坐在石室里，燃起松木来烤火，用古挪威国王的角形金杯装上蜜酒来畅饮——山精送了两个酒杯给我！我们坐在一起，加尔波还会来看我们，他会对着你唱山中牧女歌，那才叫幸福呢。鲑鱼在瀑布里跳跃，撞上石壁却钻不进去！嗨，住在亲爱的老挪威家才叫开心呢！但是那两个孩子跑到哪里去了？”

是啊，那两个孩子到什么地方去了呢？他们正在田野里奔跑，把那些兴致勃勃准备参加火炬游行的鬼火都吹走了。

“你们竟然胡闹！”老地精说，“我为你们找到了一个母亲。你们现在也可以在这些姨妈中挑一个做老婆啊！”

不过公子们说，他们喜欢做演说，为友情干杯，但是对讨太太实在没兴趣。因此他们就去做演说，为友情干杯，还把杯子套在手指尖上，表明真正喝干了。很快，他们脱下上衣倒在桌子上呼呼大睡起来，他们不愿意讲什么客套。但老地精正和他的年轻夫人在房里跳得不亦乐乎，还交换了靴子，这可比交换戒指好。

“现在鸡打鸣了！”管家说，“我们现在要把窗户关上了，别让太阳烤着我们！”

这样，妖山大门就关上了。

不过外面的四只蜥蜴还在树的裂缝里跑上蹿下。一个对另一个说：

“哎，我更喜欢那个来自挪威的老地精！”

“我还是更喜欢他的两个公子！”蚯蚓说。不过，可怜的东西，他看不清任何东西。

野天鹅

燕子飞向远方的时候，冬天也就来了。在这辽阔的土地上有一位国王。他有十一个儿子和一个女儿。这十一个儿子都是王子，他们上学时，胸前都佩戴着心形徽章，身边都挂着锋利的宝剑，都用钻石笔在金板上写字。他们用心学习、专心读书，成绩都很好。人们一听就知道他们是王子。妹妹艾丽莎坐在一个小镜子板凳上，拿着画册，那是需要半个王国的价钱才能买到的。

啊！这些孩子太幸福了，不过他们可能不能永远快乐。作为一国之君，他们的父亲娶了一个恶毒的女人做王后。而她对这些孩子很不好——第一天他们就看出来了。宫殿上下都在举行盛大的欢庆宴会，孩子们都在表演游戏招待客人，却没有吃上那些剩下的点心和烤苹果。王后只丢给他们一杯沙子，并说，这就是给你们最好吃的东西了。

才过了一个星期，小妹妹艾丽莎就被王后送到乡下农户寄住了。不久，她又在国王面前说了许多关于那些可怜的王子的坏话，结果国王再也不想搭理他们了。

“让你们到野外飞来飞去，自生自灭去吧，”恶毒的王后说，“像那些不能说话的巨鸟一样。”话音刚落，王子们就变成了十一只美丽的野天鹅，发出阵阵奇异的鸣叫声，一起从宫殿的窗户上飞走了，远远地越过公园，向森林里飞去了。

而当他们飞过农户的时候，天还没有完全亮，妹妹还没起床，正在农夫的屋子里睡着。他们在屋顶上拍着翅膀，盘旋了几圈，长脖颈转向这边，又转向那边，可没有人发现他们。他们只得继续向前飞，穿进云层，飞向无边的世界，一直飞进延伸进海岸的大黑森林里去了。

小艾丽莎待在农夫家里，没有什么玩具可玩，只好摆弄着一片绿叶。

她在叶子上弄出一个小洞，透过小洞望向太阳，好像看到哥哥们明亮的眼睛；而当太阳照在脸上时，她又想起哥哥们吻她的时候。

日复一日，年复一年，风儿掠过屋外的玫瑰花篱。王后问这些玫瑰花儿："世上还有谁比你更美丽呢？"玫瑰花儿摇了摇头："还有艾丽莎！"星期天，老农妇坐在门口读着《圣诗集》，风儿翻起书页说："还有谁比你更美丽呢？"《圣诗集》回答道："还有艾丽莎！"玫瑰花和《圣诗集》所说的话都是事实。

十五岁时，艾丽莎回家去。王后看到艾丽莎的美貌，不禁怒火中烧，满是憎恨与怨怒。她很想把她也变成野天鹅，但还不敢马上这样做，因为国王说想看看自己的女儿。

一天清早，王后走进浴室。白色大理石砌成的浴室，铺着柔软的坐垫和华美的地毯。她拿起三只癞蛤蟆，把每只都吻了一下，对第一只说：

"艾丽莎走进浴池时，你就跳到她头上，让她变得像你一样又呆又笨。"

她接着对第二只说："你跳到她的前额上，让她变得像你一样又丑又恶，让她父亲都认不出来。"

她又对第三只低声地说："你跳到她的胸口上，让她有一颗罪恶的心，因此而痛苦不堪。"

接着她把三只癞蛤蟆放进水池中，水立刻变成了绿色。她把艾丽莎喊进来，替她脱了衣服，叫她走进水里。她刚进入水中，第一只癞蛤蟆跳到她头上，第二只跳到她前额上，第三只跳到她胸口上。可是艾丽莎完全没有注意到它们。当她站起来时，水上浮漂起三朵罂粟花。如果这三只癞蛤蟆没有毒的话，如果它们没有被恶毒的王后吻过的话，它们就会变成三朵红色的玫瑰，但它们不是。最后，它们还是变成了花，因为它们在她头上和心上躺过。她太善良、太天真了，魔力无法对她施展。

恶毒的王后看到这情景仍不甘心，就把艾丽莎全身涂满棕黑的核桃汁，又在女孩儿美丽的脸上涂上恶臭的膏，还有她漂亮的头发也被乱糟糟地揉成一团。曾经美丽的艾丽莎，谁也认不出来了。

父亲看到艾丽莎时大吃一惊，这怎么可能是她的女儿？除了看门狗和屋檐下飞着的燕子外，谁也不认识她了。但是这些可怜的动物，却也说不出话来。

可怜的艾丽莎伤心地哭起来。她想起远在天边的十一个哥哥，偷偷溜出宫殿，走过田野和沼泽地，经过一整天，来到一个大黑森林里。她也不清楚自己要到哪里去，只是非常难过，也想念自己的哥哥们。他们肯定也像自己一样，被赶出宫殿，流浪在这个茫茫的世界里。她一定要找到他们。

来到森林没多久，天就黑了。她迷路了，前面的大路和小径都看不到了，她就在柔软的青苔上躺下来。做完晚祷，就枕在一个树根上。周围非常寂静，空气温和湿润。花丛中、青苔里，无数萤火虫闪着亮光，像绿色的火星。当她摇动第一根树枝时，这些闪烁的小虫就落在她身上，像飘落的星星。

整整一晚上，她都梦见和哥哥们在一起。他们又变成一起嬉戏玩耍的快乐的王子和公主了，他们用钻石笔在金板上写字，翻看价值半个王国的精美画册。但和以前不同的是，他们在金板上写的不再是文字与线条，而是他们曾经做的勇敢故事——这是他们亲身经历过的。于是那本画册里面的东西也都有了生命——鸟儿在歌唱，画册上的人们走出来，跟艾丽莎还有她的哥哥们聊着天。不过，当她要翻开下一页时，他们马上又跳进去了，生怕把图画的位置弄乱。

艾丽莎醒来时，太阳已经升得老高。青枝绿叶在她身边散发出阵阵清香，鸟儿很想栖息在她的肩上。几条泉水咕咕叫着汇集到清澈见底的湖里，湖的周围是一圈浓密的灌木丛，上面有一个缺口，估计是被雄鹿撞开的。艾丽莎穿过这个缺口向湖水走去，水清亮得让人心醉。

在湖水里看到自己时，艾丽莎不禁打了一个冷战——自己真是又黑又丑！当她手儿浸湿，眼睛与前额沾水后，又露出雪白的皮肤。于是她脱掉衣服，走进清凉的湖水。沐浴之后，这个世界上再也没有比她更美丽的公主了。

穿好衣服，扎好长发后，她向那边奔流的泉水处走去，手捧清凉的甘泉水喝起来，接着就继续往森林的深处走去。她自己也不明白前面等待她的是什么。但她想念亲爱的哥哥们，并相信宽容的上帝不会抛弃她。上帝让野苹果长出来，给饥饿的人充饥。她在一株结满果子的树下吃了午餐，之后，又接着朝森林最深密处走去。

四周静寂依旧，她听得到自己走路发生的咯吱声，分辨得出踩下去的每片干枯叶子发出的沙沙声。这儿更茂密了，鸟儿飞不进来，阳光也透不进来。高大粗壮的树干长得这么紧密，向前一望，好似一排木栅栏似的密密地围在四周。唉，她的内心生出这么大从来没有过的孤独感！

夜漆黑得不见五指，青苔上也没有一丝萤火虫的亮光。她躺下来睡觉，但心情非常沉重。不一会儿她迷迷糊糊地看到头上的树枝分开了，上帝正温柔地看着她。

早晨醒来，她也不知道自己到底是在做梦，还是真的看见了上帝。

她继续向前走了几步，碰到一个提篮子的老婆婆，老婆婆给了她几个果子。艾丽莎问她有没有见到十一个骑着马儿的王子穿过这片森林。

“没有，”老婆婆说，“不过我昨天倒看到十一只戴着金冠的天鹅从旁边的河里游了过去。”

她带着艾丽莎向前走了一段儿，爬上一个坡，山坡脚下蜿蜒曲折的一条小河。河两岸的树木，探出长满绿叶的树枝，交叉缠绕。有些树不能把树枝伸向对岸，就让树根从土里长出来，伸到水面上，与它们的枝叶交织在一起。

艾丽莎向老婆婆道别，然后就顺着河向前走去，一直走到河流入海口的地方。

广阔而美丽的大海展现在这年轻女孩面前，海上却不见一片船帆，也没有一只船身。她该怎样继续前行呢？望着海滩上数也数不清的小石子——海水已经把它们洗圆、玻璃碎片、铁壳、石子——所有冲到这儿的东西，都被海水打磨成新的样子——看起来比她细嫩的手还要柔和。

水儿还在不倦地流淌，再坚硬的物体也会在它的冲刷下变得柔和。她突然醒悟自己也应该具有这样不倦的精神，她在心里感谢上帝；“多谢您的教导，您——清亮的、流动的水波告诉我，总有一天您会帮助我见到亲爱的哥哥们。”

她发现海浪冲上来的海草上，有十一根白色的天鹅羽毛。她拾起来，扎成一束，上面还带着水滴——不知这是露珠，还是眼泪？海边也是孤寂的，但她一点也不觉得，大海时时刻刻都在变化——海水几小时变幻一次，比美丽的湖泊在一年中的变化还要多。每当厚厚的乌云飘来，海水就像在回应："我生气的时候也很可怕啊。"然后大风吹起来了，海浪翻起了白沫。不过当云层透出霞光，风儿安静下来，温柔的大海看起来就像一片玫瑰的花瓣：忽儿绿意，忽儿白净。不过即使大海安静地睡着了，海岸上仍有轻微的波动，轻轻地向上涨，像一个熟睡婴孩的胸脯，一起一伏。

太阳快要落山时，艾丽莎远远望见十一只戴着金冠的野天鹅向着陆地飞行。它们一只一只地掠过，就像一条长长的白色带子。艾丽莎爬上山坡，躲在灌木丛后边。天鹅们拍打着白色的翅膀，慢慢降落下来。

太阳落到水平线以下，天鹅的羽毛脱落下来，变身成为十一位俊美的王子——艾丽莎的哥哥们！她忍不住惊叫出来：虽然他们改变了很多，可是这就是他们啊，肯定是他们。所以她扑向他们怀里，喊出了他们的名字。尽管艾丽莎自己现在已出落成高挑而美丽的公主，但王子们也很快认出了自己的小妹妹。重逢的兄妹在一起非常开心。他们一会儿开心地笑，一会儿拥在一起哭。很快他们知道了彼此的遭遇，原来后母对他们是那么恶毒。

大哥说："只要太阳还在天边，我们兄弟就会变成野天鹅，不停地飞。不过当太阳落下，我们就恢复了自己的真实容貌。我们必须随时留意着，当太阳落山的时候，要找到一个立脚的地方。如果这时还继续向云层里飞的话，我们就会变成人掉落到深海里面去。这儿并不是我们的住所，海的另一边有一个跟这里同样美丽的国度，不过去的路途实在是太遥远了。我们得飞过大海，而且旅途中没有任何海岛让我们休息过夜。中间只有一块礁石冒出水面，大小只够我们几个人紧紧地挤在一起休息。当海浪涌起时，泡沫不停地拍打着我们。但我们还是很感谢上帝赐予我们这块儿礁石，在上面我们变成人，挤在那里度过整个夜晚。如果没有这块礁石，我们就再也看不到亲爱的国土了，因为我们飞过去就要花上两天。

"每一年我们只有一次拜访父王家，只能停留十一天。我们在大森林上空飞来飞去，远远望着宫殿，望着这块生我们、养我们的土地，望着教堂的塔楼。这里安眠着我们的母后。这里的灌木林和树木就好像我们的亲人；这里的野马像我们小时候见到的那样在原野上狂奔；这里的烧炭人唱着古老的歌曲，儿时的我们还踏着它的调子跳舞。这儿是我们的王国，我们被一种神奇的力量吸引着，终于在这儿找到了你，我们亲爱的妹妹！我们还可以在这儿停留两天，然后就要越过大海，到那个我们魂牵梦绕的国度去，不过那里可不是我们的祖国。该怎么带你过去呢？我们既没有大船，也没有小舟。”

“我该怎么做才能救你们呢？”妹妹问。

他们几乎聊了整整一夜，只睡了一两个小时。艾丽莎醒来时，听到头上天鹅翅膀的拍打声。哥哥们又变回天鹅了。他们绕着大圈盘旋，向最远方飞去。不过他们当中那最幼小的一只天鹅掉队了，他把头埋在她怀里，艾丽莎抚摸着他白色的翅膀，他们依偎在一起。黄昏的时候，其他天鹅飞回来了。太阳落下后，他们又恢复了人形。

“明天我们就要从这儿飞走了，整整一年，我们都不再回来，不过我们不想这样离开你啊！你有勇气和我们一块儿过去吗？我们的手臂力气足够带着你穿过森林，难道就不能一起背着你穿过大海吗？”

“好的，带我一起去吧。”艾丽莎说。

他们整整一晚上用柳枝皮和芦苇织成一个又大又结实的网子，艾丽莎躺在里面。太阳升起来哥哥们再次变成野天鹅的时候，他们用嘴衔起这个网，带着还在熟睡的妹妹，向云层里飞去了。阳光照耀在她的脸上时，就有一只天鹅在她上空飞，用宽大的翅膀来为她挡住阳光。

当艾丽莎醒时，来发现她们已经远远离开了海岸。她还以为仍在做梦——被托着在海上飞是多么奇特的事情啊！她身边有一根结着美丽的熟浆果的枝条和一束甘甜的草根——这是最小的哥哥为她采来的。她感激地向他微笑，他就在她的头上飞，用翅膀为她遮挡着太阳。

飞得这么高，她第一次看到下面漂着的船只，仿佛浮在水面上的白色海鸥。他们后面聚集着一大块乌云——就像一座巍峨的山。艾丽莎还看到自己和十一只天鹅的倒影。他们飞行的阵列威武异常，就像一幅图画，比从前看到的任何东西都要美丽。随着太阳升高，后面的云朵被甩得越来越远，浮动的景象也不见了。

整整一天他们都像离弦的箭一样，疾驰在空中。不过由于带着妹妹同行，速度比平时要慢得多。天气越加恶劣了，黄昏降临了。艾丽莎焦急地看着太阳慢慢降落，但大海中那座孤独的礁石还没有出现。她感觉到这些天鹅正在使出更大的气力拍打着翅膀。他们飞得不如以前快，完全是因为自己的缘故。太阳落到水平面下，他们就会恢复成人形，就会掉进海水里淹死了。这时艾丽莎在心里向主祈祷了一番，但还是没有看到礁石。大块乌云越压越近，狂风就要卷着暴风雨降临了。乌云结成厚厚的一片，汹涌而狂妄的波涛在向前推进，像厚厚的一堆铅。闪电亮起来，一刻也不停。

太阳愈加接近海岸线了。艾丽莎的心颤抖起来，天鹅开始向下疾飞，她觉得自己就要掉下来了，不过他们马上就稳住了。太阳的一半沉入水中，她终于看到那块小小的礁石——比冒出水面的海豹的脑袋大不了多少。太阳沉下去变得一颗星星的时候，她的脚踏上了坚实的陆地。太阳像燃火残余的火星，忽而就消逝了。她看到哥哥们手挽着手站在她四周，不过除了他们站着的狭小空间，再也没有空余的地方了。海涛拍打着礁石，像阵雨似的向他们袭来。天空不停地燃着火焰，阵阵雷声隆隆作响。可是兄妹们紧紧地手挽着手，并唱起圣诗来——这让他们获得了更大的安慰和勇气。

晨曦里，空气干净而清新。太阳刚露出头，天鹅们就带着艾丽莎再次从小礁石起飞。海浪还是很汹涌，不过当他们飞越高空后，海上白色的泡沫看起来就像浮在水面上的无数的天鹅。

太阳升得更高了，艾丽莎终于看到前面一个群山环抱的王国，浮在半空中。山上被晶莹的冰层覆盖，中间耸立着一座两三里高的宫殿，里面排列着一根根的庄严的圆柱。下面展开一片起伏不定的棕榈树林和水车轮似的鲜艳花朵。她问，这是不是他们要去的国度？但天鹅们都摇着头，这仅仅是仙女莫尔甘娜华丽的、不断变幻的云中城堡，他们不敢把凡人带进里面去。艾丽莎凝视着那华丽的城堡，忽然间，山岳、森林和宫殿都一起消逝了，出现的是二十所美丽的教堂。它们全都是一个模样：高耸的塔，尖顶的窗户。她似乎听到了教堂风琴的声音，而那其实是海啸的声音。

快要飞进时，那教堂好像又都变成了帆船，浮在下面。她向下面望，原来这仅是漂在海面上的雾。这一连串无穷尽的变幻让她应接不暇，终于她看到自己前往的那个真正的国度。那儿有美丽的青山、杉木林、城市和城堡。太阳还没有落下去以前，她落到一个大山洞前面。洞口生满了细嫩的、绿色的蔓藤植物，看起来就像锦绣的地毯。

“我们要看看你今晚会在这儿做些什么梦！”她最小的哥哥说，同时把卧室指给她看。

“我希望梦见怎样才能解救你们！”她说。

她这样的想法一直没有变过，这让她热忱地向上帝祈祷，请求帮助。是的，就算在梦里，她也在不断祈祷。她发觉自己好像已经高高地飞到空中了，飞到莫尔甘娜的云中宫殿，仙女迎接她。她美丽端庄，艳丽夺目。但她更像那个老婆婆——曾经在森林中给她吃浆果，并告诉她头戴金冠天鹅行踪的老婆婆。

“你的哥哥们是能够获救的！”她说，“但你足够勇敢并坚强吗？海水比你细嫩的手还要柔和，可它能把坚硬的石头磨平。不过这没有痛的感觉，而你的手指会感到痛的。它没有心，因此它不会感到你将会遭受的苦痛与煎熬。你看我这些带刺的荨麻！你睡觉的那个洞周围，就种着很多这样的荨麻。只有它们——生长在教堂墓地里的荨麻——才会有效。请记住，你必须采集这些荨麻——这会把你的手烧得起泡。你还要踩碎这些荨麻，从它上面扯出麻来，把麻搓成线，织出十一件长袖的披肩，披到那十一只野天鹅的身上，这样他们身上的魔力就会解除。不过你要记住，从你一开始直到完成为止，都不可以说一句话。哪怕你说出一个字，也会像一把锋利的短剑刺进你哥哥们的心脏。他们的生命是悬在你的舌尖上的，请记住这一点。”

仙女让她摸了一下荨麻，像火烧到一样，艾丽莎碰到它就醒过来。天已经大亮，挨着她睡觉的地方就有一根荨麻——跟她在梦中所见的一样。她跪在地上，感谢上帝，随后她就走出洞，开始工作了。

她用柔嫩的手拿着可怕的荨麻，这些植物像火一样刺痛她，她的手上和臂上很快就烧出许多泡。不过只要能解救哥哥，她甘愿忍受这些。于是她赤着脚把每一根荨麻踩碎，编织抽取出来的绿色的麻。

太阳落山后，哥哥们都回来了。他们看到她一句话也不说，非常担心。他们以为是恶毒的王后施了新魔咒。不过一看到妹妹的手，就知道她是在为他们受罪了。最小的哥哥忍不住哭起来，他的泪珠滴到的地方，痛楚就不那么明显了，灼热的水泡也不见了。

她整夜工作着，哥哥们获救前，她不会再休息了。第二天，天鹅飞走后，她孤零零地坐着，但时间从来没有这么宝贵。一件披肩织完了，她立刻开始织第二件。

突然山间响起阵阵打猎的呼号声，她很害怕。声音逼近了，猎狗的叫声传过来，她惊慌地躲进洞里去，并把自己采集好的荨麻扎成一小捆，自己坐在上面。

这时，一只猎狗从灌木林跳了出来，第二只、第三只也跳过来。它们狂吠着，跑过去，又跑回来。不到几分钟，猎人都来到洞口——其中最英俊的就是这个国家的国王。他向艾丽莎走来，他从来没有看到过这么美丽的姑娘。

“你是怎么来到这里的呢，可爱的孩子？”他问道。

艾丽莎摇着头，不敢讲话——她不想危及哥哥的性命。她把手藏在围裙下，不让国王看见她所经历的痛苦。

“跟我来吧！”他说，“你不能一直待在这儿。假如你的善良如你的美貌，我将给你穿起丝绸天鹅绒的衣服，戴起黄金的王冠，让我最华贵的宫殿成为你的家。”

于是他把艾丽莎扶到马上。她哭起来，痛苦地扭着双手。

国王说：“我只希望你幸福，总有一天你会感谢我的。”

就这样，他们骑着马走了，她坐在前面，其余的猎人簇拥在后面。

太阳又落山了，他们面前出现了一座美丽的城堡，里面有许多教堂。国王领她走进宫殿——巨大的喷泉在高阔的、大理石砌的厅堂里喷涌而出，墙壁和天花板上绘着华丽的壁画。但是她实在没有心情去看，她流着眼泪，心里充满悲哀，任由宫女们在她身上穿上各种衣服，在发髻里插上珍珠，在她起泡的手上戴上精美的手套。

站在那儿，她雍容华贵、耀眼炫目，整个宫廷的人都在她面前深深向她鞠躬。国王让她成为自己的新娘，不过大主教一直在摇头，低声说这位美丽的林中姑娘其实是一个巫婆，蒙蔽住了众人的眼睛，迷惑了国王的心。

可国王才不理会这些谣言，音乐响起来，华贵的酒席摆出来，美丽的宫女围着她舞起来。艾丽莎被带进芬芳的花园，走进华丽的大厅。可是她挤不出一丝笑容，眼睛也没有一点光彩。这是忧愁的表现。国王推开旁边一间卧室的门——这将是她睡觉的地方，里面装饰着贵重的绿色花毡，形状与她住过的山洞一模一样。她抽出的那捆荨麻还在地上搁着，天花板下面挂着原来织好的那件披肩——这是那些猎人作为稀罕的猎物带回来的。

“你在这儿可以从梦中回到老家去，”国王说，“你在那儿忙着工作。现在住进这华丽的宫殿，仍可以重温那段过去的岁月，留下点儿回忆吧。”

艾丽莎看到这些心爱的物件，嘴上露出一丝欣慰的微笑，一阵红晕出现在脸上。她想念等待解救的哥哥，吻了一下国王的手。他把她抱得贴近他的心，命令所有的教堂钟声响起来，宣布他们举行婚礼。这位来自森林的美丽的哑姑娘，成了这个国家的王后。

大主教向国王偷偷地讲了许多坏话，但并未让国王动摇。婚礼如期举行，大主教需要亲自把王冠戴到她头上。他怀着轻蔑的心情，把一个狭窄的帽箍紧紧套在她额头上，让她感到疼痛。不过她心上还戴着一个更重的箍子——她为哥哥们的悲愁。肉体的痛苦她完全感觉不到，她不能说话，即使说出一个字也会要了哥哥们的命。当然，对这位和蔼而英俊的，变着方法让她快乐的国王，她也流露出深沉的爱。她全心全意地爱着他，这种爱在一天一天地增长。啊，她多么希望能够信任他，把自己的痛苦告诉他啊！然而她不能，她必须在沉默中完成她的工作。因此到了夜里，她就偷偷起来，走到那间装饰得像山洞的小屋子里去，一件一件地织着披肩。但当她织到第七件的时候，她的麻用完了。

她知道教堂墓地上也长着她所需要的荨麻，她必须亲自去采。可是她该怎么去那儿呢？

"啊，比起我心里要忍受的痛苦来说，手上这点痛楚又算什么呢？"她想，"我得冒险去一趟！上帝不会不帮助我的。"

怀着恐惧的心情，她偷偷地在这月明的夜里走进花园，穿过长长的林荫小道，走过无人的街路，来到教堂墓地里。那里有一群吸血鬼，围成一个小圈，坐在宽大的墓石上。这些奇丑的怪物脱掉了破烂的衣服，仿佛要去洗澡。他们用又长又细的手指挖开新坟，拖出尸体，吃掉这些人肉。艾丽莎不得不从他们身边走过。他们用死一般的眼睛盯着她。她祈祷着，采集着那些棘手的荨麻，带回到宫里去。

有一个人看见了她——那位大主教。大家都在睡觉的时候，他却没有。他所怀疑的事情现在得到了证实：这个王后并不是一个真正的王后，而是一个巫婆，她迷住了国王，蒙骗了全国人民。

忏悔室里，大主教把看到的一切以及疑虑都告诉了国王。那些尖酸刻薄的字眼从他的舌尖上吐出来时，众神雕像似乎都在摇头，好像在说："并不是这样的！艾丽莎是无辜的！"不过大主教对众神的摇头却有另一番解释——他认为众神看到过她犯罪，是在对她的罪孽摇头叹息。这时两行沉重的眼泪沿着国王的双颊流了下来。他不信大主教的话，决定晚上时亲自看一看。夜里，他假装睡着了，他看到艾丽莎爬起来，每天晚上都这样忙碌。

国王的脸色一天比一天阴暗，艾丽莎注意到了，可是她不懂其中的缘由，哥哥所受的苦痛更加让她不安！这段时间，她的工作差不多快要完成了，但还有一件披肩要织，可她这里又没有麻了——连一根荨麻也没有了。她得再到教堂墓地去一趟，再去采几把荨麻来。可一想起这孤寂的路途和可怕的吸血鬼，她就不禁害怕起来，但她的意志是坚定的，正如她对上帝的信任一样。

艾丽莎还是去了，但国王和大主教却跟着她。他们看见她穿过铁格子门，走到教堂墓地里就不见了。当他们走近时，墓石上却坐着一群吸血鬼——就跟艾丽莎所看见过的一样。国王马上就转过身去，他认为艾丽莎肯定也是他们中间的一员。

"让民众来裁决吧！"他说。

民众对她进行了审判：她应该被炽热的大火烧死。

人们把她从王宫大殿丢进潮湿阴冷的地窖，寒风从窗户格子上呼呼地吹进来。她没有了天鹅绒和丝绸衣服，只有一捆自己采集来的荨麻。她可以枕在荨麻上，把自己亲手编织的粗硬披肩当做被盖，再也没有比这些荨麻更让她开心的了。她继续编织着，不住地向上帝祈祷。外面大街上的孩子们唱着讥笑她的儿歌，再没有人来安慰她。

黄昏时分，一只天鹅在窗外拍着翅膀飞来飞去——是她最小的哥哥。他终于找到了妹妹，忍不住快乐地高声鸣叫起来。今晚就是她的最后一晚了，她的工作也只差一点儿就要完成了，她的哥哥们也都来了。

大主教到场了，准备与她一起度过这一晚——他答应过国王的。不过艾丽莎使劲摇着头，用眼光和表情请求他离去，因为在她的最后一晚，必须完成她的工作，否则她倾注心血的努力、她的一切、她的泪水、她的苦痛、她的不眠之夜，都会徒劳无功。大主教说了些不好听的话，终于离去了。当然可怜的艾丽莎清楚自己是无辜的，她继续工作着。

小老鼠在地上跑来跑去，把荨麻叼到她脚跟前，尽力帮她做点什么；画眉鸟栖在窗户铁栏杆上，整夜对她唱出最动听的歌，鼓励她不要丧失勇气。

天还没有亮，还有一小时太阳才出来。她的十一位哥哥已经站在皇宫门口，要求面见国王。侍卫告诉他们说，现在不能这么做，天还没亮，国王还在休息，现在不能惊扰他。他们不停地恳求，甚至开始威胁，后来警卫来了，国王也出来了。他问这究竟是怎么回事，结果太阳出来了，兄弟们忽然不见了，只剩下十一只在空中盘旋的白天鹅。

市民们潮水似地涌出去，都想去看这个巫婆怎么被烧死。囚车由一匹又老又瘦的马拉着，艾丽莎坐在里面，人们已经给她穿上一件粗布丧服，头发全散下来了。她两颊苍白，面无血色，嘴唇在微微颤动，但她并没有停止，手指还在奋力编着荨麻。她正在死亡的路途上和时间赛跑，她不能中断已经开始的工作，脚旁放着十件披肩，现在她正在完成第十一件。而人们还在不停地咒骂她。

“瞧瞧这个吧！看她正在喃喃地念着什么！她手中没有《圣诗

集》！啊，不！她还在忙着摆弄那可憎的妖物——从她手中夺过来，撕成碎片吧！”

众人一齐向她拥过去，要抢夺她手中的东西撕成碎片。这时十一只白天鹅突然飞过来，落到车上，拍着宽大的翅膀，围着她、保护她。众人惊恐地退到两边。

“这是上天给的一个信号！她一定是无辜的！”众人低声讨论着，但是他们不敢大声地说出来。

这时刽子手来抓她的手。她迅速把这十一件披肩抛向天鹅，十一个美丽的王子立刻就出现了，不过最年幼的王子还留着一只天鹅的翅膀，因为他的那件披肩还少一只袖子——她没有来得及完全织好。

“现在我终于可以开口讲话了！”她说，“我没有罪！”

众人见到这一切，不禁在她面前弯下腰来，就像面对一位圣徒一样。但她倒在了哥哥们的怀里，失去了知觉。

“是的，她是无罪的。”最年长的哥哥说。

他把一切经过和情形都讲了出来。当他说话的时候，阵阵香气慢慢散开，就像几百朵玫瑰花盛开，原来柴火堆上的木头已经生根，冒出了枝叶——变成香气扑鼻的篱笆，上面开满了红色的玫瑰，一朵鲜艳明亮的鲜花，折射出光辉，像闪烁的星星。国王摘下这朵花，把它插在艾丽莎的胸前。她苏醒过来，心中充满平静与幸福。

所有教堂钟声隆隆齐鸣，鸟儿成群结伴飞来，皇宫里新婚的盛况，是以前的国王都不曾经历过的。

天国花园

从前有位国王的儿子，谁也没有读过他那么多、那么美丽的书：世界上发生的所有事情，他都能在这些书本里读到，还能在一些美丽的插图中看见。他知道每个民族和每个国家。不过，天国花园在什么地方，书上却一字也没有提到——而这正是他最想知道的。

当他还是小孩子但已入学的时候，祖母曾经告诉他说：天国花园里每朵花都是最甜的点心，每个花蕊都是香甜的美酒。这朵花上写的是历史，那朵花上写的是地理和乘法表。一个人只需吃一块点心就可以学一课书，他吃得越多，就能学到越多的历史、地理和数学。

那时他相信这话。他年纪越大，学到的东西越多，就变得越聪明。他知道，天国花园的美景一定是很奇特的。

“啊，为什么夏娃要摘下知识之树的果子呢？为什么亚当要吃掉禁果呢？如果我是他的话，这件事就绝不会发生，世界上也就永远不会有罪孽存在了。”

这是他小时侯说的一句话。等他到了十七岁，他仍然说着这句话。“天国花园”占据了他的整个思想。

有一天，他独自在森林里散步，这是他生活中最愉快的事情。

黄昏时，云块密集地堆在一起，雨在倾盆地下着，好像天空就是一个专门泻水的水闸似的。天黑得像在深井中的黑夜一样。他一会儿在潮湿的草上滑一跤，一会儿被崎岖的地上冒出的石头绊一跤，全身都浸在水里。

这位可怜的王子身上没有一处是干的，他不得不爬到一大堆石头上去，因为这儿的水都从厚青苔里沁出来了。他几乎要晕倒过去，这时他听到一个奇怪的嘘嘘声，他看到面前有一个发光的大地洞。洞里烧着一堆火，这堆火几乎可以烤熟一只牡鹿，事实上也是这样。有一只长着高大犄角的美丽的牡鹿，被穿在一根叉子上，在两根杉树干之间慢慢地转动。火边坐着一个身材高大的老女人，样子很像一位伪装的男人。她不断地添些木块到火里去。

“请进来吧！”她说，“请在火旁边坐下，把你的衣服烤干吧。”

“这儿有一股阴风吹进来！”王子说着，同时坐在地上。

“我的孩子们回来以后，那还要糟呢！”女人回答说，“你现在来到了风之洞。我的儿子们就是世界上的四种风，这个你懂吗？”

“你的儿子现在在什么地方呢？”王子问。

“当一个人问出一个糊涂问题的时候，这是很难回答的。”女人说，“他们正在天宫里和云彩一起踢毽子。”

于是她朝天上指了一下。

“啊，真有这样的事情！”王子说，“不过你说话的态度粗鲁，一点也没有我周围的那些女人的温柔气息。”

“是的，大概她们都没有别的事情可做吧！如果我要叫我的儿子们听话，我得厉害一点才成。这点我倒是做得到，虽然他们都是一些固执的家伙。请你看看墙上挂着的四个袋子吧，他们害怕这些东西，正如你从前害怕挂在镜子后面的那根竹条一样。我告诉你，我可以把这几个孩子叠起来，塞进袋子里去。我们不须讲什么客气！他们在那里面待着，在我认为没有必要把他们放出来以前，他们不能出来到处撒野。不过，现在有一个回来了！”

这是北风。他带着一股冰冷的寒气冲进来。大块的雹子在地上跳动，雪球在四处乱飞。他穿着熊皮做的上衣和裤子，海豹皮做的帽子一直盖到耳朵上，他的胡子上挂着长长的冰柱，雹子不停地从他的上衣领子上滚下来。

“不要马上就到火边来！”王子说，“否则你会把手和面孔冻伤的。”

“冻伤？”北风不禁哈哈大笑起来，“冰冻！这正是我最喜欢的东西！不过你是一个什么少爷？你怎么钻进了风之洞？”

“他是我的客人！”老女人说，“如果你对于这解释感到不满意的话，那么就请你钻进那个袋子里去——现在你懂得我的用意了吧！”

这话马上开始管用了。北风开始叙述他是从什么地方来的，他花了将近一个月的工夫到了些什么地方。

“我是从北极来的，”他说，“我和猎海象的人去了白令岛。当他们从北望角开出的时候，我坐在他们的船舵上打盹。当我偶尔醒过来的时候，海燕就在我的腿边飞。这是一种很滑稽的鸟儿！它们猛烈地拍几下翅膀，接着就张着翅膀停在空中不动，然后忽然像箭似的向前飞走。”

“不要东拉西扯，”风妈妈说，“你去过白令岛吗？”

“那儿才美哪！那儿跳舞用的地板，平整得像盘子一样！

“那儿有长着青苔的半融的雪、尖峭的岩石、海象和北极熊的残骸。它们像生满了绿霉的巨人肢体。人们会以为太阳从来没有在那儿出现过。我把迷雾吹了几下，好让人们可以找到小屋。这是用破船的木头砌成的房子，上面盖着海象的皮——贴肉的那一面朝外。房子的颜色是红绿相间的，屋顶上坐着一个活的北极熊，在那儿哀叫。我跑到岸上去找雀巢，看到光溜溜的小鸟张着嘴在尖叫。于是我朝它们的小咽喉里吹一口气，叫它们把嘴闭住。更下面一点，有许多大海象在拍着水，像一些长着长牙齿和猪脑袋的大蛆！”

“我的少爷，你的故事讲得很好！”风妈妈说，“听你讲的时候，我连口水都流出来了！”

“于是打猎开始了！长鱼叉插进海象的胸脯里去，血喷出来像喷泉一样洒在冰上。这时我也想起了我的游戏！我吹起来，让我的那些船——山一样高的冰块——向他们的船中间冲过去。嗨，船夫吹着口哨，大喊大嚷！可是我比他们吹得更厉害。他们只好把死的海象、箱子和缆绳扔到冰上去！我在他们身上撒下雪花，让他们乘着破船，带着他们的猎物，漂向南方，去尝尝咸水的滋味。他们永远也不能再到白令岛来了！”

“那么你做了一件坏事了！”风妈妈说。

“至于我做了些什么好事，让别人来讲吧！”他说，“不过现在我的西风兄弟来了。所有兄弟之中我最喜欢他，他有海的气息和一种令人愉悦的清凉味。”

“那就是小小的西风吗？”王子问。

“是，他就是西风，”风妈妈说，“不过他并不小了。从前他是一个可爱的孩子，不过那已经是过去的事了。”

西风的样子看起来像个野人，不过他戴着一顶宽边帽来保护自己的面孔。他手上拿着一根桃花心木的棒子——这是在美洲一个桃花心木树林里砍下来的。这可不是一件普通的玩意儿。

“你是从什么地方回来的？”风妈妈问。

“从荒凉的森林里来的！”他说，“那儿多刺的藤蔓在每株树的周围建立起一道篱笆，水蛇在潮湿的草里睡觉，人类在那儿似乎是多余的。”

“你在那儿干吗？”

“我在那儿看一条很深的河，看它从岩石中冲下来，变成水花，溅到云层中去，托住一条彩虹。我看到野水牛在河里游泳，不过激流把它冲走了。它跟一群野鸭一起漂流，野鸭漂到河流要变成瀑布的地方就飞起来了，水牛只好随着水滚下去！我觉得这好玩极了，我吹起一股风暴，把许多古树吹到水里去，打成碎片！”

“你没有做过别的事吗？”风妈妈问。

“我在原野上翻了几个跟头，我抚摸了野马，摇下了可可核。是的，是的，我有很多故事要讲！不过一个人不能一下子把他所有的东西都讲出来。这一点你是知道的，老太太。”

他吻了他的妈妈一下，她几乎要向后倒下去了。他真是一个野蛮的孩子！

现在南风到了——他头上裹着一块头巾，身上披着一件游牧人的宽斗篷。

“这儿真是冷得够戗！”他说，同时加了几块木柴到火里去，“人们立刻可以感觉出北风已经先到这儿来了。”

“这儿真太热，人们简直可以在这儿烤一只北极熊。”北风说。

“你本人就是一只北极熊呀！”南风说。

“你想要钻进那个袋子里去吗？”风妈妈对南风说，“请在那边的石头上坐下来，赶快告诉我你到过什么地方。”

“去过非洲，妈妈！”他回答说，“我曾在卡菲尔人的国土里和霍屯督人一起去猎过狮子！那儿平原上的草绿得像橄榄树一样！那儿角马在跳舞。有一只鸵鸟跟我赛跑，不过我比它跑得快。我走到那全是黄沙的沙漠里去——那地方的样子很像海底。我遇见一队旅行商，他们把最后一只骆驼杀掉了，为的是想得到一点水喝，不过他们得到的水很少。太阳在上面晒，沙子在下面烤。沙漠向四周延展，没有边际。于是我在松散的细沙上打了几个滚，搅起一阵像巨大圆柱的灰沙。这场舞才跳得好哪！你应该瞧瞧单峰骆驼呆呆地站在那儿露出一副多么沮丧的神情。商人把长袍拉到头上盖着。他们倒在了我面前，他们现在被埋葬了——沙子做成的一个金字塔堆在他们身上。以后我再把它吹散掉的时候，太阳将会把他们的白骨晒枯了。那么旅行的人们就会知道，这儿以前曾经有人来过。否则谁也不会相信，在沙漠中会有这样的事情。”

“所以你除了坏事以外，什么事情也没有做！”风妈妈说，“钻进那个袋子里去！”

趁南风还没有发觉，她把他拦腰抱住，按进袋子里去。他在地上打着滚，不过她已经坐在袋子上，所以他也只好不做声了。

“你的这群孩子倒是蛮活泼的！”王子说。

“一点也不错，”她回答说，“不过我还知道怎样管教他们呢！现在第四个孩子回来了！”

这是东风，他穿一套中国人的衣服。

“哦！你从哪个地方来？”风妈妈说，“我相信你去过天国花园了。”

“我明天才飞到那儿去。”东风说，“自从我上次去过以后，明天恰好是一百年。我现在是从中国来的——我在瓷塔周围跳了一阵舞，把所有的钟都弄得叮当叮当地响起来！官员们在街上挨打；竹条子在他们肩上打裂了，而他们还都是一品到九品的官呢。他们不停地说：‘谢主隆恩！’不过这不是他们心里的话。于是我摇着铃，唱：‘丁，当，锵！’”

“你太调皮了！”风妈妈说，“你明天到天国花园去走走也好，这可以教育你，对你有好处。好好地在智慧泉里喝几口水吧，还请你带给我一小瓶。”

“这个不成问题，”东风说，“不过你为什么把我的弟兄南风关在袋子里呢？把他放出来吧！他可以讲点凤凰的故事给我听，因为天国花园的那位公主，每当过了一个世纪我去拜访她的时候，总是让我讲讲凤凰的故事。请把袋子打开吧！

“这样你才是我最可爱的妈妈呀，我将送给你两包茶——两包从产地摘下的又绿又新鲜的茶！”

“唔，为了茶的缘故，也因为你是我最喜欢的孩子，我就把袋子打开吧！”

她这么做了。南风爬了出来，但依然很沮丧，因为陌生的王子看到了自己受惩罚。

“你把这张棕榈树叶带给公主吧！”南风说，“这树叶是世界上仅有的那只凤凰带给我的。它用尖嘴在叶子上绘出了自己这一百年的生活经历。现在她可以亲自读一读这些记录。

“我亲眼看见凤凰把自己的巢烧掉，它自己坐在里面，像一个寡妇似的把自己烧死。干枝子烧得多么响！烟多么大！气味多么香！最后，一切都变成了火焰，老凤凰也化为灰烬。不过它的蛋在火里发出红光，轰然一声爆裂开来，一只小凤凰就飞出来了。现在这只小凤凰已经是群鸟之王，也是世界上唯一的一只凤凰。它在我给你的这张棕榈叶上啄开了一个洞口：这就是它送给公主的敬礼！”

“现在让我们来吃点东西吧！”风妈妈说。

他们都坐下来吃那只烤好了的牡鹿。王子坐在东风旁边，他们马上就成了很要好的朋友。

“请告诉我，”王子说，“你们刚才谈的那位公主究竟是怎样一个人呢？天国花园在什么地方呢？”

“哈，哈，”东风说，“你想到那儿去吗？嗯，那么你明天跟我一起飞去吧！不过，我得告诉你，自从亚当和夏娃以后，再也没有人到过那里。你在《圣经》中已经读过关于他们的故事了吧？”

“读过了！”王子说。

“他们被赶出去以后，天国花园就坠到地上，不过还保留着温暖的阳光、温和的空气以及一切的美景。群仙之后就住在里面，幸福之岛也在那儿——死神从来不到这岛上来，住在那儿真是美极了！明天你可以坐在我的背上，我把你带去。我想这办法很好，但现在我们不要再闲聊了，我想睡了。”

于是大家都去睡了。

大清早，王子醒来时，他大吃一惊，自己已经在云块上高高地飞行了。他骑在东风的背上，而东风也老老实实地背着他：他们飞得非常高，下边的森林、田野、河流和湖泊简直像是映在一幅大地图上的图案。

“早上好！”东风说，“你还可以多睡一会儿，因为下面的平地上没什么好看的。除非你愿意数数那些教堂！它们像在绿板上用粉笔画的小点点。”

那所谓的绿板就是田野和草地。

“我没有跟你妈妈和你的弟兄告别，真是太没有礼貌了！”王子说。

“当一个人在睡觉的时候，他是应该得到原谅的！”东风说。

他们加快飞行速度。人们可以听到他们在树顶上飞行，因为当他们飞过的时候，叶子和柔枝都沙沙作响。人们在海上和湖上知道他们在飞，因为他们飞过的时候，浪就高起来，许多大船也向水点着头，像游泳的天鹅。

将近黄昏，天将暗下来，大城市真是美丽极了，点亮了许多灯，一会儿这里一亮，一会儿那里一闪。这景象好比一个人在燃着一张纸，看到火星后就散开来。王子拍着双手，不过东风请求他不要这样做，他最好坐稳，不然就很容易掉下来，挂在教堂的尖顶上。

黑森林里的苍鹰在轻快地飞翔着，但是东风飞得更轻快。骑着小马的哥萨克人在草原上敏捷地飞驰过去了，但王子更敏捷地在空中飞过去。

“现在你可以看到喜马拉雅山了！”东风说，“这是世界最高的山。过一会儿我们就要到天国花园了！”

他们继续向南飞，空中立刻有一阵花朵和香料的气味飘来。到处长着无花果和石榴，野葡萄藤上结满了红葡萄和紫葡萄。他们两个人就在这儿落下来，在柔软的草地上伸开四肢。花朵向风儿点头，好像是说：“欢迎你回来！”

“我们现在到了天国花园了吗？”王子问。

“没有，当然没有！”东风回答说，“不过马上就要到了。看到那边石砌的墙了吗？看到那边的大洞口了吗？看到洞口上悬着的像绿帘子的葡萄藤了吗？我们要走进那洞口！请裹紧你的大衣吧。太阳在这儿灼热地烤着，可是再向前走一步，你就会感到冰冻般的寒冷。飞过这洞子的麻雀总有一只翅膀留在炎热的夏天里，另一只翅膀留在寒冷的冬天里！”

“这就是通往天国花园的道路吗？”王子问。

他们走进洞里去！噢！里面冷得像在冰窖一样，但是没过多久，东风展开他的翅膀，亮得像最闪耀的火焰。这是多么奇特的一个山洞啊！悬在他们头上的是一大堆奇形怪状的、滴着水的石块。有些地方是那么狭小，他们不得不匍匐前行；有些地方又是那么宽广和高阔，好像在高空中一样。这地方很像墓地的教堂，里面有发不出声音的风琴管，还有成了化石的旗子。

“我们通过死神的道路来到天国！”王子说。

但是东风一个字也不回答。他指着前面，那儿有一道美丽的蓝色闪光。上面的石块渐渐变成一层烟雾，最后变得像月光中的一片白云。他们现在呼吸到凉爽温和的空气，新鲜得好像站在高山上，清香得好像山谷里的玫瑰花。

有一条像空气一样清亮的河在流淌，鱼儿简直就像金子和银子，紫红色的鳝鱼在水底下嬉戏，他们卷动一下就发出蓝色的光芒。宽大的睡莲叶子射出虹一样的色彩，被水培养着的花朵就像油培养着的灯一样，鲜艳得像橘黄色的光。一座坚固的大理石桥，雕刻得精致而富有艺术气息，简直像是用缎带和玻璃珠砌成的。它横在水上，通到幸福之岛——天国花园，在这儿开出一朵花。

东风用双手抱着王子，把他带到这个岛上。花朵和叶子唱出他儿时最喜欢的歌曲，不过它们唱得那么甜美，人类是唱不出来的。

生长在这儿的东西是棕榈树呢，还是巨大的水草？王子从来没有看到过这么青翠和庞大的树木。许多非常美丽的植物垂下无数的花彩，像圣贤著作中书缘上用金黄和其他色彩绘成的图案，或是一章书的头一个字母中的花纹。这可谓是花、鸟和彩组成的“三绝”。附近的草地上有一群孔雀展开光亮的长尾。是的，这都是真的！不过当王子摸到这些东西的时候，他发现那并不是鸟儿，而是植物，它们是牛蒡，但是光耀得像华丽的孔雀开屏。虎和狮子，像敏捷的猫儿一样，在绿色的灌木林中跳来跳去。这些灌木林发出的香气像橄榄树的花朵，而这些老虎和狮子都是很温顺的。野斑鸠闪亮得像最美丽的珍珠，它们在狮子的鬃毛上拍着翅膀。平时总是很羞怯的羚羊现在站在旁边点着头，好像它也想来玩一阵子似的。

天国的公主来了。她的衣服像太阳似的发着亮光，她的面孔是温柔的，正如一个快乐的母亲看着自己的孩子，感到无比幸福的模样。她既年轻，又美丽。她后面跟着一群最美丽的侍女，每人头上都戴着一颗亮晶晶的星。

东风把凤凰写的那片叶子交给她，她的眼睛透出快乐的光彩。她挽着王子的手，把他领进王宫里去。那儿墙壁的颜色就像照在太阳光中的郁金香，天花板就是一大朵闪着亮光的花。人们越朝里面望，花萼就越显得深。王子走到窗户那儿去，在一块玻璃后面朝外望。这时他看到知识之树、树旁的蛇和在附近的亚当和夏娃。

“他们没有被赶出去吗？”他问。

公主微笑着解释说，时间在每块玻璃上烙下了一幅图画，但这并不是人们惯常所见的那种图画。不，这画里面有生命：树上的叶子在摇动，人就像镜中的影子似的来来往往。他又在另一块玻璃后面望，他看见雅各梦见通到天上的梯子，长着大翅膀的天使在上上下下地飞翔。的确，世界上所发生的事情全都在玻璃里活动着。只有时间才能刻下这样奇异的图画。

公主微笑着，又把他领到一间又高又大的厅堂里。墙壁像是透明的画像，面孔一个比一个好看。这儿有无数幸福的人们，他们微笑着、歌唱着，这些歌声和笑声交融成为一种和谐的音乐。大厅中央有一株绿叶茂密、枝丫低垂的大树，大大小小的金黄苹果，在叶子之间悬着。这就是知识之树，亚当和夏娃曾吃过树上的果子。每一片叶子都滴下一滴亮晶晶的红色露珠，好像树哭出来的带血的眼泪。

“我们现在到船上去吧！”公主说，“我们可以在波涛上呼吸一点空气。船会摇摆，可是它并不离开原来的地点。但世界上所有的国家将会在我们眼前一一经过。”

整个河岸在移动，这真是一种奇观。积雪的阿尔卑斯山，云块和松林出现了，号角吹出了忧郁的调子，牧羊人在山谷里高声歌唱，香蕉树在船上垂下长枝，乌黑的天鹅在水上游泳，奇异的动物和花卉在岸上炫耀着自己。一幅幅画面在眼前浮过去。人们听到牧师的歌声，看到原始人踏着鼓声和着骨头做的喇叭声在跳舞；深入云霄的埃及金字塔，倒下的圆柱和一半埋在沙里的斯芬克斯，也都在眼前浮过去了。北极光照在北方的冰河上——这是谁也仿造不出来的焰火。王子感到非常幸福——他所看到的东西，比我们现在所讲的要多一百倍。

“我能不能永远住在这儿？”他问。

“这要由你自己决定。”公主回答说，“如果你能不像亚当那样去做违禁的事，你就可以永远住在这儿。”

“我决不会去动知识树上的果子！”王子说，“这儿有无数的果子跟那个果子同样美丽。”

“请你问问你自己吧。假如你的意志不够坚强，你可以跟送你来的东风一道回去。他快要飞回去了，他只有过了一百年才再到这儿来。不过，在这儿，一百年只不过像一百个钟头一样短暂；但对罪恶和诱惑来说，这段时间却非常漫长。每天晚上，当我离开你的时候，我会对你喊：‘跟我一块儿来吧！’我也会向你招手，不过你不能动，更不要跟我一道来。因为你向前走一步，你的欲望就会增大，那么你就会来到长着那棵知识之树的大厅。我就睡在它芬芳的垂枝下面。你会在我的身上弯下腰来，而我必然会向你微笑。如果你吻了我的嘴唇，天国就会坠到地底下去，那么你也就失掉它了。沙漠的厉风将会在你的周围猛吹，冰凉的雨点将会从你的头发上滴下来，忧愁和苦恼将会是你的命运。”

“我要在这儿住下来！”王子说。

于是东风就在他的前额上吻了一下，同时说：“请坚强些，一百年以后我们再在这儿会面。再会吧！再会吧！”

东风展开他的大翅膀，它们发出的闪光像秋天的麦田或寒冷冬天的北极光。

“再会吧！再会吧！”这是花丛和树林中发出的声音。鹳鸟和鹈鹕成行地飞起，像飘荡着的缎带，一直陪东风飞到花园的边境。

“现在我们开始跳舞吧！”公主说，“当我和你跳完了，当太阳落下去了的时候，我将向你招手。你将会听到我对你喊：‘跟我一道来吧。’不过请你不要听这话，因为在这一百年间我每晚必定说一次这样的话。每经受住一个这样的考验，你就会获得更多的力量，最后你就不再想这话了。今晚是第一次。我得提醒你！”

公主把他领到一个摆满了透明的百合花的大厅里。每朵花的黄色花蕊是一个小小的金色竖琴——它发出弦乐器和芦笛的声音。许多苗条的美丽女子，穿着雾似的薄纱衣服，露出她们可爱的肢体，在轻盈地跳舞。她们歌唱着生存的快乐，歌唱她们永不灭亡，歌唱天国花园永远开着花朵。

太阳落下来了，整个天空染成一片金黄，把百合花染上一层最美丽的玫瑰色。王子喝着这些姑娘倒出的、泛着泡沫的美酒，感到从来没有过的幸福。他看到大厅的背景在他面前展开，知识之树射出光芒，使他的眼睛发花。歌声是柔和的、美丽的，像他母亲的声音，也像母亲在唱：“我的孩子！我亲爱的孩子！”

于是仙女向他招手，向他亲热地说：“跟我来吧！跟我来吧！”

于是他就向她走去，忘记了自己的诺言。她在招手、在微笑，环绕在他周围的芬芳的气息越来越浓，竖琴也演奏得更好、更动听。在这长着知识之树的大厅里，现在似乎有好几个面孔在向他点头与歌唱：“大家应该知道，人类是世界的主人！”从知识树的叶子上滴下来的不再是血的眼泪——在王子的眼中，这似乎是放亮的红星。

“跟我来吧！跟我来吧！”一个颤抖的声音说。王子每走一步，就感到自己的面孔更灼热，血流得更快。

“我一定来！”他说，“这不是罪过，这不可能是罪过！为什么不追求美和快乐呢？我要看看她的睡态！只要我不吻她，我就不会有什么损失。我决不做这事，我是坚强的，我有果断的意志！”

仙女脱下耀眼的外衣，分开垂枝，不一会儿就藏进树枝里去了。

“我还没有犯罪，”王子说，“而且我也绝不会。”

于是他把树枝向两边分开。她已经睡着了，只有天国花园里的仙女才能有她那样美丽。她在梦中发出微笑，他对她弯下腰来，他看见她的睫毛下有泪珠在颤抖。

“你是在为我哭吗？”他柔声地说，“不要哭吧，你——美丽的女人！现在我可懂得天国的幸福了！这幸福现在在我的血液里流，在我的思想里流，在我这个凡人的身体里流，我现在感到了安琪儿的力量，感到了永恒的生命。让这永恒的夜属于我吧，有这样的一分钟已经就够幸福了。”

于是他吻了她眼睛里的眼泪，他的嘴唇贴上了她的嘴唇——

这时一个沉重可怕的雷声响起来了，任何人从来都没有听过这样的响雷。一切都沉陷了：那位美丽的公主，那开满了花的乐园——这一切都沉陷了，沉陷得非常深。王子看到这一切沉进黑夜中去，像远处亮着的一颗小小的明星。他感到全身一种死一般的寒冷，他闭起眼睛，像死去了似的躺了很久。

冷雨落到他的面上，厉风在他的头上吹，他恢复了知觉。

“我做了些什么呢？”他叹了一口气，“我像亚当一样犯了罪！所以天国就沉陷下去了！”

于是他睁开眼睛。远处的那颗明星，那颗亮得像是已经沉陷了的天国的星——是天上的一颗晨星。

他站起来，发现自己在大森林里风之洞的近旁，风妈妈正坐在他的身边：她有些生气，把手举在空中。

“在第一天晚上，”她说，“我料想到结果必定是如此！是的，假如你是我的孩子，你就得钻进袋子里去！”

“是的，你应该钻进去才成！”死神说。这是一位强壮的老人，手中握着一把镰刀，身上长着两只宽大的黑翅膀。“他应该躺进棺材里去，不过他的时间还没有到。我只是把他记下来，让他在人世间再旅行一段，叫他能赎罪，变得好一点！总有一天我会来的。在他意想不到的时候，我将把他关进一个黑棺材里去，我把他顶在我的头上，向那一颗星飞去。那儿也有一个开满了花的天国花园。如果他是善良和虔诚的，他就可以走进去。不过如果他有恶毒的思想，如果他的心里还充满了罪恶，他将和他的棺材一起坠落，比天国坠落得还要深。只有在隔了一千年以后我才会再来找他，使他能有机会再坠落得更深一点，或是升向那颗星——那颗高高的亮着的星！”

坚定的锡兵

从前，有二十五个锡兵，他们都是兄弟，因为他们都是用一个旧的锡汤匙做成的。他们肩上扛着毛瑟枪，眼睛向前直视着。他们的制服红蓝相间，非常神气。他们在这世界上听到的第一句话是："锡兵！"这句话是一个小孩子喊出来的，当装他们的盒子盖子被打开时，这个孩子拍着双手。这些锡兵就是这个孩子的生日礼物，他现在把这些锡兵摆到桌子上。每个兵都是同一个模样，只有一个稍有不同——他只有一条腿，因为他是最后被铸出来的，锡不够用了！但是他仍然能够用一条腿站得稳稳的，和其他锡兵用两条腿没有两样。并且，就是这个锡兵在将来最为传奇。

在摆着他们的那张桌子上，还有许多其他的玩具，不过最引人注意的一件东西是一个硬纸板做的整洁的宫殿。从那些小窗子望进去，可以一直看见里面的大厅。宫殿前面有几株小树围着一面小镜子——这面小镜子代表一个清澈的湖。蜡做的小天鹅在湖上浮游，水面浮现出他们的倒影，这一切都是很美丽的。不过最美丽的还要算一位小姐，她站在敞开的城堡门口。她也是纸剪出来的，不过她穿着一件透明的薄纱裙。一条小小的窄蓝色缎带绕过她的肩，看起来仿佛像一条头巾。这缎带的中央插着一件闪亮的金箔玫瑰——简直有她整个的脸庞那么大。这位小姐伸着她的双手——因为她是一个舞蹈家。她有一条腿举得非常高，以至于那个锡兵简直望不见，于是他就以为她也像自己一样，只有一条腿。"她将会是我的妻子呢！"他心里想，"不过她太讲究了。她住在一个城堡里面，而我却只有一个盒子，而且我们还是二十五个人挤在一起，也没有她的容身之处，不过我还是要设法认识她。"

于是他就在桌上一个鼻烟壶的后面平躺下来。从那里他可以轻易看到这位美丽的小姐——她一直是用一条腿站得稳稳的。

当夜晚到来的时候，所有别的锡兵都被放进了盒子，屋子里的人们也都上床睡觉了。玩具们这时就开始玩"串门""打仗"以及"舞会"的游戏。锡兵们也在盒子里叽叽喳喳，因为他们想出来参加，可是打不开盒盖。胡桃夹子翻起筋斗，石笔在石板上乱跳乱叫。金丝鸟也被吵醒了开始讲话，并且出口成诗。这时只有两个人没有离开原位：一个是锡兵，一个是那位跳舞的女士。她依旧用她的脚尖站得笔直，双臂外伸。他也是用一条腿站着，并且目不转睛地盯着她。

忽然钟敲了十二下，于是“咔”，那个鼻烟壶的盖子掀开了，可是那里面并没有鼻烟，只有一个小小的黑妖精——这鼻烟壶原来是一个伪装。

“锡兵！”妖精说，“人家根本不搭理你，你就别盯着了！”

可是锡兵装作没有听见。

“明天等着瞧吧！”妖精说。

当早晨来临，孩子们都起来了，他们把这锡兵移到窗台上。不知是那妖精在捣鬼，还是一阵阴风在作怪，忽然间窗子开了，只有一条腿的锡兵就从三楼大头朝下跌了下去。这一下真是跌得万分可怕！他的腿直跷起来，钢盔向下倒立着，他的刺刀插在街上的石板缝里。侍女和小男孩立刻下楼去找他，但是他们都快踩到他身上也没看到这个锡兵。如果他能喊出“我在这里”，也许他们就能找到他了。不过他觉得自己既然穿着军服，再大声叫喊不符合自己的身份。

现在天空开始下雨了。雨点越下越密，最后简直倾盆而泄。雨过天晴之后，有两个野孩子打这里经过。

“看哪！”其中一个说，“这儿躺着一个锡兵。他一定是坐船出来旅行的！”

他们用一张报纸折了一条船，把锡兵放在船中央。锡兵就这么沿着水沟顺流而下，这两个男孩在岸上跟着他跑，拍着手。天哪！沟里掀起了一股巨浪，激流急速前进着！下过一场大雨毕竟不同。纸船一上一下地颠簸着，有时转得那么急，弄得锡兵战栗起来。可是他依旧稳稳地站着，面不改色，他肩上扛着毛瑟枪，眼睛向前看。

突然之间，这条船掉进一条长长的下水道里了。四周一片漆黑，好像他又回到盒子里了一样。

“我这是在去哪儿啊？”他想，“是了，是了，这是那个妖精在捣鬼。啊！假如那位小小的女士同我一同坐在船中，就是比现在黑一倍我也不在乎。”

这时来了一只硕大的水耗子，它就住在下水道里。

“你有通行证吗？”耗子问，“把你的通行证拿出来！”

可是锡兵保持缄默，只是更紧地握着自己的毛瑟枪。

这条船继续往前行驶，但是耗子紧跟不舍。乖乖！请看他那副张牙舞爪的样子！他对干草和木头碎片喊着：

“抓住他！抓住他！他没有留下过路钱！他没有拿出通行证来看！”

可是这激流越来越湍急，在下水道尽头的地方，锡兵已经可以看得见前面的阳光了。不过他又听到一阵怒吼声——这声音足以把一个胆子大的人吓倒。想想看吧：在下水道尽头的地方，水流奔入一条宽大的运河里去了——这对锡兵来说危险性绝不亚于人类被冲入巨大的瀑布。

现在他马上要进入运河，已经没有办法停下来了。船一直冲到外面去，可怜的锡兵只有尽可能地把他的身体直直地挺起来，没人能说他眨了一下眼皮。这条船旋转了三四次，里面的水一直漫到了船边——船要下沉了。直立着的锡兵全身浸在水里，只有头伸在水外。船在深深地往下沉，纸也慢慢地松开了。水现在马上要没过士兵的头顶了……他不禁想起了那位美丽的、娇小的舞蹈家，他永远不会再见到她了，这时他耳朵里响起了这样的话：

“冲啊，冲啊，你这战士，你终有一死！”

现在纸已经彻底散架了，锡兵也掉了出来。——不过正在这时候，一条大鱼忽然把他吞到肚里去了。

哦！鱼肚子里是多么黑暗啊！比在下水道里面还要黑，而且空间是那么狭小！不过锡兵是坚定的，就是当他直直地躺下来的时候，他仍然紧紧地握着他的毛瑟枪。

这条鱼东奔西撞，颠三倒四，又忽然变得一动不动。接着一道像闪电似的光射进了它的身体，阳光照得很亮，同时有一个人在大声喊：“锡兵！”原来这条鱼已经被捉住，送到市场卖掉，又进了厨房，而且厨子已经用一把大刀把它剖开了。他用两个手指把锡兵拦腰掐住，拿到客厅里来——在这儿，大家都迫不及待地要看看这位在鱼肚子里作了一番旅行的了不起的人物。不过锡兵一点也没有骄傲。他们把他放在桌子上——在这儿，嗨！世界上不可思议的事情也真多！锡兵发现自己又来到了他以前的那个房间！他看到以前的那些小孩；他看到桌上以前的那些玩具；他看到那座美丽的城堡和那位优雅的舞蹈家。她仍然用一条腿保持着平衡，另一条腿仍然高高地在空中舒展开来。她也是同样坚定啊！锡兵感动极了，他都快要流出锡的眼泪来了，但是那样未免不合规矩。他望着她，但是他们都不发一言。

正在这时候，一个小男孩拿起锡兵一股脑扔进火炉里面去了。他没有说明任何理由：这当然又是鼻烟壶里的那个小妖精捣的鬼。锡兵站在那儿，通身发亮，同时感到一股灼热。不过这热气究竟是从实在的火里发出来的，还是从他的爱情中发出来的，他就完全不知道了。他身上的颜色都掉光了。这是他在旅途中剥落的呢，还是由于悲愁的结果，谁也说不清。他望着那位娇小的女士，而她也在望他。他觉得他的身体在慢慢地融化。但是他仍然扛着枪，坚定地立着不动。这时门突然被吹开了，一阵风裹挟起这位舞蹈家，她就像西尔妃德一样，飞向火炉，飞到锡兵的身边，在火焰中燃烧起来，立刻不见了。这时锡兵已经化成了一块锡。第二天，当女佣人把炉灰倒出去的时候，她发现他已经成了一颗小小的锡心。可是那位舞蹈家留下来的只有那朵金箔玫瑰，不过已经烧得像炭一样黑了。

雏菊

听啊！

在乡间路旁，有一座乡下居所，您一定曾经见到过。在它前面，有一个种满鲜花的小花园和一排涂了油漆的栅栏。在近旁的一条水沟边，在绿草中间长着一棵小小的雏菊。太阳温暖地、光明地照着它，正如太阳照着美丽大花园里的花朵那样，因此它时时刻刻都在不停地生长。有一天早晨，它完全绽放了；它光亮的小小的白色花瓣，围绕一个金黄色的太阳中心撒开来，简直像一圈光带。在草丛中，人们不会注意到它，它只是一种可怜的、卑微的小花。不，它却是非常欢快，把头朝向温暖的太阳，高昂着头看着太阳，静听百灵鸟在高空歌唱。

小雏菊快乐得好似放了长假，事实上这不过是星期一，孩子们都在学校。当他们坐在凳子上学习的时候，雏菊就坐在它的小花梗上，向温暖的太阳、向周遭的一切东西，学习着上帝的仁慈。雏菊很开心，因为它觉得在寂静中感受到的一切，都被百灵鸟高声地、美妙地唱出来了。于是雏菊昂着头，怀着敬意望着这能唱能飞的、幸福的鸟儿，不过，它并不因为自己不能唱歌和飞翔就感到哀伤。

“我能看和听，”它想，“阳光照在我的身上，森林亲吻着我。哦，上帝对我多么慷慨！”

栅栏里面长着许多骄傲名贵的花——香气越少，他们就越装模作样。牡丹和玫瑰花比着要开得更大，可是光大也不管用。郁金香的颜色最华丽，它们也对此颇为自知，所以它们就立得笔挺，好叫人能更清楚地看到它们。它们根本没有注意到外面的小雏菊，可是雏菊没少看它们。它心里想：“它们是多么富丽和美艳啊！是啦，那只美丽的鸟儿在它们中间飞行，拜访它们。我多么高兴我离它们那么近，我能有机会欣赏它们！”正当它正在这样想的时候，“滴丽”——百灵鸟飞下来了，但是他没有飞到牡丹或郁金香边上去——不，他却飞到了草丛里卑微的小雏菊身边来了。雏菊快乐得惊惶起来，真是不知该怎么办才好。

这只小鸟在它的周围跳着舞，唱道：

“啊，草是多么柔软！请看，这是一朵多么可爱的小花儿——有着金子的心和银子的衣裙！”

雏菊的黄色花心看起来的确像金子，它周围的小花瓣像银子般闪耀。

谁也体会不到，小雏菊心里是多么幸福！鸟儿用嘴吻它，对它唱歌，又向蓝天飞去。最起码过了一刻钟以后，雏菊才清醒过来。半是羞怯半是高兴，它向花园里的花儿看去，它们一定看见了它所得到的荣光和幸福，它们也一定理解这是多么幸福的事情。可是郁金香站得像以前那样骄傲，它们的面孔也看着很刻薄和发红，因为它们被激怒了；牡丹花也是脑子里进了水，唉，幸而它们不会讲话，否则雏菊就会听到好一段抱怨。这朵可怜的小花看得很清楚，它们都没什么幽默感，它们敏感地觉得受到了伤害。正在这时，有一个女孩子拿着一把明晃晃的锋利剪子到花园里来。她径直走到郁金香中间去，把它们一朵接一朵地剪掉了。

“哦，”小雏菊叹了口气，“太可怕了，它们真是一切都完了。”

女孩子带着郁金香走了。雏菊很高兴只是生在草里的一朵寒微的小花，它对这一切心存感恩。当太阳落下去以后，它就卷起花瓣进入了梦乡，一整夜都梦着太阳和那只美丽的小鸟。

第二天一早，当这花儿向空气和阳光像小手臂般张开它的小白花瓣的时候，它听出了百灵鸟的声音，不过它今天唱的歌儿听着十分悲哀。是的，可怜的百灵鸟应当感到悲哀——它被捉走了，关在敞开窗户旁边的一个笼子里。它歌唱着自由和幸福的飞翔，它歌唱着田地中嫩绿的玉米，它歌唱着它在高空中辉煌的驰骋。可怜的百灵鸟无精打采，因为它是坐在牢笼里的一个囚徒。

小雏菊真希望能够帮助它。不过，它能做得了什么呢？是啊，要想出一个办法来真不太容易。它现在也忘记了周围的一切是如何美丽，太阳如何温暖地照耀，自己的小花瓣是如何耀眼的洁白。啊！它只惦记着那只被囚禁的鸟儿，但是却感到是如此的力不从心。

正在这时，两个小男孩从花园里出来了。有一个男孩子手里拿着一把剪子，这剪子正是那个女孩子用来剪掉郁金香的那把。他们径直向小雏菊走来，它却一点也猜不透他们的来意。

“我们在这儿可以为百灵鸟挖一块上好的草皮。”一个小男孩说。于是他绕着雏菊挖了一块四方的草皮，这样雏菊仍然恰好长在草的中央。

“把这朵花拔掉吧！”另一个小男孩说。

雏菊害怕得发起抖来，因为被拔掉就意味着死亡。它现在尤其想要活下去，因为它想跟草皮一道被送到囚禁的百灵鸟那儿去。

“不，让它待在那儿吧”，头一个男孩说，“它倒是个不错的点缀。”

就这么着，它被留了下来，而且被放到百灵鸟的笼子里去了。不过这只可怜的鸟儿大声抗议它失去的自由，用翅膀击打着牢笼的铁丝。可是小雏菊说不出话来，它找不出可作安慰的词语——虽然它多么想这么做。就这样一整个上午过去了。

“这儿没有水喝，”被囚禁的百灵鸟说，“他们都出去了，一滴水也没有留给我喝。我的喉咙在发干，在发焦。我身体里好像有火和冰，而且空气非常压抑，哦，我要死了！我要离开温暖的太阳、新鲜的绿草和上帝所创造的一切美景了！”

于是它把嘴伸进清凉的草里，企图获得一点点凉意。这时它发现了雏菊，它冲雏菊点点头，用嘴亲吻它，同时说：

“你也只好在这儿枯萎下去了——可怜的小花儿！他们把你同这片你生长在其上的绿草送给我，来代替我在外面的那整个世界！对于我来说，现在每根草就是一棵大树，你的每片芳香的瓣就是一朵美丽的花！啊，你使我记起，我丧失了不知多少东西！”

“如果我能安慰它一下该有多好！”小雏菊想。

但是它连一片花瓣也动弹不得。不过从它精致的花瓣散发出的香气，比平常那些庸脂俗粉的味道要强烈得多。百灵鸟也注意到了这一点，所以虽然它渴得要昏倒，仍痛苦地啄着草叶，而不愿意动这朵花。

夜幕降临，还没有人来送一滴水给这只可怜的鸟儿。它展开美丽的翅膀，痉挛地拍打着空气。它的歌声变成了悲哀的尖叫，它的小头向雏菊垂下来——百灵鸟的心在渴望和悲哀中碎裂了。而雏菊呢，再也不像前天晚上那样又把花瓣合上睡觉了，它枯萎了，倒在了土上。

男孩们在第二天早晨才来。当他们看见百灵鸟死了的时候，都哭了起来——哭出许多眼泪。他们为百灵鸟掘了一个平整的坟墓，并且用花瓣装饰了一番。小鸟的遗体躺在一个美丽的红盒子里，因为他们要为他举行一个隆重的葬礼——这可怜的鸟儿！在它生机勃勃歌唱的时候，人们忘记了它，让它坐在牢笼中受苦；现在它死了，却得到许多饰品和泪水！

可是带着雏菊的那块草皮被扔到路上的尘埃中去了。没有人想到它，而最关心这只小鸟、最愿意慰藉它的，却正是这朵小花。

夜莺

在中国，你们一定知道，皇帝是中国人，他周围也都是中国人。这个故事发生在很久很久以前，因此最好趁它还没有被忘记，现在就来听听它。这个皇帝的宫殿是天底下最金碧辉煌的。它整个由瓷砌成，价值连城，但是它太精致易碎，谁摸它都得万分小心。在皇宫的花园里长着最珍奇的花卉，其中最珍贵的花朵上系着银铃，这样有人经过时就会丁零作响，人们就会注意到那些花了。

是的，皇帝花园里的一切都布置得极尽美妙。而且，这花园大得连园丁自己也不知道哪里是头。如果一个人一直走一直走，就来到一座有高树深湖的浓密森林当中，这片树林一直延伸到又蓝又深的大海，连大船也能从树枝下往来。在树丛，住着一只夜莺，它唱得那么动人，以至于每日冗事繁忙的、可怜的渔夫，在每晚出外撒网时，也会不由驻足聆听夜莺的歌声。

“多么美的歌声啊！”他说。但那时他还得照顾他的生计，因此很快便忘记了这只鸟儿。然而第二天夜里一听到它的歌声，他又会惊叹：“多么美的歌声啊！”

世界各国的人来到皇帝的京城瞻仰这座城市、他的皇宫和花园，但是一听到那夜莺的歌唱，他们都说这才是最美好的部分。

这些人回国以后，纷纷讲述他们的见闻。有学问的人还把这座京城、皇宫和花园写出了汗牛充栋的著作。但是他们没有忘记那只夜莺，不，它被致以最高的礼赞。诗人写美丽的长诗来歌颂这只住在深湖边丛林中的夜莺。

这些书行销世界，有一些还传到了这位皇帝的手里。他坐在他那把金色的龙椅上，读了又读，每当读到对这座京城、他的皇宫和他的花园如此至伟的描述时，他就频频点头感到十分高兴。但是接下来书中写道：“夜莺是其中最美好的。”

“什么！夜莺？”皇帝惊叹，“我根本不知道有什么夜莺，在我的帝国里，甚至就在我的花园里？我从没有听说过。瞧瞧，我竟然是从这些书里才知道有这样的事。”

于是他把他的一个侍卫召来。这个侍卫是如此高傲，任何比他地位低的人对他说话，或者问他一件事情，他只是回答一声“呸”，这个字什么意思也没有。

“这里提到一只非凡的鸟儿，叫作夜莺。”皇帝对他说，“他们说这是我整个庞大帝国里最了不起的东西。我为什么从来没有听说过它呢？”

“这名字我连听也没有听说过，”这位侍臣回答说，“它从来没有被进贡到宫里来。”

“我要它今天晚上就被送到这里，为我歌唱。”皇帝命令说，“全世界人都知道它住在我的花园里，我竟然不知道。”

“我也从来没有听说过，”侍卫说，“我一定尽力找到它，我会找到它的。”

但是说说容易，这只夜莺到哪里去找呢？这位侍臣上上下下走遍整个皇宫，走遍一个个大厅和一条条长廊，但是他遇到的人没有一个听说过夜莺。于是他回禀皇帝，说这一定是个谎言，是写书的人杜撰的。

“陛下不能尽信书，”他说，“有时书里写的东西纯属虚构，或无中生有。”

“但是我刚读到的这本书，”皇帝说，“是日本国天皇送给我的，因此不可能有假。我一定要听到这只夜莺的歌唱！今天晚上就要把它送到我面前！如果送不到，要打全宫的人的肚子，而且是在刚吃饱以后。”

“遵旨！”侍臣高呼一声。他重新又上上下下走遍一个个大厅和一条条长廊。半个皇宫的人都跟着他跑，因为他们不想被打肚子。

他们到处去打听这只非凡的夜莺，全世界都知道它，唯独皇宫里的人不知道。

最后他们问到厨房中一个穷苦的小女孩，她回答说：“夜莺？我知道这只鸟。没错，它唱得美极了。我得到允许，每天晚上把残羹剩饭送回家去给我生病的可怜母亲——她就住在下面的海边。在回程的途中我累了在树林中休息，就能听见那只夜莺唱歌。我会听得热泪盈眶，就像是我的妈妈在吻我。”

“小丫头，”侍臣说，“我一定在厨房里给你个固定的活儿干，而且可以侍候皇上用膳，只要你愿意把我们带到夜莺那里去——因为我们要邀请它今晚进宫。”

于是他们来到到林中夜莺经常唱歌的地方，半个皇宫的人也一同前往。在途中，一头母牛哞哞叫起来。

“噢，”一位年轻侍从说，“现在我们找到它了。这么小的一只动物，声音多么洪亮，我一定听到过它的声音。”

“不对，那只是牛叫，”厨房小丫头说，“我们离目的地还远着呢。”

接着经过沼泽地，青蛙呱呱叫了起来。

“多好听啊，”宫廷祭司叹道，“现在我听到它了，清脆得像教堂里的小钟的声音。”

“不，那只是些青蛙在叫，”厨房小丫头说，“不过我想我们就要快听到了。”

不久，夜莺唱了起来。

“就是它了！”小丫头高呼，“听啊，听啊，它就在上面那树枝上。”

她指着树枝上一只灰色小鸟。

“不可能啊！”那位侍臣说，“我从来没想到它是那样的，它看上去普普通通、平平凡凡！它看到有那么多贵人一下子围住了它，一定会大惊失色的吧。”

“小夜莺，”小丫头提高嗓子叫道，“我们最仁慈的皇帝希望你在他面前唱歌。”

“乐意之至！”夜莺说着，开始唱得要多悦耳有多悦耳。

“它听上去像是玻璃小铃铛，”侍臣叹道，“瞧它的小歌喉颤动得多么好。真奇怪，我们以前竟然没有听到过这歌声，它在皇宫里一定会逗得大家喜欢。”

“我能为皇帝再唱一支歌吗？”夜莺问道，它以为皇帝在场。

“我的顶呱呱的小夜莺，”侍臣说，“我有幸邀请你今晚参加一个宫廷盛宴，皇上希望你在那里用你美妙的歌喉深深迷住他。”

“我的歌在绿色树林里唱起来最好听。”夜莺回答说。不过它听说是皇帝希望它去，还是乐意地跟随他们去了。

皇宫里布置得非常考究。瓷砖、墙和瓷砖地在上千盏金灯的光照中闪耀。最美丽的花挂上小铃铛被放在了走廊上，随着人们跑来跑去，微风飘过，这些铃铛丁零丁零响得连说话也听不见。

在皇帝宝座所在的大厅正中，已经为夜莺装好了一根金的小栖棍。全皇宫的人都出席了，那厨房小丫头也得到恩准站在门后——她已经被封为宫廷厨仆。所有的人都衣冠楚楚，每一只眼睛都盯住了这只灰色小鸟。皇帝向夜莺点点头让它开始唱。

夜莺唱得那么美妙，眼泪涌上了皇帝的眼睛，又滚下他的脸颊。它唱得越发动听，深深打动了每个人的内心。皇帝太高兴了，传旨赐给这莺一条金丝围脖。但是夜莺谢绝了，说它已经得到了足够的奖赏。

“我已经看到了皇帝的眼泪，”它说，“那是最宝贵的财富。皇帝的眼泪具有特殊的力量，这奖赏足够了。”接着它用甜美的歌喉又唱了一支歌。

“真是我们所见到的最可爱的歌喉。”妇女们相互说。从此以后，对人说话前她们就先含上一点水，好让说出来的话带有格格的声音，也就可以自以为是夜莺了。男仆女仆也都表示满意，这是最好的证明，因为他们最难取悦。简而言之，夜莺获得了巨大的成功。

如今它在宫中留下，有自己的鸟笼，可以白天出来两次，夜里出来一次。出来时有十二名仆人侍候它，每个人手中都握住系在它腿上的一根丝线。这样的散步实在一点也不快活。

整个京城都在谈论这只非凡的鸟，两个人相遇时，这个说“夜”，那个就说“莺”，然后他们一同叹息，并且就此理解对方的意思。有十一个小贩的孩子取名“夜莺”，但是他们一个也不会唱歌。

有一天皇帝收到一个大包裹，上面写着“夜莺”两个字。

“毫无疑问，这又是一本写我们这只名鸟的新书。”皇帝说。

但这不是书，而是一件装在盒子里的工艺品，一只人造的夜莺，能像真的一样唱歌，而且全身镶满钻石、红宝石和蓝宝石。一旦给这只人造夜莺上紧发条，它能唱出真夜莺唱的一支歌，同时尾巴还上下摆动，发出银色和金色的闪光。它的脖子上挂着一条缎带，上面写着："中国皇帝的夜莺不能和日本天皇比美。"

"这只夜莺美极了。"大家都说。把这人造夜莺送来的人立即被封为"皇家首席夜莺使者"。

"现在必须让它们一起唱，"皇宫里的人说，"那将是多么美妙的二重唱啊！"于是就这么办。但是听起来效果不怎么好，因为真夜莺自由自在地想唱什么就唱什么，而人造夜莺只会唱圆舞曲。

"这不能怪它，"宫廷乐师说，"它唱得很完美，正是我的音乐流派。"

于是人造夜莺只好独唱。他取得了同真夜莺一样的成功，并且它看上去漂亮多了，它像手镯和胸针一样闪闪发光。

人造夜莺能把同一首曲子唱上三十三遍而丝毫不累，人们还乐意听第三十四遍，但是皇帝说也该让真夜莺唱唱了，可是它到哪儿去啦？谁也没有注意到。它已经从打开的窗子飞了出去，回到它自己的丛林中去了。

"怎么会这样？"皇帝问。

宫中所有侍臣都骂它，说它忘恩负义。

"不过我们到底留下了一只最好的鸟。"他们说。

接着这只鸟再唱。它依旧唱同一首曲子，因为它不会唱别的。但是这首曲子很复杂，因此朝臣们还是没有把它记住。宫廷乐师把这只鸟捧上了天，是的，他声称它比真夜莺还要好，不单指它的外表和宝石，而且它的内心也比真夜莺好。

"因为你们必须认识到，我尊敬的陛下和诸位女士先生，对于一只真夜莺，一个人永远计算不出它接下去将唱什么，但是这只人造的鸟，一切都预先设定好了。人们能够解释它，能够打开它，能够告诉大家圆舞曲从哪儿来，到哪儿去，以及一个音符如何跟着另一个音符。"

"我们也正是这么想的。"大家同声回答说。

接着宫廷乐师得到许可，下星期日要将这只鸟公之于众。皇帝命令大家必须到场听它唱歌。人们照办，一听到它的歌唱都很陶醉，好似因为喝茶而微醺，因为喝茶是地道的中国习惯。他们都用食指指着天，点着头说："噢！"

但是那个听过真夜莺唱歌的穷渔夫嘟囔说："它听上去的确好听，很像真的鸟在唱歌，但是唱的歌都是老一套。同时好像还缺了点什么，我也说不清楚到底缺了什么。"

真夜莺从此被驱逐出这个帝国，这只人造夜莺被放在皇帝床边一个丝垫子上。它得到的赏赐，都是些金银珠宝，围绕着它。它现在被封为"皇帝膳后御用歌手"，等级是左边第一等——因为皇帝认为心房所在的左边是最高贵的一边。即使高贵如皇帝，他的心房也和普通老百姓的心房在同一个位置上。

关于这只人造鸟，宫廷乐师写了一部达二十五卷之多的巨著，不但写得渊博高深，篇幅又长，而且全是用最难的中国字写出来的。所有的人都说读过了、读懂了，因为怕被人认为蠢钝而给打肚子。

就这样，一年过去了，人造鸟唱的歌的每一个音符，皇帝、全皇宫的人和所有其他中国人都能背出来。正因为如此，大家觉得有趣极了，因为他们也能跟着唱，也这么唱了。街上的孩子唱："叽叽叽，咯咯咯。"皇帝本人也唱："叽叽叽，咯咯咯。"是的，这歌简直太著名了！

但是有一天晚上，人造鸟正唱得出彩，皇帝躺在床上正听得出神，鸟的内部忽然发出"嘁嘁"声，什么东西断了，所有的齿轮"呜呜"一阵乱转，音乐随即停止了。

皇帝连忙跳下床，把他的御医召来，但是御医有什么办法呢？接着他又召来钟表匠。经过好大一番研究和检查，各个零件总算勉强归位。不过钟表匠说以后必须小心使用它，因为发条盒已经损坏，新的又没法装。这真是一个大悲剧！现在这人造鸟一年只能唱一次，甚至连这样也嫌多。接着宫廷乐师作了一次小演讲，充满难懂的字眼，说这鸟和原先一样好。他既然这么说，它自然也就是和原先一样好。

五年过去，这时候国家降临了真正的悲哀。虽然大家爱戴他们的皇帝，然而他现在患了重病，并且据说，没有转机了。虽然新的皇帝已经选定，但是人们还是站在街上，还是问那侍臣，老皇帝怎么样了。

而他只是摇摇头，说一声："呸！"

皇帝躺在他金碧辉煌的龙床上，身体冰凉，脸色苍白。整个皇宫的人都认定他死了，各个跑去朝觐新主子。侍女们出去谈论这件事，命妇们举行了隆重的舞会。各个大厅和所有走廊都铺上了布，不让他听到一点脚步声，周围一片死寂。

但是皇帝还没有死，虽然他躺在他那张挂着丝绒帘幔、垂着沉重金丝穗子的金碧辉煌的龙床上，脸色苍白，身体僵直。窗子开着，月亮照在皇帝和那只人造鸟身上。

可怜的皇帝只能微微呼吸，只觉得胸前压着重物。于是他睁开眼睛，看到死神正坐在自己胸上。他戴上了皇帝的金冠，一只手握着皇帝的金宝剑，一只手握着他的皇旗。床的四周有许多奇怪的脑袋从丝绒床幔的褶皱中窥探进来，有些非常丑陋，有些好看温柔。这些脑袋代表皇帝做过的好事和坏事，现在死神已经坐在皇帝的心口上，它们正盯着皇帝的脸看。

"你记得这件事吗？"他们彼此私语道，"你想起了那件事吗？"然后他们告诉他好多往事，使得他的额头冒出了冷汗。

"我一点也不记得！"皇帝叫道，"音乐！音乐！快敲中国大鼓啊！"他大叫道，"我不要听到他们说的话。"但是它们仍旧说下去，死神像中国人那样一边点头一边听他们说话。

"音乐！音乐！"皇帝大叫，"你这只珍贵的小金鸟，唱歌啊，求求你唱歌啊！我给了你黄金和贵重的礼物，我甚至把我的金围脖挂在你的脖子上。现在就唱啊，唱吧！"

但是人造夜莺僵直站着。没有人给它上发条，因此它一个音也唱不出来。死神继续用他空洞的眼窝盯着皇帝，房间里静得可怕。

忽然之间，透过开着的窗子传进来最甜美的歌声——是那只小小的真正的夜莺，它停在外面一个树枝上。它听说了皇帝的噩运，因此来给他唱歌，带来安慰和希望。它一唱，床幔间那些妖魔就逐渐消失了，皇帝虚弱四肢里的血流得越来越快，连死神自己也边倾听边说：

“唱吧，小夜莺，唱下去！”

“那么，你肯把那把金剑和那面皇旗给我吗？你肯把那顶金皇冠给我吗？”夜莺说。

于是死神为了一支曲子交出了这些财宝。夜莺不停地唱下去，它歌唱那安静的教堂墓地，那里生长着白玫瑰，那里接骨木树在微风中散发着芳香，鲜草被哀悼者的眼泪打湿。于是死神渴望着去看看他的花园，化成一股寒冷的白雾，从窗口飘了出去。

“谢谢，谢谢，”皇帝轻轻地说，“你这神圣的小鸟，我记得你。我曾经把你驱逐出我的帝国，然而你回来用你甜美的歌声把那些鬼脸从我的床边驱走，把死神从我的心上赶跑。我该怎么奖赏你呢？”

“你已经奖赏过我了，”夜莺回答说，“我第一次给你唱歌的时候引得你流下了眼泪，我永远都不会忘记。这些眼泪是使歌唱者的心喜悦的珠宝。不过现在你睡吧，养好身体，恢复健康，我要再为你歌唱。”

它又唱起来，在它的歌声中，皇帝沉入甜蜜的酣睡中。这一觉是多么安宁和舒服啊！当阳光从窗口照到他的身上，他醒来了，恢复了体力和精力。但是他的仆人一个也没有回来，因为他们都认为他已经死了。只有那只夜莺依然蹲在他的身边，歌唱着。

“你必须永远留下来和我在一起，”皇帝说，“你可以爱怎么唱就怎么唱。我要把那人造鸟砸个粉碎。”

“不，不要这样，”夜莺回答说，“这只鸟在它还能唱的时候唱得非常好，仍旧把它保存在这里吧。我不能在宫殿里筑巢，但是在你想让我来的时候我就会来，我会在晚上窗外的树枝上为你歌唱，让你高兴、让你深思。我不仅要给你歌唱幸福的人，而且要给你歌唱受苦的人。我要歌唱在你周围隐藏着的善和恶。我这小小的鸣禽要飞得远远的，飞到贫穷渔夫的家和农民的农舍去，飞到那些远离你和你宫廷的地方去。我爱你那颗心胜过爱你那顶皇冠，然而皇冠也存在着它神圣之处。我会为你歌唱的——但是你必须答应我一件事。”

“什么事我都答应你。”皇帝说，这时候他已经自己穿好了他的皇袍，站在那里，把那把沉重的金宝剑按在他的心口。

“我只请求一件事，不要让任何人知道你有一只告诉你所有事情的小鸟，这样会更好。”

然后，夜莺就飞走了。

仆人们现在进来料理死了的皇帝，但是——是的，他们一下子站在那里张口结舌，皇帝却对他们说：“早上好。”

鹳鸟

在一个村庄最末尾的一座房子上有一个鹳鸟巢。鹳鸟妈妈和她的四个小鹳坐在里面，小鹳们伸出他们的头和尖尖的黑嘴，因为他们的嘴还没有变红。在不远的地方，鹳鸟爸爸直直地站在屋脊上。他缩起一只脚，为的是在站岗时保持警惕。他站得那么直，人们很容易以为他是木头雕的。他想：“我的妻子在巢旁有一个站岗的，这看着多么体面！谁也不会知道，我就是她的丈夫。他们一定觉得我是奉命站在这儿的。这看着可真有派头！”于是他就继续用一只腿站下去。

在下边的街上，有一帮孩子在玩耍。当他们看到鹳鸟一家的时候，有一个最鲁莽的男孩，编了一首关于鹳鸟的歌。不一会儿，所有的男孩都会唱这首歌了，不过他们只唱他们记得住的那一点：

“鹳鸟，鹳鸟，长腿的鹳鸟；
快回家吧！我求求你。
你的老婆正在巢里，
她正哄着小的们睡觉。
老大将会被吊死，
老二将会被打死，
老三将会被射死，
老四将会跌在人们的唾沫里！”

“听听这些男孩子唱的什么东西！”小鹳鸟们说，“他们说我们会被吊死！”

“你们不要往心里去！”鹳鸟妈妈说，“不理他们，也就无所谓了！”

但是男孩子们继续唱着，还用手指嘲笑地指指点点。只有一个叫彼得的孩子说讥笑动物是一桩罪过，因此他自己不愿意参加。

鹳鸟妈妈安慰着她的孩子。“一点儿都别往心里去，”她说，“你们看看爸爸站得多么稳，虽然他只是用一条腿站着！”

“我们非常害怕。”小鹳们齐声说，同时把头深深地缩进巢里来。

第二天男孩子们又出来玩耍，又看到了这些鹳鸟。他们又开始那首歌：

“老大将会被吊死，

老二将会被打死。”

“我们会被吊死和打死吗？”小鹳鸟们问。

“不，当然不会，”妈妈说，“你们应当学会飞翔。我来训练你们吧——然后我们就可以飞到草地上去，拜访拜访那里的青蛙。他们会在水中向我们鞠躬，还唱着：‘呱！呱！’然后我们就把他们吃掉，那才痛快呢！”

“那再然后呢？”小鹳鸟们问道。

“然后所有的鹳鸟——这国家里所有的鹳鸟——将会集合起来，秋天的演练就开始了：每一只鹳鸟一定要飞得很好，这是非常重要的。谁飞不好，将军就会用嘴把他啄死。所以演练一开始，就要用心好好学习。”

“但是到那时候，我们就会像男孩子们唱的一样被打死了——听，他们又在唱了。”

“你们要听我的话，不要听他们的话！”鹳鸟妈妈说，“在大演练过后，我们就要远飞到温暖的国度去，离这里远远的，飞过高山和丛林。我们将飞到埃及去，那儿有三座石头做的房子，它们的顶是尖的，高高地伸到云层上面去。它们的名字是金字塔，比鹳鸟所能想象的还要老。那个国度里有一条河，有时它溢出了河床，弄得整个国家全是泥巴。我们鹳就可以在泥巴上走来走去，找青蛙吃。”

“哦！”所有的小鹳鸟齐声说。

“是的！那地方棒极了！我们整天除了吃什么事情都不用做。当我们在那儿享福的时候，这儿的树上连一片绿叶子也没有。这儿的天气是那么冷，连云都冻碎成小片，像小烂白布片一样掉落下来！”

她的意思是说雪，不过她没有办法表达清楚。

“顽皮的男孩子也会冻碎成小片么？”小鹳鸟们问。

“不，他们不会冻碎成小片的，不过也差不多了。而且，他们还必须缩在黑屋子里发抖。而你们，恰恰相反，却能飞到异邦去，那里有花香，有温暖的阳光！”

一段日子过去了，小鹳鸟们已经长大了，可以在巢里站起来，远眺远处的风光了。鹳鸟爸爸每天带着好吃的青蛙、小蛇以及所有他能找到的鹳爱吃的美食回来。哦！当他在他们面前玩些小花样的时候，那情景是极为有趣的。他把头一直弯到尾巴上去，吧咂着嘴像一个小拍板。接着他就讲故事给他们听——全是关于沼泽的故事。

“听着，现在你们一定要学着飞！”有一天鹳鸟妈妈如是说。四只小鹳鸟也得走出窠来，站到屋脊上去。哦，他们摇摇摆摆！他们把翅膀张开来保持平衡，但是还是差点掉下去。

“注意看着我，”妈妈说，“你们得这样把头挺起来！你们得这样把脚伸开！一、二！一、二！你要想在这世界上活下去就得这样！”

于是她飞行了一小段，小鹳鸟笨拙地跳跃着。砰！——他们身躯沉重，就这样掉了下去。

“我不要飞了！”一只小鹳鸟说，同时钻回巢里去，“我才不在乎要不要飞到温暖的国度里去！”

“当冬天来临的时候，你想在这儿冻死吗？你想让那些男孩子来把你吊死、烧死、翻烤吗？我现在可要把他们叫过来了！”

“哦，不！”这只小鹳鸟说，同时像别的小鹳鸟一样，又蹦回屋顶上。

到第三天他们能够真正飞一点了。于是他们就以为他们能够在空中翱翔盘旋了。他们试了一下，但是——砰！他们翻下来了，他们又得忙着快速拍起翅膀。

现在男孩子们又走到街上来了，唱着他们的歌：

“鹳鸟，鹳鸟，长腿的鹳鸟！”

“我们能飞下去把他们的眼珠啄出来吗？”小鹳鸟问。

“不可以，”妈妈说，“随他们去吧！注意听我的口令，这是更重要的事情！一、二、三！——现在我们向右飞！一、二、三！——现在我们可以向左绕着烟囱飞！看，很好！你们翅膀的最后一拍非常好、非常利落、非常准确，明天我准许你们和我一道飞到沼泽地去！有好几个可爱的鹳鸟家庭要带着孩子们到那儿去，让他们瞧瞧，我的孩子最漂亮。把头昂起来，这样才好看，这样才能得到别人的尊敬！”

“但是我们不报复一下那几个无理的男孩子吗？”小鹳鸟们问。

“让他们随便叫吧。当他们冻得发抖，当他们连一片绿叶和一个甜苹果也没剩的时候，你们将飞过云端，到达金字塔的国度里去。”

“是的，我们要报复一下！”他们彼此私语着，然后他们又开始了训练。

在那些孩子中，有一个最顽皮的——他也正是编唱这首鹳鸟歌的人——他还不到六岁。小鹳鸟们都认为他有一百岁了，因为他比鹳鸟爸爸和妈妈的个头不知大了多少，他们怎么会知道小孩子和大人的岁数呢？他们要在这个孩子身上复仇，因为就是他挑头唱歌，而且他一直在唱。小鹳鸟们非常生气，他们越长大，就越不能忍受这种歌。最后妈妈只好答应准许他们报仇，但是必须等到他们走的那一天才能行动。

“我们得先看一看你们在这次大演练中的表现怎样，如果你们的表现很坏，弄得将军用嘴啄穿你们的胸膛，那么那些男孩子说的话就是对的了，至少在某一方面如此！我们看着吧！”

“是的，你看着吧！”小鹳们齐声说，于是他们使出全部的力气训练。他们每天练习，飞得那么整齐和轻盈，即使看着他们飞都是件赏心悦目的事情。

现在秋天到来了，所有的鹳鸟开始集合，准备在冬天到来的时候，飞到温暖的国度去。这是一次演练！他们得飞过丛林和村庄，展示他们究竟能飞得多好，因为他们即将开始一场艰苦的旅程。这些年轻的鹳鸟们飞得非常好，以至于得到了“善飞、善于捉青蛙和小蛇”的评语。这是最高的评价！

他们还可以把捕捉到的青蛙和小蛇吃掉——实际上他们也这样做了。

“现在我们要报复了！”他们说。

“是的，当然！”鹳鸟妈妈说，“我想出了一个最好不过的主意！我知道有一个池塘，那里睡着许多婴儿。他们等着鹳鸟来把他们衔去他们的父母那儿。这些美丽的婴儿在睡着的时候做着最甜蜜的梦，他们今后再不会做这样甜蜜的梦了。所有的父母都希望能得到这样一个孩子，而所有的孩子都希望有一个这样的姊妹或兄弟。现在我们要飞到那个池塘去，给那些没有唱过淘气的歌或讥笑过鹳鸟的孩子每人送去一个弟弟或妹妹。”

“不过那个挑头唱歌的孩子——那个顽皮的丑男孩，”小鹳鸟们尖叫着，“我们该怎样惩罚他？”

“池塘里还有一个小小的死孩子，一个在美梦中死去的孩子，我们就把这个孩子送给他。这样他就会哭，因为我们带给他一个死了的小弟弟。不过那个好男孩——你们应该还记着他，他说过：‘讥笑动物是一桩罪过！’——我们将送给他一个最好的弟弟和妹妹。因为他的名字叫彼得，你们大家也唤作彼得吧！”

大家照办了。从此以后所有的鹳鸟都叫彼得，直到现在，他们还叫这个名字。

织补针

从前，有一根织补针。她想着自己这么纤巧，真是根绣花针。

“注意了，把我捏仔细了！”她对那几根把她取出来的手指说，“不要把我掉失！我一落在地上，你们决计是找不到我的，因为我是那么苗条！”

“细就细好了。”手指说，他们就把她拦腰捏住。

“你们看，我还带着一个队列！”织补针说。她后面拖了一根长线，不过线上没有打结。

手指正把这根针对着厨娘的一只拖鞋。上层的皮面裂开了，需要缝补一下。

“这是一件庸俗的工作，”织补针说，“我可不愿钻过去。我要折断了！我要折断了！”于是她真的折断了。“我不是说过吗？”织补针说，“我太纤细了！”

“她现在可一点用处也没有了。”手指说。不过他们不得不依旧把她抓紧，因为厨娘在针头上滴了一点封蜡，用她把一块手帕别在胸前。

“现在我是一根胸针了！”织补针说，“我早就知道我会得到荣耀的：一个人物迟早会闪光的！”

于是她心里笑了——当一根织补针笑的时候，人们是没有办法看出来的。她别在那儿，骄傲得如同坐在轿车里，左顾右盼的。

“能否准许我问一声，您是金子做的吗？”她问候她旁边的一根别针，“你有一副非常好看的外表和很特别的头，只是小了一点。你得把头再长大一点才成，因为封蜡并不会滴到每根针头上的。”

织补针很骄傲地挺起身子，结果她从手帕上滑落，掉到厨子正在冲洗的水槽里去了。

“现在我要去旅行了，”织补针说，“我只希望我不要迷了路！”

不过她真的迷了路。

“对这个世界说来，我是太纤细了。”当在污水沟中躺着时，她发现道，“不过我知道我的身份，而我是不同凡响的！”

于是织补针继续保持着高傲的举止，同时也不失掉她的幽默感。许多不同的东西从她身边漂过，小棍啦、秸秆啦、旧报纸碎片啦。

“注意看他们行进得多么快！”织补针说，“他们可不知道他们下面是什么东西！我在这儿，我踏实地待在这儿！看吧，一根棍子浮过来了，他除了自己以外，觉得世界上再没别的什么东西了——一根草棍！他就是这样一个家伙！现在是一根秸秆漂过来了。你看看他转身和打转的那副模样！别老目中无人吧，你很容易撞上石头的！一张破报纸漂了过来。他上面写着的东西早就无人记得，他自己倒自得其乐。我安静而耐心地坐在这里。我知道我是谁，我要保持我的身份。”

有一天她旁边有一件东西在闪光，织补针认为他是一颗钻石，不过事实上他只是一个瓶子的碎片。正因为他闪烁着，织补针就跟他讲话，并且介绍自己是一根胸针。

“我想你是一颗钻石吧？”她说。

“啊？是啦，是这类东西。”

于是双方就相信对方都是很有价值的东西。他们开始高谈阔论，说这世上的人都非常自负。

“我曾经在一位女士的匣子里住过，”织补针说，“这位女士是一个厨娘。她每只手上有五个指头。他们存在的价值只是把我从匣子里拿出再放进而已。”

“他们出身体面吗？”瓶子的碎片问。

“不，一点也不，”织补针回答说，“但是非常傲慢。他们是五个兄弟，都属于手指家族。他们自傲地结成一党，虽然他们长短不齐：最外面的一个是‘笨摸’，又短又肥。他在位序中走在最先，背上只有一个关节，因此他只能鞠一个躬。不过他说，假如一个人没有他，那这人就连服兵役的资格也没有了。‘舔罐’，这是第二个指头的名字，人们用他伸到酸甜的东西里面去，用他指点太阳和月亮，当人们在写字的时候，用他握着笔。第三个指头是‘长人’，他藐视一切东西。‘金边’是第四个指头，他腰间围着一条金腰带。最小的那个是‘少爷’，他什么事也不做，而且以此为傲。他们什么也不做，只是吹牛，所以我才离开了他们！”

“我们才会坐在这里闪闪发光！”瓶子的碎片说。

这时有更多的水冲进排水沟里来了，溢得遍地都是，把瓶子的碎片冲走了。

“瞧，他倒是流离失所了！”织补针说，“但是我还坐在这儿，我是那么纤细。不过这也是我的骄傲所在，我的骄傲值得铭记！”于是她骄傲地坐在那儿，想出许多伟大的想法。“我差不多要相信我是从一道日光中出生的，因为我是那么纤细！我老是觉得日光总是探到水底下来找我。啊！我是这么纤细，连我的母亲都找不到我了。如果我那个断了的老针眼还在的话，我想我是要哭出来的。但是不，我不该这么做，哭不是一桩有教养的事情！”

一天，几个流浪儿在阴沟里翻找东西，他们有时能在这里找到旧钉子、铜板和类似的宝贝。这是一件很脏的工作，不过他们却乐意之至。

“哦！”一个孩子说，因为他被织补针刺了一下，“这儿有个家伙！”

“我不是一个家伙，我是一位年轻女士！”织补针说。

可是谁也不搭理她。那滴封蜡已经褪去，她全身漆黑。不过黑色让人看起来更苗条，于是她相信她比以前更纤细。

“瞧，一个蛋壳漂着呢！”男孩们说。他们把织补针插到蛋壳上面。

“白墙黑针，搭配得不错！”织补针评论道，“现在人们都可以看到我了——我只担心会晕船！”不过她一点也没有晕船。“一个人有钢做的肚皮，是很容易抵抗晕船的。同时还要记得，我可和普通人不一样。我现在也不晕船。一个人越纤细，他越有承受力。”

“咔嚓！”蛋壳忽然裂开了，因为一辆马车正从他上面碾过去。

“我的天，我可被碾得真够戗！”织补针说，“我现在有点晕船了——我难受极了！”

但是她一点也没事，虽然那辆载重车在她身上碾过去了，但她仍然直挺挺地躺在那儿——而且她尽可以一直这样躺着。

影子

灼热的阳光烘烤着热带国度，的确是太热啦！人们的皮肤都晒成了棕色，在最炎热的国度里，他们都晒成了黑人。但是现在，有个从寒冷地带来的学者偏偏来到这里，他以为可以像在家里时自在漫游，但是没多久，他就改变了看法。

和所有明智的人一样，他不得不待在屋内，窗户紧关、大门紧闭。好似整个房间都在沉睡，无人在家。

狭窄的街道，高高的房屋，这样的建筑，阳光会从早到晚一直晒着，真是吃不消这种热天气啊。

这位学者来自寒冷地带，是个聪明的年轻人。他觉得自己正坐在灼热的灶内，这弄得他筋疲力尽。他变得相当瘦弱，甚至连他的影子都显得消瘦了，比在家时小了很多。太阳落山后，人们才又恢复了活力。

在热带国家里，每个窗户外都有一个阳台。人们都来到大街上，大家必须要呼吸些新鲜的空气，即使变成桃花心木的颜色也不管了。大街上人声鼎沸，裁缝们、鞋匠们，所有的人都来到了大街上，他们搬出了桌子和椅子，点上了蜡烛——是的，大约亮起了上千根蜡烛。有人在谈天，有人在唱歌。人们散着步，教堂里敲响了铃声，驴子们走着路，它们身上挂着的铃铛，碰撞着，发出丁丁当当的响声。大街上的男孩们大叫着，玩着射击。他们拿着球，来到尸体搬运工和穿寿衣的人身边——这里正举办着葬礼，唱着圣歌和赞美诗。还有赶马车的喧闹声——是的，大街上的确是热闹非凡。

只有那位外国学者住所对面的一间房子里，是沉寂着的。然而，那里是有人住的，因为阳台上摆着花朵，它们在阳光的照耀下蓬勃生长。如果没人浇水的话，可不会长成这样——一定是有人在为它们浇水。天黑的时候，那扇门也开了，但里面却非常黑暗，至少前屋很暗。在屋内深处，传来了音乐声。

这位外国学者认为这声音像来自地狱，不过也许只是他的幻想。因为他发现在这些热带国家，只要没有阳光，每样东西都很奇特。这位外国人的房东说，他不知道对面的屋里住着谁，从未见过那里有人。至于说到那音乐声，对他简直是种折磨。房东说道："就像是有人坐在那里，老是在练习着一首并不熟练的曲子，一成不变的同一首曲子。似乎在说，'我要学会它！'然而，他老是学不会，不管他练了多久。"

一天晚上，外国人醒了，他睡在敞开的阳台门口，窗帘被风吹了起来，对面邻居的屋子里亮起了一道奇光。所有的花朵都亮了起来，像色彩鲜艳的火焰一般。在花丛中，站立着一个消瘦的、端庄的少女，她好像也在闪着光。灯光刺到了他的眼睛。现在他睁大了眼睛——是的，他彻底清醒了过来。他跳到了地板上，轻轻地爬到窗帘后面，但是少女已经不见了。花朵也不再发光了，但它们还是在那里如初绽般开放着。门半掩着，从里面深处，传来柔和而悦耳的音乐声，听到的人真的可以沉浸在这甜蜜的幻想中融化掉。然而，这好像是一个梦境，到底是谁居住在那里呢？真正的入口在哪里呢？最下面整整一层都是商铺，人们不能从这些商铺中出出入入的。

一天晚上，这位外国人坐在阳台外，他身后的房间中点着灯，闪闪发光。很自然的，他的影子影射在对面邻居的墙上。是的！影子直直地站在对面，站在那个阳台的花丛中。外国人走动一下，影子也走动一下——事实也该是如此。

“我想我的影子是唯一在那边可以看见的活的东西，”这位学者说，“看，它耸立在花丛中是多么得体。门半开着，现在影子应该一分为二，走进屋里，四处看着，然后回来告诉我看到了什么。去吧，现在就去！有点用处，帮帮我。”他开玩笑地说着，“发发善心，进去看看吧，现在就去！你会去吗？”他冲影子点点头，影子也冲他点了点头，“好，去吧！但不要一去不回。”

外国人站了起来，影射在对面邻居阳台上的影子也站了起来。外国人转过身，影子也转过身。哎呀！如果有人仔细注意一下的话，就可以清楚地看到，外国人走进了自己的屋里，放下长长的窗帘时，影子也走进了对面邻居的阳台上半开着的门里去。

第二天早晨，这位学者出去喝咖啡，打算读读报纸。

“这是怎么回事？”他走到阳光里的时候说，“我没有影子了！那么，影子昨天晚上真的进去了，再也没有出来。这可真够烦人的！”

他很是烦恼，并不是特别担心影子走了，而是因为他知道一个关于没有影子的人的故事——住在寒冷国家里的人都知道这个故事。如果学者回到家里，讲述他的故事，大家会说这是他想象出来的，但他实在没有必要这么做。因此，他闭口未言，这实在是明智的想法。

傍晚，他又出去，来到阳台外。他已经将烛灯仔细地放在身后，他知道影子总是需要主人为它作掩护，但是他没能引诱影子出来。他让自己变小，又变大，影子却没有出来。他说：“出来！出来！”但是这也没有用。

这真让人烦恼啊！但是在热带的国度，每样东西都长得很快，八天后，他高兴地观察到，一个新的影子出现在了阳光下。接下来的三个星期里，他的影子都很清晰地跟随着他。他出发回到在北方的家时，影子在路途中越变越大，最终，影子长得又高又大，截去半边都可以。

学者回到了家，他写了许多书，里面记述着世界上什么是真、什么是善、什么是美。就这样，日复一日，年复一年——是的，很多年就这么过去了。

一天晚上，他正坐在屋里的椅子上，门外传来了轻轻的敲门声。

“进来吧！”他说道。但是没有人进来。他打开门，外面站着一个极为清瘦的人，这使他很吃惊。但那人穿着华丽，这样看来，他一定是位绅士。

“请问您是哪位？”学者问道。

“唉！我早就想过，”这位绅士说，“我想您是不会认识我的。我现在成了真正的人，有血有肉，还穿着衣服。您当然没想过会看到我这个样子。您不认识您的旧影子了吗？您一定认为我再也不会回来了。自从我上次和您分别后，一切都进展顺利。从各方面来说，我都非常富有。就算我要从您这里买回我的自由，我也可以办到。”然后，他抖动了一下挂在手表上的护身符，又握住挂在脖子上很粗的金链子。不是吧！他的每根手指上都戴着闪闪发光的戒指，都是货真价实的宝石啊。

“我有些糊涂了！”学者说，“这究竟是怎么回事？”

“这绝不是普通的事情。”影子说，“但是您自己也不是普通的人啊。您很熟悉我，从您儿时起，我就跟着您，直到您发现我能够独自在世上闯荡，自己生存，我才自找出路。我现在正处于最美好的环境中，但是我很怀念您，在您死之前，我渴望再见您一面。您总会死去的，对吗？我也希望再看看这片土地，您知道人们都是深爱自己的国家的。我知道您又有了新的影子。我要对它，或对您付一点代价吗？如果是这样的话，您只管开口就好了。”

“啊，你真的是我的影子吗？”学者说，“这真是令人震惊。我从来没想过旧的影子会变成人，再回来找我。”

“请告诉我，我要付出什么？”影子说，“我不喜欢欠任何债务。”

“你怎么能这么讲话呢？”学者说，“你在说什么债务？你和其他人一样，拥有自由。我非常高兴看到你有这样的运气。坐下来，老朋友，告诉我一点你走后发生的事情，你在那个热带国家，在我们对面的邻居那里看见了什么。”

“好吧，我会将一切都告诉您。”影子说着，坐了下来，“但是您也必须要向我保证，无论您在哪里遇到我，永远都不会告诉任何人，说我是您的影子。我想订婚了，我的能力供养一个家庭还绰绰有余。”

“放心吧，”学者说，“我不会向任何人说起你的本来面目。握住我的手，我发誓，一言既出，驷马难追。”

“说话算话。”影子说，“都这样说了，我只好讲了。”

真是让人吃惊，他现在成了这么一个完整的人。他全身都是黑色的装扮，穿着精致的衣服，别致的漆皮靴子，戴着一顶可以折叠得只剩顶的帽子。更别提我们已经知道的护身符、金项链、钻石戒指了。是的，影子一身光鲜亮丽，这让他看起来很有风范。

“现在，我来给您讲讲我的历险。”影子说道。他将穿着漆皮的靴子踩住学者新影子的胳膊上，那个影子正躺在他的脚下，像一只狮子狗。这样也许有些无礼，但在地上的影子纹丝不动，很安静，因为这样它就可以听到他们的谈话：它希望知道影子如何得到自由，远远地离开，做自己的主人。

“您知道是谁居住在我们邻居对面的房子里吗？”影子说，“那是世界上最迷人的东西，是诗神！我在那里待了三个星期，却好像在那里居住了三千年，读写过所有的诗和文章似的。我敢这么说，这是真话。我看见了一切，我知道了一切！”

“诗神！”学者大叫道，“是的，是的，她经常隐居在大城市里！诗神！是的，我看见过她，只是很短暂的一刹那，但是瞌睡虫爬上了我的眼帘！她站在阳台上，像北极光一样闪耀着。继续说，继续说，你那时站在阳台上，穿过门口，然后——”

“然后我来到了前厅，”影子说，“那时您坐在对面，老往前厅里看。那里没有灯光，只有一点模糊的光。里面有一长排房间和客厅，门是一个挨一个打开着的。房间里灯火通明，如果我走到少女身边，一定会被这灯光杀死。但是我很慎重，我花了点时间想了想——人就应该这样。”

“那你看见了什么？”学者问道。

“我什么都看见了，我会把全部都告诉您的。但是，并不是我自大，作为一个自由之身，我有知识，更别提我现在尊贵的地位、优越的条件，我希望您称我为‘您’！”

“请原谅，”学者说，“这是我的老毛病了。您说得太对了，我会记住的。但是现在，您赶紧告诉我您看到的一切吧！”

“一切！”影子说，“我看到了一切，我知道了一切！”

“远处的大厅看起来怎么样？”博学的人问道，“像是在一个空气新鲜的山林里吗？像是在神圣的教堂里吗？那些房间像是当我们站在山顶时，看到的群星闪耀的样子吗？”

“那里什么都有！”影子说，“我其实并没有进去，我留在了主卧里，在阴暗的光之中，我静静地站在那里。我看到了一切，我知道了一切！我去过诗神的前厅。”

“但是您看到了什么？那里是不是有往昔的神祇走过大厅？有没有古代的英雄在那里战斗？小孩子们在那里玩耍吗，讲述他们做过的梦？”

“我告诉过您，我就在那里，您可以想到我看到了一切。您不会成为另外一个人，但是我却成了一个人！而且，我还学会了通晓我内心的本性，我与生俱来的品质，我和诗歌的关系。和您在一起的时候，我不曾想到过这些，但是您很清楚，当太阳升起或落下的时候，我就会变得分外高大。而在月光里，我就变得比您还要清晰。那时候，我不理解我的本性，只有到了前厅里，我才认出来，我变成了一个人！我成形了。但是您已经离开了温暖的国度。

“作为一个人，我很羞愧以原来的面貌示人。我没有靴子，没有衣服，没有一个人应有的修饰。我自己藏了起来，我会把这些都告诉您，但请您不要将它写入您的书中。我用自己的办法藏到女人身边，我躲在她后面。这个女人一点没想到她藏着多大的东西。

“起先，我只在晚上现身。我在月色中的大街上走来走去。我沿着墙走，这使我背后发痒！我跑上跑下，在最高的窗户里偷看，向大厅里望去。我在屋顶偷看，我在没有人的地方偷看，我看见谁都没有见过、谁也不该见的东西。

“事实上，这是一个卑鄙肮脏的世界！要不是大家认为做一个人是件了不起的事情，我绝不会愿意做人！我看见男人与女人，父母与最亲爱的孩子间发生的最不可思议的事情，我看见了！

“我看见了没有人知道，但是却非常想知道的事情，我看到他们的邻居有多坏。如果我写出来发表在报纸上，一定会有很多人看！但是我直接写给一些有关的人看！我去哪儿，那里镇上的人就会惊慌失措，他们害怕我，然而他们也非常喜欢我。教授称我为专家，裁缝给我做了新衣服，我什么也不缺。造币厂的主人给了我新的硬币，女人说我有多么帅气！我成为了自己梦想中的人。现在我要跟您告别了。这是我的名片，我住在街上有太阳的一面，雨天的时候，我永远都会在家！”说着，影子就离开了。

“真是太神奇了！”学者说道。

就这样，日复一日、年复一年，时光流逝。有一天，影子又来了。“您过得怎么样？”影子说。

“唉！”博学的人说，“我写了关于真、善、美的事情，但是没有人愿意听这样的故事。我相当绝望，我花了那么多心血啊！”

“但是我却不是这样！”影子说，“我胖了，一个人就应该这样！您不了解这个世界，您这样下去会生病的，您得去旅游！我自己在这个夏天会出一趟门。您要和我一起去吗？我很愿意有个伴！您愿意作为我的影子，和我一起去吗？如果您能和我一起去，那将是我莫大的荣幸。我会负担旅游费用的！”

“不，这太过分了！”学者说。

“这是一个人要付出的代价！”影子说，“旅游会对您大有好处！您愿意做我的影子吗？在旅途中，您是自由的！”

“不，这太糟了！”博学的人说。

“但世事就是如此！”影子说，“将来也是如此！”说着，影子又走了。

学者很不舒服。悲伤和痛苦如影随形，他对大部分人讲的真、善、美，正如牛对着玫瑰花，毫无兴趣！他终于病倒了。

“你看起来真像一个影子！”他的影子朋友对他说。博学的人颤抖着，他也是这么认为的。

“您一定要去一个有温泉疗养的地方！”影子来看望他时说道，“没有别的办法了！看在老相识的分上，我会带您去。我会为您付旅游的费用，您来写旅途的经历，在路上也能供我消遣！我要去温泉疗养院，我的胡子本该长出来了，但却停止了生长，这也是一种病症，男人必须要有胡子！现在您放聪明点，接受我的条件吧，我们作为同伴，一起上路。”

他们一起出发去旅游了。影子是主人，主人却成了影子。他们一起坐着车，一起骑着马，一起走路，肩并肩。有时他们一前一后，完全依太阳的位置而定。影子总是很小心地体现自己主人的身份，学者对此并无多想。他是一个非常善良的人，特别的和顺、友好。有一天，他对影子说：“现在我们是旅伴了，我们从小就在一起长大，我们结成兄弟，这样是不是更为亲密？”

“您说得对，”影子说，事实上他现在是主人，“您的话非常直截了当，行为也是出于好意。您作为一个博学的人，当然知道人的本性是什么样的。有一些人不能忍受碰灰纸，否则就会生病。另外一些人呢，如果看到有人用钉子在玻璃上划一下，每一个肢体都会颤抖。听您称我为‘您’后，我也有这样的感觉。我觉得自己像是被踩在了地上。您看，这只是一种感觉，并不是自大。我不能允许您说称我为‘你’，但是我很愿意把您称为你，这样我们就扯平了！”

于是从此刻起，影子就对以前的主人称“你”了。

“这太过分了，”学者想，“我得喊‘您’！”而他现在不得不忍受这点了。

他们来到疗养的地方，那里有许多外国人。在他们当中有一位公主，她有个毛病，她的眼睛看东西很锐利，这使人不安。

她马上注意到刚来的陌生人：“他来这里是想长胡子，大家都这样说。但是我看真正的原因是他不能投射出影子来。”

她非常好奇。她马上就在陌生男人散步时，跟他攀谈了起来。作为国王的女儿，她无需多礼，她说道："你的问题是，不能投射出影子？"

"尊敬的公主殿下身子现在好多了，"影子说，"我知道您的毛病是看事情过于尖锐，但是这毛病现在好多了，您已经恢复了。我碰巧有一个不同寻常的影子！您没看见那个人总是跟着我吗？别的人都有一个正常的影子，但是我却不喜欢平凡。我们给我们的仆人好衣服穿，让他们比我们还光鲜，同样，我把我的影子打扮成了一个人。是的，您看我还让他有一个自己的影子。这笔费用的确有些贵，但是我喜欢与众不同！"

"什么！"公主想，"我的病真的已经好了吗！这是世上最好的温泉了！在我们的时代，水是神奇、有奇异力量的东西。但是我还不打算离开这里，现在这里变得有趣了起来。我真喜欢这个陌生人：希望他的胡子不要长起来，否则他就要离开我们了！"

到了晚上，公主和影子一起在宽广的舞室里跳舞。她很轻盈，但他更轻，她从来没有遇到过这样的舞伴。她告诉他来自何地，而他恰好知道那个国家。他去过那里，但那时她不在家。他曾从窗户里窥探，上上下下，从一边到另外一边，都看过了。所以他能够回答得上公主的问题，同时做出一些暗示。公主非常吃惊。他一定是全世界最聪明的人！她为他的博学所倾倒！他们再次一起跳舞时，公主爱上了他。影子特别注意到了，她的眼睛一直在盯着他。他们一曲接着一曲地跳着，她倾诉着自己的心意，不过她也很小心谨慎。她要为自己的国家和国王考虑，她还要考虑很多她将要统治的人民。

"他是一个聪明的人，"她自言自语道，"这很好。他的舞也很出色，这也是优点。但是他有扎实的学识吗？这很重要！一定要检验他一下。"

她开始从各个角度问影子那些最难的问题，这些问题连她自己都回答不了。影子做了个鬼脸。

"你回答不上来这些问题吗？"公主说。

"这些是我儿时学习的知识，"影子说，"我相信，连站在门口的我的影子都能回答！"

"你的影子！"公主说，"真是太神奇了！"

“我不敢肯定他能回答上来，”影子说，“但是我觉得他可以回答。他跟着我已经很多年了，听过我很多的谈话，我想这是可能的事。但是尊敬的公主，请允许我提醒您吧，他以为自己是一个人，且以此为骄傲，他心情好的时候，一定会好好回答问题，您要把他当成一个人那样对待。”

“噢！我愿意那样！”公主说。

于是她去门口找了学者，她跟他谈到太阳和月亮，谈到人类的内心和外表，这位学者回答得既机智又正确。

“一个人的影子都这么聪明，更别提他本人了！”她想，“如果我选择他做我的伴侣，那对我的子民和国家都大有好处，就这么定了！”

公主和影子很快就达成了协议。但是在她回到自己的国家以前，没有人知道这件事。

“没有人知道，甚至我的影子都不行！”影子说，他有自己的理由！

现在他们来到公主统治的那个国家。

“听着，我的好朋友，”影子对学者说，“现在世人所能享有的开心事，我都拥有了。因此，我要为你做一些特别的事情！你将会和我在宫殿里生活一辈子，和我一起坐皇家马车，每年有一万英镑的入账。但是你必须让所有人都叫你影子，你不能说你以前是个人类。每年一次，当我坐在阳台上、太阳光里，你必须躺在我的脚下，像个影子的样儿！我可以告诉你：我马上就要娶国王的女儿了，婚礼就在今晚举行！”

“不行，这太扯了！”学者说，“我不能接受，我不能这么做！这是欺骗全城的人，也是在欺骗公主！我会讲出这一切！我是一个人，你是影子的化身，你是装扮出来的影子！”

“没有人会相信的！”影子说，“好好想想吧，否则我要叫卫兵了！”

“我要亲见公主！”学者说。

“但是我会先去找她！”影子说，“你会被关到监狱里的！”事实上结果也是如此，哨兵们遵守了他的命令，他们知道国王的女儿要和他结婚了。

“你在颤抖！”公主说，影子来到了她的大厅里，“发生了什么事情吗？我们要庆祝我们的婚礼啦，你可不能生病。”

“我活着见到了世界上最残忍的事情！”影子说，“只要想想，是的，这是真的，像这样一个可怜的影子，头脑里不能承受太多。只要想想，我的影子就变成了疯子，他以为他是一个人。而我，他居然以为我是他的影子！”

“真可怕！”公主说道，“但他被关了禁闭，对吗？”

“是的。我恐怕他再也无法恢复理智了。”

“可怜的影子！”公主说道，“他真是不幸。我仔细想了想整个事件，我的主意是，把他不知不觉地处置掉。将他从渺小的生命中解脱出来，也是一桩善行。”

“这么做有点过分，”影子说，“因为他一直是个很忠实的仆人！”他假意叹了一口气。

“你真是位高尚的人！”公主说。

那天晚上，整个城市都灯火通明，大炮“轰轰”地响着，士兵们举枪致敬。这是在举行婚礼！公主和影子走出了阳台，亮相于众人面前，再次接受大家的欢呼声。

学者对这个盛大的庆典什么都没有听到，因为他已经被处决了。

红舞鞋

从前，有一个小女孩——一个非常可爱漂亮的小女孩。不过，夏天她不得不得打赤脚走路，因为她很穷，而在冬天，她穿着厚重的木鞋，脚背都给磨红了，整个脚红成一片。

在村子的正中央住着一个年老的女鞋匠，她每天坐着缝啊缝，尽她所能用的旧红布条缝了一双小鞋。这双鞋的样子相当笨拙，但是用意很好，这个小女孩会拥有这双小鞋。这个小姑娘名叫凯伦。

在凯伦的妈妈入葬的那天，她收到了这双红鞋，第一次穿上了它。当然，哀悼时不适合穿这样的鞋子，但是她没有别的鞋子可穿，因此她就把一双小脚伸进去，跟在简陋的棺材后面。

突然有一辆大马车经过，车子里坐着一位老太太。她看着这位小姑娘，非常可怜她，于是就对牧师说：

“把这小姑娘交给我吧，我会供养她的！”

凯伦认为是这双红鞋的缘故，不过老太太说它们很丑陋，所以把这双鞋烧掉了。她把凯伦装扮得整洁得体，她学着读书和做女工，别人都说她很可爱。不过她的镜子说：“你不仅可爱，你简直是美丽。”

有一次皇后带着她的小女儿全国游行，这位小女儿是一个公主。人们都蜂拥到城堡，凯伦也在其中。公主站在窗边，穿着精致的白裙，任由大家仰望——她既没有拖着后裾，也没有戴金冠，但是她穿着一双美丽的红色鞣皮鞋。比起鞋匠为小凯伦做的那双鞋来，这双鞋要美丽得多，世界上没有什么鞋子能跟这双红鞋比较！

现在凯伦已经大到可以受坚信礼了。太太请人为她制作了新衣和新鞋。城里最能干的鞋匠量了她的小脚——他是在他自己店里的一个小房间里量的。那儿立有许多大玻璃柜子，里面陈列着整齐的鞋子和亮闪闪的靴子。这些鞋子漂亮极了，不过那位老太太的眼力不好，所以也没有欣赏一番。在所有的鞋子之中有一双红鞋，跟公主所穿的那双极为相像。它们是多么美啊！鞋匠说这双鞋是为一位伯爵的小姐做的，但是它们不太合脚。

“那一定是漆皮做的，”老太太说，“所以才会这样亮闪闪的！”

“是的，亮闪闪！”凯伦说。鞋子很合她的脚，所以她就买了下来。不过老太太不知道鞋子是红色的——因为她决不会允许凯伦穿着红鞋去受坚信礼——但是凯伦就这么去了。

所有的人都盯着她的鞋看。当她穿过教堂门庭，走向圣诗歌唱班门口，她觉得好像那些墓石上的画像——那些戴着硬领、穿着黑长袍的牧师和他们的太太的画像——都在盯着她的红鞋看。当牧师把手搁在她的头上，讲着神圣的教诲时，她心中只有这双鞋。管风琴奏出庄严的乐章，孩子们用清新甜美的歌喉唱着圣诗，那个年老的圣诗队长也歌唱着——但是凯伦心中只有那双红鞋。

当天下午，老太太得知那双鞋是红的，于是她说，这未免太胡闹、太不成体统了。她还说，从此以后每当凯伦去教堂，必须穿黑鞋子，就算是旧的也不例外。

下个星期日是圣餐日。凯伦看了看黑鞋，又看了看红鞋——又看第二眼红鞋，最后决定穿上那双红鞋。

太阳照得非常耀眼。凯伦和老太太走在乡间的小径上，路被灰尘覆盖着。

教堂门口站着一位残废的老兵，他拄着拐杖，留着山羊胡。这胡子与其说是白的，还不如说是红的，因为长在一起就显出了红色。他把腰几乎弯到了地上，要为老太太擦去鞋子上的灰尘，凯伦也伸出她的小脚来。

“看哪！多么漂亮的舞鞋啊！”老兵说，“你在跳舞的时候穿正合适！”于是他就用手敲了敲鞋底。老太太给他几个银毫，便带着凯伦进了教堂。

教堂里所有的人都盯着凯伦的红鞋，所有的画像也都盯着它们。当凯伦在教堂里屈膝时也只心心念念着她的红鞋，她甚至忘记了唱圣诗，忘记了说祷词。

现在大家从教堂里出来了，老太太坐到她的车子里去，凯伦也抬起脚打算进去，这时那个老兵又说：“看哪，多么美丽的舞鞋啊！”

凯伦抵御不了这样的诱惑：她一定要跳几个舞步！她的脑子刚转了这个念头，她的双腿就跟着跳起来，好像这双鞋指挥了她。她绕着教堂的一角跳——她没有办法停下来。车夫不得不跟在她后面跑，抓住她然后抱进了车子里。不过她的一双脚仍在跳，结果她狠狠地踢倒了老太太。最后他们脱下她的鞋子，她的腿才算消停下来。

在家里，这双鞋子被放在一个橱柜里，但是凯伦忍不住看着它们。

现在老太太病得很厉害，大家都说她好不了了，应当有人看护和侍奉她——这正是凯伦应该做的。不过这时镇里有一个盛大的舞会，凯伦也收到了邀请。她望了望病重的老太太，又瞧了瞧那双红鞋，受不住诱惑，她穿上了红鞋。但她穿上这双鞋后，脚就不听使唤了。当她要向右走的时候，鞋子却向左边跳。当她想要上楼时候，鞋子却向下跳，一直跳到了街上，出了城门。她跳啊跳，停也停不下来，就这样一直舞进了黑森林。

树丛中有一道光，她想那一定是月亮。接着，她看到一张面孔，是那个长着红色山羊胡的老兵。他坐在那里，点着头说："瞧，多么美丽的舞鞋啊！"

她感到害怕起来，想要扔掉这双红鞋子，但是它们紧紧地套在她脚上。她扯下她的袜子，但是鞋还是紧紧地穿在了她的脚上。她不停地舞着，不得不跳过田野和草地，无论下雨还是晴天，无论白天还是夜晚。她跳到一个开放的教堂墓地里去，那儿的逝者都不跳舞。她想在一个长满了苦菊的穷人坟上坐下来，但是她停不下来。她跳向教堂敞开的大门，一位穿白色长袍的天使，他的翅膀从肩上一直拖到脚上，他的面孔庄严而沉着，手中举着一把明亮的宝剑。

"你要跳舞！"他说，"穿着你的红鞋跳舞，直至苍白变冷，直到身躯皱缩为骸骨。你要挨门挨户地跳，去敲那些骄傲自负的孩子们的家门，让他们看到你，害怕你！你要跳舞，跳啊！"

"可怜可怜我吧！"凯伦大声说。

不过她没有听到天使的回应，因为这双鞋把她带出了门。从门口带到了田野上，跳过仓库和石头。她不得不继续跳下去。

一个早晨，她跳过一个眼熟的门口，里面有唱圣诗的声音，一具棺材被抬了出来，上面装饰着鲜花。这时她才知道那个老太太死了，于是她觉得她被所有人抛弃了，被上帝的天使所谴责。

她跳着舞，不得不跳着舞，在漆黑的夜中跳舞。这双鞋带着她跳过荆棘和野蔷薇，这些东西把她刺得流血。她跳过石楠荒地，一直跳到一个孤零零的小屋子前。她知道，这里住着一个刽子手。她用手指在玻璃窗上敲着，呼喊道：

"请您出来，请您出来！我进不去，因为我必须跳舞！"

刽子手说：

"你不认识我？我用斧子砍掉坏人的脑袋。我已经感觉到我的斧子在抖动！"

"请不要砍我的头，"凯伦说，"因为如果你这样做，那么我就不能赎我的罪了，请砍掉我穿红鞋的双脚吧！”

她忏悔了她所有的罪过，刽子手砍掉了她穿红鞋的双脚——那双鞋带着她被斩断的小脚跳过原野，跳入了漆黑的森林。

他为她削制了一双木脚和一副拐杖，同时教给她一首罪犯们常常唱的圣诗。她吻了那曾握着斧子的手，然后向长满石楠的荒地走去。

“我为这双红鞋吃尽了苦头，”她说，“现在我要到教堂里去，好让人们看到我。”于是她就向教堂的大门移去。但是当她到那儿的时候，那双红鞋在她面前跳起了舞，她害怕起来，转身回来了。

她悲伤地度过了整整一个星期，流了许多苦涩的泪水。但是当星期日来临的时候，她说：“我现在受够了苦难！我想我现在跟教堂里坐着的、高昂着头的人一样的好！”

于是她鼓起勇气向教堂走去，但是当她走到教堂门口，她又看到那双红鞋在她面前跳舞。她感到恐惧，不得不转身回去。在路上，她衷心忏悔她的罪过。

她走到牧师的家里去，请他们收留她做一个佣人，她愿意勤勉工作，尽她所能。她不计较薪资，只希望有一个住处，与好人为伍。牧师的太太怜悯她，把她留了下来。她勤勉而用心，夜晚当牧师在高声诵读《圣经》的时候，她就坐下来聆听。这家的小孩子都很喜欢她，不过当他们谈到衣服、排场和美丽物件的时候，她就只是摇头。

第二个星期天，大家全到教堂去了。大家问她是不是也想去，但是她满眼含泪，悲伤地看了看她的拐杖。于是大家就去听上帝的教诲了，她孤身回到她的小房间里去。这房间只能放一张床和一把椅子。在这里，她手捧一本圣诗集坐下来，虔诚地诵读里面的诗句，风把管风琴的音乐从教堂向她吹来，她抬起满是泪花的脸，说：

“上帝啊，帮帮我吧！”

这时阳光明媚，一位穿白色长袍的天使——就是她那晚在教堂门口见到的天使——在她面前出现了。不过他不再握着锋利的宝剑，他拿着一根开满了玫瑰花的绿枝。他用它碰了一下天花板，天花板越升越高；他碰了碰墙，墙向前推移。凡他触及的地方，就有一颗金星闪耀。女孩坐在那里，看到有架管风琴在奏着音乐，墙壁上挂着牧师及牧师太太的古老画像，圣者坐在装饰精致的座位上，唱着圣诗集里的诗——教堂来到这可怜女孩的小房间里了，她的房间变成了一座教堂。

她同牧师的家人一同坐在椅子上。当他们念完了圣诗抬起头来的时候，他们点着头，说：

“这就对了，凯伦！”

“我得到了宽恕！”她说。

管风琴奏出辉煌的乐章，孩子们的歌喉在合唱中分外甜美可爱，清澈温暖的阳光透过窗子，射在凯伦所坐的椅子上来。她的心灵中充满阳光、宁静和欢乐。她的心灵快乐得要爆裂了，她的灵魂随着阳光飞入天堂——那里再也没有谁问起那双红舞鞋。

小意达的花儿

“我可怜的花儿快要死了！”小意达说，“昨天它们还那么美丽，现在所有的花瓣都垂谢凋零。它们为什么会这样呢？”她问一个坐在沙发上的学生，她很喜欢他。他知道最美的故事，而且会剪出最有趣儿的画：一颗心，里面有两位女士在跳舞；漂亮的花儿；气派的大城堡，城堡的门还可以打开。他是个很快乐的学生。

“为什么这些花儿看着这么无精打采呢？”她又问了一次，给他看一束快凋零的花。

“你知道怎么回事儿吗？”学生说，“这些花儿夜里都会参加舞会，所以它们才这么没精神。”

“但是花儿不会跳舞啊！”小意达哭着说。

“啊，是的，”学生说，“当天黑了，我们都睡着了，它们就欢快地跳舞，差不多每晚它们都有舞会呢。”

“花宝宝们能不能参加这种舞会呢？”

“可以的，”学生说，“特别小的雏菊宝宝，还有山谷中的兰花都可以。”

“这些美丽的花朵，都在哪里跳舞呢？”小意达问。

“你恐怕没有经常去城门外，在大城堡边，国王在那里消夏，花园里花朵盛开。你有没有看到天鹅，当你想喂它们面包屑的时候，它们会向你游来？在那里有盛大的花儿舞会，相信我。”

“昨天我和妈妈去那个花园了，”小意达说，“但是那里所有的树叶都落了，一朵花也没有。它们都哪里去了呢？夏天的时候我看到过好多好多花啊。”

“它们在城堡里面呢，”学生回答道，“你一定知道，当国王和所有王室成员进城后，花朵就从花园里跑出去，躲到城堡里去了。你真应该看看：两朵最美的玫瑰，坐在荆棘上，他们就是国王和王后。所有红色的鸡冠花站成两排，丁零作响，挺直又鞠躬，他们是宫廷大臣。然后，所有美丽的花儿都来了，盛大的舞会开始了。蓝色紫罗兰是小海军军官，郁金香和虎兰是年纪大的女士，她们照看舞会，保证一切都符合礼仪。”

“但是，”小意达问，“在国王的城堡里跳舞，难道没有人伤害这些花儿吗？”

“并没有人知道这些事情啊！”学生说，“有时候，城堡的老管家晚上出巡——他不得不这么做。他带着一大串钥匙，一听到钥匙哗啦哗啦的声音，花儿们就会安静下来，藏到长长的帷幔后面，偷偷伸出头来。老管家说：‘我闻见了花的味道。’但是他看不到它们。”

“这真是太棒啦！”小意达大声说，拍着手，“但是我能不能看看这些花儿呢？”

“可以，”学生说，“只是你要记住，当你去的时候，要从窗外往里看，这样你就会看到它们。我今天就是这么做的。在沙发上有一枝修长的黄色兰花躺在沙发上，伸着懒腰，她是位宫廷命妇。”

“植物园的花儿能到那里吗？他们能长途跋涉吗？”

“是的，当然可以。”学生回答道，“如果它们愿意的话，甚至可以飞翔。你有没有见过那些美丽的蝴蝶——红的、黄的、白的？它们看着和花儿一样，它们以前就是花儿。它们从茎上飞下来，飞入空中，好似拍打翅膀一样拍打着它们的花瓣，就这样飞着。因为它们举止得体，所以在白天它们也能飞，而且不必老老实实待在花茎上，最后花瓣变成了真正的翅膀——你自己也见过的。不过，也许植物园的花朵没有到过国王的城堡，它们或许并不知道那里晚上会有欢快的舞会。因此我要告诉你，当你下次到附近那个植物学教授的花园里的时候，一定要告诉其中的一朵花，说在城堡里有一场盛大的舞会。这朵花会告诉另外的花儿，它们就会飞跑着去的。当教授从外面到花园里时，就一朵花也没有了，教授一定会非常吃惊的。”

“但是一朵花儿如何能告诉别的花呢？因为，你知道，花儿是不能讲话的啊。”

“它们当然不行，”学生说，“但是它们会打手势。你没有注意过吗？当微风吹来，花儿就会彼此点头示意，并且会动一动它们绿色的叶子？就像我们能在一起对话一样，它们彼此也能明白的。”

“那么那个植物学教授能明白这些手势吗？”意达问。

“是啊，当然了。有一天早晨他到了花园里，看到一个巨大的刺荨麻站在那里，用绿色的叶子向一朵美丽的红色康乃馨打手势。它在说：‘你这么美丽，我全心地爱着你。’但是教授不喜欢这类事，于是他直接打了刺荨麻一个耳光，打在了它的叶子上，因为叶子就是刺荨麻的手指。但是他也扎着了自己，从那以后他再也不敢碰刺荨麻了。”

“太有趣了！”小意达笑着叫道。

“竟然把这么奇怪的念头灌输到一个孩子的脑子里！”一位评论员恰在这时到小意达家拜访，他正坐在沙发上。他不喜欢那个学生，而且当学生剪出他拿手的、有趣的图片时，他总是嘟嘟囔囔。学生剪的图片有的是一个人悬挂在绞架上，手中捧着一颗心，这表示他是一个偷心的人；有的图片是一个老女巫，把自己的丈夫挂在鼻子上，骑着扫帚飞行。评论员看不惯这些说，“怎么能把这些怪念头灌输到一个孩子的脑子里呢？这都是些愚蠢的空想！”

但是对于小意达来说，学生告诉她的花儿的故事，听起来有趣极了，她琢磨个不停。花朵们垂下来头，是因为它们跳了一晚的舞，非常疲惫。它们可能是生病啦！她捧着花儿到她的玩具那里去，这些玩具被摆在一个漂亮的小桌子上，抽屉里也满是漂亮的玩意儿。

在娃娃床上，躺着她的娃娃索菲亚。索菲亚睡着了，但是小意达对她说："你得起来了，索菲亚。今晚你得躺在抽屉里了，可怜的花儿们生病了，它们需要躺在你的床上，也许这样它们就能恢复健康。"

于是她立刻把娃娃拿了出来。但是娃娃很生气，一言不发——她为不能躺在自己的床上而生气。然后小意达把花儿放在了娃娃的床上，给它们严严实实盖上被子，告诉它们说，它们要一直躺着，直到恢复健康。她会给它们沏茶，这样它们就能变好了，明早又可以抬起头来了。

她把小床周围的帷幔全部拉了下来，这样太阳就不会照在它们的眼睛上。整个晚上她情不自禁地想着学生告诉她的话。当她要上床睡觉前，她不由得探头到窗帘后面，看看窗台上她妈妈的那些花儿还在不在——风信子和郁金香。然后她悄悄说："我知道你们今晚会去参加舞会！"但是花朵们装作什么都听不懂，叶子动也不动一下。但是该知道的，小意达还是知道了。

躺在床上，她想着在国王的城堡里，那些美丽的花儿在跳舞，那场面看起来该有多么美轮美奂！"我的花儿到底有没有去过那里呢？"这样想着，她睡着了。在夜里，她又醒了，她梦见了那些花儿，以及被评论员挑刺的学生。小意达躺在卧室里，周围分外安静。台灯在桌上亮着，爸爸和妈妈已经睡着了。

"不知道我的花儿是不是还躺在索菲亚的床上？"她想着，"我多么想知道啊！"她坐起来一点，看着半掩着的门——里面躺着她的花儿和所有的玩具。她竖起耳朵仔细听，好像从隔壁传来弹琴的声音，轻柔美好，她自己从没有听到过这样的曲调。

"现在所有的花儿一定都在那里跳舞呢！"她想，"哦，我多么想看看啊！"但是她不敢起身，因为她怕打扰到爸爸和妈妈。

"如果它们能进来就好了！"她想。但是花儿们没有进来，优美的音乐继续着。她没法子再忍了，因为这曲调太美了，她爬下她的小床，安静地走向门边，向那个房间里面望去。

天啊，客厅里的情景多么有趣啊！

没有台灯，但是屋子里仍然十分亮堂。月光透过窗子，洒在屋子的中央，把客厅照得仿佛白昼一般。所有的风信子和郁金香在屋子里站成两排，窗前只剩一个空花瓶，里面一朵花儿都没有。地板上所有的花儿都优雅地绕着彼此跳舞，打着完美的圈子，在绕圈时伸出狭长的绿色叶子拉着彼此。但是在钢琴前，坐着一朵大大的黄色兰花，小意达在夏天的时候见过她，因为她记得学生称赞她说，“那朵花多么像丽娜小姐”，他也因此被大家取笑。现在，这朵修长的、黄色的花看起来倒真像那位年轻的女士呢。而且她弹琴的姿态，也和丽娜小姐别无二致——有时将她窄长的、黄色的面庞偏向一边，有时偏向另一边，并且伴着美妙的音乐节奏点着头！没有人注意到小意达。

然后她看到一朵大大的蓝色番红花跳上摆着玩具的桌子中央，走到玩具的小床边拉开了帷幔，那里躺着那些生了病的花儿，但是它们径直跳了起来，彼此点着头，表示它们也很想跳舞。旧的扫烟囱娃娃下嘴唇已经破了，它站起来向美丽的花儿们鞠躬，这些花朵看起来一点都不像生病。它们纷纷向对方跳着舞，非常开心。

忽然，好像有什么东西从桌子上掉到了地上。小意达向那边看去，是榉木棒跳了下去！它看着好像和花儿们是一伙儿的。反正它很整洁。然后一个小蜡娃娃，戴着和评论员几乎一样的宽檐帽，一屁股坐在了它上面。榉树棒用它的三条腿在花儿中间跳啊跳，大力跺着脚，因为它跳的是马祖卡，而其他的花可跳不了这样的舞，因为他们身体太轻盈，不能像那样跺脚。

坐在榉木棒上的蜡娃娃一下变得又大又长，它转头向花儿们说：“怎么能向孩子的头脑里灌输这样的念头呢？这些都是愚蠢的空想！”然后蜡娃娃就变成了评论员的样子，戴着宽檐帽，和他一样脸色发黄、愤怒不已。但是花儿打着了他的细腿，他又开始收缩，变回一个小小的蜡娃娃。这真是太好笑了！小意达忍不住笑了起来。

榉木棒继续跳舞，它有时变得又大又长，有时又像是戴大黑帽子的黄色小蜡人。所有的花儿都对它说着好听的话，尤其是那些曾在娃娃床上躺过的花儿。最后榉木棒停了下来。与此同时，抽屉里传来响亮的敲门声，原来是小意达的娃娃索菲亚，她和其他玩具一起躺在抽屉里。扫烟囱娃娃跑到桌子边缘，肚子冲下平趴着，把抽屉拉开了一点，于是索菲亚抬起身子来，惊奇地看着四周。

“这里一定在举行舞会，”她说，“怎么没有人告诉我呢？”

“你愿意和我跳舞吗？”烟囱清扫工问。

“你可算是跳舞的不错人选！”她回答道，但是她却转身把背朝向他。

她坐在抽屉上，心想肯定会有花儿来邀请她跳舞。但是花儿却没有来。她咳嗽着提醒它们，“咳，咳，咳！”即便如此还是没有花儿上前。烟囱清扫工现在只好一个人跳了，不过他跳得真不赖。

没有花儿注意到索菲亚！她便自己从抽屉上径直摔到了地上，发出一声巨响。听到巨响，花儿们都跑过来，问她是不是受伤了——它们对她非常礼貌，尤其是那些曾躺在她床上的花儿们，但是她一点也没受伤。小意达的花儿们都感谢她舒服的床铺，对她很友善，把她带到有月光照入的客厅中央，和她跳起舞来，其他所有的花儿，在她周围围成一个圈。现在索菲亚高兴极了，她对花儿们说，它们明晚还可以继续用她的小床，她一点都不介意睡在抽屉里。

但是花儿们说：“衷心感谢您的好心，但是我们活不了那么久，明天我们就死了。但是请转告小意达，请她把我们埋葬在花园里金丝雀旁边。这样明年的夏天我们就会复活，并且还会更美丽。”

“不，你们不能死。”索菲亚说，她吻了这些花儿。

然后房门打开了，一大群魅力非凡的花儿涌进来跳舞。意达不能想象它们到底是从什么地方进来的，这些一定是从国王的城堡里来的花儿。先进来的是两朵夺目的玫瑰，它们都戴着金子皇冠，是国王和王后。然后进来了最美丽的康乃馨，它们向四处鞠躬。音乐随之响起。大罂粟和牡丹起劲地吹着豌豆荚，脸儿都憋红了。蓝色风信子和小白雪绒花滴滴响着好似铃铛。真是美妙的音乐！其他花儿都进来了，蓝色紫罗兰和粉色报春花，雏菊和兰花在一起跳舞。花儿们彼此亲吻着，看着妙极了！

最后，所有的花儿互道晚安，而小意达，也悄悄爬上了床，在睡梦中重温她所见到的一切。

第二天早晨她起来后，快步走到小桌前，看看那些美丽的花朵是否还在那里。她把小床的帷幔拉到一边，它们都还在那里，只是都失了颜色，比昨天更甚。索菲亚乖乖躺在抽屉里，她睡得可香啦。

“你还记不记得你想和我说的话？”小意达问。

但是索菲亚看起来很木讷，一句话也没说。

“你一点也不乖！”小意达说，“但是它们还是和你跳了舞。”

然后她取了一个小纸盒，上面画了漂亮的鸟儿。她打开纸盒，把死了的花儿放了进去。

“这就是你们漂亮的小棺材，”她说，“等我的表亲们来拜访我，他们就能帮助我把你埋在外面的花园里，这样明年夏天你们还能长出来，甚至比以前还美丽。”

意达的表亲是两个快乐的男孩，他们的名字是古斯塔夫和阿道夫。他们的父亲送给他们两个新的蝴蝶结，他们戴给她看。意达告诉他们刚刚死去的可怜的花儿的事情，然后他们就出去埋葬这些花儿了。两个男孩儿在先，肩上系着蝴蝶结，而小意达捧着放有死去花儿遗体的盒子跟随在后。他们在花园里掘了一个小坟墓。小意达先亲吻了花儿们，然后把它们和盒子一起放入墓中。阿道夫和古斯塔夫用蝴蝶结向空中射击，因为他们既没有枪也没有礼炮。

天使

每当一个好孩子死去，天堂就会派一个天使来到凡间，伸开他巨大的白色双翼，将死去的孩子抱在怀中，带着孩子飞过所有他生前钟爱的地方。天使还会摘下一大把花，将它们带到万能的上帝面前，好让它们在天堂比在人间更绚丽地绽放。仁慈的上帝把这些花紧紧按在心口，但是他只吻最心爱的那朵花，于是，那朵花就被赐予了歌喉，能加入大家，唱着赞歌。

“你看，我们该把哪些花朵带去天堂栽种呢？”天使问。——这就是一个天使抱着死去的孩子向天堂飞去时所说的话。孩子听到了这些话，仿若在梦中。他们继续飞过小孩曾经玩耍的家里的地方，然后飞过开满鲜花的花园。

现在，在他们脚边，有一株纤长的、美丽的玫瑰花，但是它的花茎已经被一只恶毒的手掐断了，现在所有长满含苞待放的花骨朵的枝条都垂了下来，萎谢了。

“可怜的玫瑰花！”孩子说，“把它带走吧，让它在那边绽放！”

天使就把这朵花带走了，同时还吻了孩子一下，孩子微睁了一下眼睛。他们摘了几朵美丽的花，但也带走了几朵野生三角堇和被人瞧不起的金凤花。

“我们现在可有了花了。”孩子说。

天使点点头，可是他们并没有飞到天堂去。这是个宁静的夜晚。他们停留在这座大城市里。在一条狭窄的街道上，他们飘浮着，街上堆着整垛的干草、尘土和垃圾，因为这是一个搬家的日子。这儿还有破碎的盘子，墙上脱落下来的泥块儿、烂布和旧帽子，这一切看起来可不大体面。

在这堆破烂中间，天使指着一个破花盆的碎片，以及一团从花盆中掉出的泥土。一棵干枯的野花的根把泥块维系在了一起。这棵花已经毫无用处，因此被人抛到街上来了。

“我们要带着这个！”天使说，“我在飞行的时候会告诉你原因。”

“在下面这条窄街一个低矮的地下室里，住着个生病的穷孩子，从小时候起，他就一直卧床不起。身体最好的时候，他可以拄着拐杖在这个小房间里走几个来回——他最多也就如此了。夏天中有几天，太阳光可以射到这个地下室的地面，每次大约几个小时光景。当小孩坐在那儿，太阳光照在他的身上，他就把三根手指伸到面前，望着里面鲜红的血色。他会说：‘是啊，今天他出来了。’他所知道的关于绿色春天的美丽树林，是来自邻家的小儿子带给他第一枝山毛榉的绿枝。他把它举到头上，幻想自己来到了阳光普照的山毛榉树林，那里有鸟儿在歌唱。

“在一个春天的日子，那个邻家孩子又带给他几棵野花。其中有一棵恰巧还带着根。因此这棵花被栽到盆中，放在床边，紧挨着窗子。这棵花是一只幸运的手栽的，因此它就蓬勃地生长起来，抽出新芽，年年开出花朵，成了这个病孩子最美丽的花园，是他在世间的一个小小宝藏。他给它浇水，照料它，尽量使它照得到射进这扇低矮的窗子里来的每一线阳光。这棵花常常被编织到他的梦里，因为它为他开出了花，愉悦了他的双眼，为他散出了芬芳。当上帝召他去的时候，他就是在这棵花面前死去。现在他陪伴万能的上帝已经一年了。在这一年中，这棵花在窗户上完全为人遗忘，悄然萎谢，因此搬家的时候，它被人扔到街上的尘土堆里。我们现在要把这棵可怜的花收进我们的花束里来。因为它给予人的快乐，远胜于王后花园里最名贵的花。”

“但是你是怎么知道这些事儿的呢？”这个孩子问。

“我当然知道，”天使说，“因为我就是那个拄着拐杖走路的病孩子呀！我当然认得我的花！”

孩子睁大了他的双眼，凝望着天使美丽幸福的脸庞，正在这时候，他们进入了和平幸福的地方。上帝把孩子紧紧搂在胸前，孩子就像天使一样，生出了双翼，与刚才的天使拉着手翩翩飞翔。上帝吻着那棵可怜的萎谢了的野花，那棵野花就有了歌喉，与所有天空中飞翔着的天使一起歌唱——有些近，有些绕着大圈子，有些在无垠的远方，但是都同等幸福。他们都唱着歌——大大小小的、善良快乐的孩子们，还有那被扔到窄巷尘土堆上枯萎了的、可怜的野花，大家都唱着歌。

飞箱

从前有一个商人，他非常有钱，他的金子足以铺满一条街，还能有多余的钱铺条小巷，但是他并没有那么做，他知道如何管理钱财。他花一先令，就要赚回五先令，他就是这样一个聪明的商人，一直到死都如此。

他的儿子现在继承了所有的财产。他生活得很快乐，他每天晚上都去参加化装舞会，用线币做风筝，用金币而不是用鹅卵石在海边玩打水漂的游戏。照这种花钱速度，钱很快就会被花光，事实也的确如此。最后，他手里只剩四先令了，没有衣服穿，只有一双拖鞋和一件旧睡衣了。现在他的朋友们再也不愿意和他来往了，因为他不能再跟他们一起逛街。但是他们中有一位朋友，心地善良，送了他一个旧箱子，说："拿去吧！"这人倒是好意，但他已经没有什么可以装箱的了，因此，他坐在了箱子上面。

这是一个很奇特的箱子。有人按住箱子上的锁，箱子就会飞起来。他压着箱子，"嗖"的一下，箱子就带着他穿过烟囱，飞到了云中，越飞越远。但是每当箱子底部发出一点声响，他就万分害怕，也许箱子会四分五裂，那他就会翻跟头被抛出去！箱子带他飞着，来到了土耳其。他将木头箱子藏到了叶子下面，然后就走进了城里。这对他倒不是难事，因为土耳其人和他的打扮一样：所有人都穿着长袍和拖鞋。他遇到了一个牵着小孩的奶妈。

"你好，土耳其的奶妈，"他张口说道，"城边的那座宫殿的窗子怎么那么高？"

"那里住着国王的女儿，"她回答，"有人预言，她会因为爱上一个人而变得不幸。因此，谁也不能接近她，除非国王和王后在场。"

"谢谢您！"他说。他回到了森林里，坐在箱子上，飞到了屋顶，从窗口爬进了公主的房间。

公主正躺在沙发上睡觉，她非常美丽，他情不自禁吻了她一下。公主醒了，她非常吃惊。但他说他是土耳其人的神，从天上来带给她快乐。

他们并肩坐在一起，他给她讲了关于她的眼睛的故事。他告诉她这双眼睛是最美丽、乌黑的湖，思想像美人鱼一样在里面驰骋。他又讲了她的前额的故事，他说这像是一座白雪皑皑山峰，上面有着最壮丽的门厅和图画。他还讲了关于鹳鸟带回可爱的小家伙的故事。

是的，这些都是有趣的故事！他问公主是否愿意嫁给他，公主爽快地回答说"愿意"。

“但是你一定要周六过来，”她说道，“那天国王和王后都会来用茶。他们会非常骄傲地看到我嫁给一位土耳其人的神。但是你要注意，你得准备一个故事，我的双亲都非常喜欢听故事。我母亲喜欢有教育意义且高尚的故事，但是我父亲则喜欢快乐、逗人发笑的故事。”

“好的。我不会带结婚礼物来，但我会讲个故事。”他说完，就和公主分开了。公主给了他一把剑，鞘上绣着金边，这对他非常有用。

他飞走了，用那把剑买了一件新的衣袍，坐在森林里编着故事。他要为周六做好准备，这可不是一件容易的事。

周六来临了，商人的儿子准备就绪。国王和他的妻子以及朝廷里的大臣们都来公主的地方用茶。他受到了亲切的接待。

“你要给我们讲个故事吗？”王后说，“讲个有深远意义又有启发性的故事。”

“没错，但这个故事也要让我们大笑。”国王说。

“当然，”他回答，于是他开始讲故事了，“现在请好好听吧。”

“从前有一把火柴，这些火柴为自己高贵的血统感到特别的自豪。它们的家谱上写着，它们每根火柴都曾是森林里最老的枞树上的根枝。现在火柴们躺在打火匣和铁坩埚间的一个架子上。它们正在给下一代讲述自己年轻时代的故事。‘是的，当我们还是枝繁叶茂之时，’它们说，‘那才真算是在绿枝上！每天早晨和傍晚，我们都会有珍珠茶喝，也就是露珠啦。阳光明媚之时，我们全天都在享受着日光浴，所有的小鸟都来给我们讲故事。我们在盛年之时，视力很好，我们是很富有的，其他的树枝只有在夏天的时候，才穿戴齐整，而我们的家族在冬天也是绿装包裹。但是，伐木的人来了，那是一场重大的变革，我们的家族被破坏了。家族的首领成为了一艘上等船的主桅，只要这艘船愿意，它可以环游世界。其他的枝干去了别的地方，现在我们为平凡的人类点着火焰。这就是出身名门的我们来到厨房里的经历。’

“‘我的命运有些不同，’站在火柴身边的铁坩埚说道，‘从一开始，自打我来到世上，我就多次被洗擦，负责煮饭的工作。我做的是实际的工作，我是第一个来到这座房子里的。我唯一的快乐是饭后坐在我的地盘，和我的同伴们进行明智的交谈。但是除了偶尔被拿到院子里的水壶外，我们总是待在家里。我们唯一的新闻来源是那只老去市场的篮子。但是它一谈到政府和人民的时候，就总是情绪激动。是的，那天有个旧水壶由于惊恐慌，突然掉在地上摔得粉碎。它的言论太过自由，我跟你讲……’‘你的话未免太多了。’打火匣打断道，这时一块铁在燧石上擦了一下，只见星光四射。‘我们不能过个愉快的夜晚吗？’打火匣抱怨说。

“‘没错，我们来谈谈谁最高贵吧。’火柴说。

“‘不，我不喜欢谈论我自己，’水壶反驳道，‘我们还是来开个晚会吧。我来开个头。我讲一个大家都经历过的生活中真实发生的故事，这样我们就都能想象了，还能从中得到快乐。在波罗的海，在丹麦的山毛榉树林边……’

“‘这个开头可真不错！’所有的盘子都大叫起来，‘我们喜欢这样的开头。’

“‘是的，这是我年轻时发生的故事，我居住在一户家具擦得很亮的人家里，那里的地板冲刷得干干净净，每半个月换一次窗帘。’

“‘你讲的故事多么有趣啊！’鸡毛帚说，‘人们一听就知道这是一个女人在讲故事，整个故事中充满了清新的味道。’

“水壶继续讲着她的故事，结尾像开头一样精彩。

“所有的盘子都快乐地舞着，鸡毛帚从灰尘洞里带来了一些绿色的欧芹，将它们当成花冠给水壶戴上，它知道这样会引起其他人的愤怒。‘如果我今天为它戴上花冠，’鸡毛帚想，‘它明天就会为我戴上花冠。’

“‘现在我要跳舞啦，’火钳说着，它们就跳起了舞。天哪！这家伙居然能跷起一只腿来呢！旧的椅垫也冲过来看跳舞。‘我也能戴上花冠吗？’火钳说。果真，它得到了一个花冠。

“‘毕竟它们只是普通的一群人！’火柴想道。

“现在茶缸开始唱歌了。但是她说她伤了风，除非再次烧开，否则不能唱歌。但这恐怕是她的矫揉造作罢了，她其实根本就不想唱歌，她只有在客厅时，和伟大的人类在一起，才会这么做。

“在窗户边，坐着一支羽毛笔，仆人通常用它来写字。这支笔没有什么特别的，它只是常被插在墨水瓶中，但光这一点，就足以让它感到自豪了。‘如果茶缸不能唱歌，’它说，‘它就可以离开了。外面挂着的笼子里有一只夜莺，它能唱歌。它没受过什么教育，但是今天晚上我们不谈这个。’

“‘我想这个主意可不怎么样，’茶壶说道。茶壶是厨房里的歌手，也是茶缸同父异母的兄弟。‘听那只好看的外来鸟唱歌？这算是爱国吗？让上街的篮子评判一下吧。’

“‘我很生气，’篮子说道，‘没人能想象出我有多么的生气。这是消遣夜晚时光合适的方法吗？把我们这个家整顿一下，不是更合理吗？请大家各就各位，我来安排整个游戏。这样，事情才会改变。’

“‘是啊，我们来闹一下。’它们都叫道。这时，门开了，仆人走了进来，它们立即静止不动，谁也不敢说话。但是它们中，没有哪一个壶不知道自己该怎么做，自己是有多么的伟大。‘是的，只要我愿意，’有一只壶心想，‘一定会让这个夜晚变得很愉快。’

“仆人点亮了火柴。天啊！它们发出了劈啪声，变成了火焰！‘现在大家都能看到了，’火柴想，‘我们是头一个。我们多亮啊！看这光！’然后，它们就燃尽了。”故事到这里就讲完了。

“你讲的故事棒极了，”王后说道，“我觉得自己好像身处其境，来到了厨房里，就在火柴身边。是的，现在你可以娶我们的女儿了。”

“是的，当然可以，”国王说，“你周一就可以迎娶我们的女儿。”

他们称呼他为“你”，因为他们已经把他当成一家人看待了。

婚礼的日期已经订了下来。在结婚前一天晚上，整个城市都灯火通明。人们彼此发放着饼干和蛋糕，街上的男孩踮着脚，大叫：“万岁！”他们将手指放在嘴里吹着口哨，真是热闹非凡啊！

“是的，我也应该让大家快乐一下。”商人的儿子想。他买了烟花和炮仗和种种可以想象的鞭炮。他把这些东西都放进了箱子里，飞到了空中。

“啪！”放得多好！声音多么响亮！所有的土耳其人都吓了一跳，他们的拖鞋都飞到了耳朵边上去了。他们从来没有见过这样的火球。现在，他们明白了，要迎娶公主的一定是土耳其的神。

人们都在谈论着什么样的故事啊！他所问起每个人都有自己的一套故事，但人人都往美好的方面期盼着。

“我看见土耳其的神了，”一个人说，“他的眼睛像闪闪发光的星星，胡子像流动的泉水。”

“他穿着一件火外套飞行，”另外一个人说，“最可爱的小天使从他的衣褶里向外窥探。”

是的，他听到的都是他们说的最美好的传说。第二天，他就要结婚了。

现在，他回到森林里，想坐在箱子上。但是发生了什么事呢？烟花中绽放出一缕焰火，将箱子烧成灰烬了。他再也不能飞起来了，也不能迎娶他的新娘了。

公主整日都站在屋顶上等着，她很愿意就这样一直等下去。而他呢，他还在森林里徘徊着，讲着童话故事。这个故事并没有像他讲的“火柴的故事”中的情节那样有趣。

打火匣

大路远处走来一名士兵，正在大步前进，一，二！一，二！他身背军包，腰挎军刀。原来他刚从战场归来，正准备回家。路上，士兵遇到一个巫婆，样子极为丑陋，下嘴唇耷拉到胸部。她说：“晚上好，大兵。多么锋利的刀啊，好大的背包啊，你一定是一个优秀的士兵！你理应获得应有的金钱，想要多少有多少。”

“谢谢你，巫婆！”士兵说。

“看到那棵大树了吗？”巫婆指着旁边的那棵树说，“这棵树里面是空的。你爬到树顶，就会看到树洞，然后走进去。我可以用绳子系住你的身体，只要你叫我，我就可以把你拉上来。”

“我要进入那棵树洞干什么呢？”士兵问道。

“去拿钱。”巫婆回答道，“听我说，进入树洞底后，你会发现自己身处一个光亮的大厅。点燃了三百盏油灯，你会看到三扇门，钥匙挂在门上，可以直接开门。进入第一个房间，你就会看到地板中间放着一个大衣柜，上面蹲着一只狗，狗的眼睛像茶杯一样大。不过你不用太担心。你拿着我给你的蓝色格子花纹围裙，把围裙铺在地板上，迅速起身把狗抓住放在围裙上，然后就可以打开箱子，想拿多少先令，就拿多少先令的钱。那些钱是铜做的。如果你更喜欢白银，就要去第二个房间。那个房间也有一只狗，狗的眼睛像磨盘那么大。不过你仍然不用太担心，像刚才我说的那样把狗放在围裙上，它就不会伤害你。如果你想要金子，那也是可以实现的，而且是能拿多少就可以拿多少，前提是你必须进入第三个房间。但房间里，蹲在钱箱子上狗的眼睛就像圆塔那么大。你可能觉得那条狗很凶猛，但也完全不用害怕。只要把狗放在围裙上，狗就不会咬你了，你就可以随心所欲地拿尽可能多的金子。”

“还不是很糟糕，”士兵说，“但是需要我给你什么呢？巫婆！我想你不会不要任何报酬吧。”

巫婆答复道：“是的，我一个子儿也不要。你只需要帮我把打火匣拿上来，那是我外婆上次下去的时候落在下面的。”

士兵大叫道：“赶快用绳子系住我吧。”

“在这里呢。”巫婆说，“这就是我给你的蓝色格子花纹的围裙。”

于是士兵爬上树顶，然后滑下树洞。正如巫婆说的那样，士兵看到里面三百盏油灯照得大厅灯火通明。

士兵打开第一扇门。啊！看到一只眼睛大如茶杯的狗，正恶狠狠地盯着他。“有你做伴真好！”士兵大喊道。他飞快地把大狗放在巫婆的围裙上，接着大把大把地往口袋里装满先令铜币，再锁上柜子，把狗放回去。

接下来，士兵来到了第二个房间。他看到一只眼睛大如磨盘的狗恶正狠狠地盯着他。“你不要这样紧张地盯着我，”士兵说，“这样会把你眼睛累坏的。”接着就把大狗放在巫婆的围裙上。一看到满柜子的银币，士兵就扔掉了口袋里的铜钱，重新把口袋和背包里装满银币。

接着士兵又进入第三个房间。啊，太吓人了！房间里的那条狗眼睛巨如塔，眼珠直溜溜地像轮子一样转来转去。“晚上好!”他把手举到帽子边上行了个礼。他从来没有见过这么大的狗，不过，他对它瞧了一会儿以后，慢慢镇定下来。他飞快地把狗抱起来放在围裙上，打开箱子。“上帝啊！”真是金山金海啊！有了这些黄金，他可以把整个城市都买下来，把卖糖果女人所有的糖果都买下来，还可以把整个世界的锡兵、马鞭、木马都买下来。

是啊，这里的钱可真是不少。现在士兵又把所有的银币丢掉了，把口袋和背包装满金子。每一个口袋、肩上的背包、甚至靴子和帽子都装上了，摇摇晃晃几乎都没办法走路了。士兵终于有了足够的钱，他把狗再放回箱子上，关上门，冲着树洞口喊道：“快拉我上来，老巫婆。”

“你带打火匣了吗？”巫婆问道。

“该死的！”士兵大喊道，“我忘到脑后了。”

于是他返回去拿上打火匣。

巫婆把士兵拉上来，他再次站在大路上，口袋里、靴子里、背包里还有帽子里都是金子。

“你要这个打火匣做什么呢？”士兵问道。

“和你无关。”巫婆不客气地回复他，“你已经拿到钱，只需把打火匣给我。”

“决不！”士兵说，“赶快告诉我，你拿这个匣子有什么用处，否则我就拔出剑把你的头砍掉。”

“没门儿。”巫婆叫道。于是士兵挥剑砍掉了巫婆的头，她倒在地上死了。士兵拿巫婆的围裙把他钱包裹起来，像包袱一样背着，把打火匣装进口袋，径直向城里走去。

好漂亮的城市啊！士兵住进最大的旅馆，选了最好的房间，点了自己最爱吃的饭菜，因为他现在发财了，有的是钱。替士兵擦鞋的服务生认为这么富裕的先生穿这么破烂的鞋子太不可思议了——原来士兵还一直没有买双新鞋。第二天，士兵买了合适的靴子和漂亮的衣服。大家把城里所有的事情都告诉了他，告诉他关于国王的事情，告诉他国王的女儿是一位非常美丽的公主。

“在什么地方可以看到她呢？”士兵问。

“别人根本都不可能见到她。”人们说，“她住在一间巨大的铜宫里面，由一道道城墙和塔围着。除了国王，其他人休想出入。因为有人预言说公主将会嫁给一位普通的士兵，国王对此难以接受。”

“我应该去见见她，”士兵想道，“但自己未被许可这么做。”他现在过得很快乐，常到戏院去看戏，到国王的花园里去逛逛，还送钱给穷苦的人们。这是一种良好的行为，因为他自己早已体会到，没有钱是多么可怕的事！现在他有钱了，有华美的衣服穿，交了很多朋友。这些朋友都说他是一个难得的人物，一位豪侠之士。这类话使这个兵士听起来非常舒服。但由于士兵每天只花钱不挣钱，最后只剩下两个先令了，他不得不从住的豪华房间里搬出来，住进一间小阁楼里面，自己刷鞋，自己拿针线织补。他的那些朋友也不再来看他，因为要爬很多楼梯太累了。

有一天晚上，天很黑，他连一根蜡烛也买不起。这时他忽然记起，自己还有一根蜡烛头装在那个打火匣里——巫婆让他到那空树底下取出来的那个打火匣。他把那个打火匣和蜡烛头取出来。他在火石上擦了一下，火星冒了出来，房门忽然自动地开了，他在树底下所看到的那条眼睛有茶杯大的狗儿就在他面前出现了。

它说：“我的主人，有什么吩咐？”

“这是怎么回事？”士兵说，“这真是一个不可思议的打火匣。如果我能这样得到我想要的东西才好呢！替我弄几个钱来吧！”他对狗说。于是“嘘”的一声，狗就不见了。

一会儿，又是“嘘”的一声，狗嘴里衔着一大口袋的钱回来了。现在士兵才知道这是一个多么奇特的打火匣，只要他划一下，那只坐在铜钱箱子上的狗就来了；如果擦两下，那只坐在银钱箱子的狗就出来了；要是他划三下，那只坐在金币箱子上的狗也出现了。现在这个士兵又搬回那间豪华的房间里去住，穿起漂亮的衣服来了。他所有的朋友马上又认得他了，并且还非常关心他。

有一次，他想：“如果不能见到公主，那将是多么遗憾的一件事。大家都说她很美。不过，假如她老是独住在那有许多塔楼的铜宫里，那有什么意思呢？我能进去看看她吗？我的打火匣在哪里？”于是他划了一下，眼睛大如茶杯的狗出现了。

“没错，现在是半夜了，”士兵说，“不过我倒很想看一下那位公主，哪怕一会儿也好。”

狗立刻就跑到门外去了，一会儿就背着公主回来了。她躺在狗身上，难怪见过的人都说她是一位真正的公主，因为她实在是太可爱了。士兵忍不住亲吻了公主，狗又带着公主回去了。天亮以后，国王和王后正在喝茶，公主说她在晚上做了一个很奇怪的梦，梦见一只狗和一个兵，她自己骑在狗身上，那个士兵吻了她一下。

“这倒是一个很好玩的故事呢！”王后说。

第二天晚上，一个老宫女守在公主的床边，看看这究竟是怎么回事。

士兵非常想再一次看到可爱的公主。因此狗晚上又来了，背起她，快速跑走了。老宫女立刻穿上套鞋，以同样的速度在后面追赶。她就在狗跑进去的门上用粉笔画了一个大十字，就回去睡觉了。不久狗把公主送了回来。

狗走后，士兵看到自己住的那幢房子的门上画着一个十字，就明白了。他赶紧起来，取出粉笔，在城里所有的门上都画了一个十字。他做得很聪明，这样宫女就找不到正确的门了，因为每道门现在都画上了十字。

早晨，国王、王后、那个老宫女以及所有的官员很早就都来了，要去看看公主所到过的地方。“就是这里！”“不，是这里。”他们见到的每扇门了都画上十字。

王后是一个非常聪明的女人，她不是只会坐四轮马车，还能做一些别的事情。她取出一把金剪刀，把一块绸子剪成几片，缝了一个很精致的小袋，在袋里装满了很细的荞麦粉。她把这小袋系在公主的背上，又在袋子上剪了一个小口，好叫公主走过的路上，都撒上细粉。

晚上狗又来了。它把公主背到背上，带着她跑到士兵那儿去。这个士兵现在非常爱她，他很想成为一位王子，和她结婚。狗完全没有注意到，面粉已经从王宫那儿一直撒到士兵住的那间屋子的窗台上。

早晨，国王和王后看得很清楚，知道他们的女儿曾经到什么地方去过。他们把那个士兵抓来，关进了牢里。

他现在坐在牢里了。唉，那里的环境又阴暗又难受。人们对他说："明天你就要上绞架了。"这可不是什么好玩的事情，更不幸的是他又把打火匣落在住所了。第二天早晨，他从小窗户的铁栏杆里望见许多人涌出城来看他上绞架。他听到鼓声，看到士兵们开步走，所有的人都在向外面跑。在这些人中间有一个鞋匠的学徒，他还穿着破围裙和一双拖鞋。他跑得那么快，连他的一双拖鞋也飞走了，撞到一堵墙上。那个士兵就坐在那儿，在铁栏杆后面朝外望。

"喂，你这个鞋匠的小鬼！你不要这么急呀！"士兵对他说，"在我没有到场以前，没有什么好看的呀。不过，假如你跑到我住的那个地方去，把我的打火匣取来，我可以给你四块钱。但是你得使劲地跑才行。"

这个鞋匠的学徒很想得到那四块钱，所以拔腿就跑，把那个打火匣取来，交给士兵——咦，人们马上就可以知道事情起了变化。

在城外面，一架高大的绞架已经竖起来了。它的周围站着许多士兵和成千上万的老百姓。国王和王后，面对着审判官和全部陪审的人员，坐在一个华丽的王座上面。那个士兵已经站到梯子上来了。当人们把绞索套到他脖子上的时候，他说："一个罪人在接受裁判以前，应该可以提一个无罪的要求，人们也应该让他得到满足——我非常想抽一口烟，而且这可以说是他在这世界上最后抽的一口烟了。"国王对此不可能说"不"，于是士兵拿起打火匣，划着了。一、二、三!突然三条狗都出现了，一条狗眼睛大如茶杯，一条狗眼睛大如磨盘，还有一条狗眼睛大如巨塔。

"快帮帮我，这样我就不会被吊死了。"士兵说。

这时三条狗就向法官和全体审判的人员扑来，拖着这个人的腿，咬着那个人的鼻子，把他们扔向空中好几丈高，他们落下来时都跌成了肉酱。"别咬我啊！"国王大喊道。但最大那条狗咬住他和王后，一个接一个扔出去了。士兵们都害怕起来，人们大喊起来："士兵，你来做我们的国王吧，娶了那个美丽的公主吧。"

于是他们把士兵抬到国王的龙椅上，三条狗也跑上前去，大叫着：“汪汪，汪汪。”男孩子们用手吹着口哨，向士兵敬起礼来。公主从铜宫里出来，成为王后，她非常满意。婚礼持续了一个星期，三条狗坐在桌子上，眼睛睁得比任何时候都大。

荞麦

一场大雷雨过后，当你经过一片荞麦地，常常会发现地里的荞麦又黑又焦，就好像火焰刚刚燎过。这时乡下人就说：“是闪电闪的。”但为什么闪电会落到荞麦头上？我会把麻雀告诉我的话告诉你。麻雀是从一棵站在荞麦地旁的老柳树那儿听来的，棵这棵树现在还站在那儿呢。它是一棵非常引人尊敬的大柳树，不过又老又跛。它树干的正中炸裂了，草和荆棘就从裂口中长出来。这树向前佝偻着，树枝低垂到地面，好似树的绿色长发。

所有的田地四周都种着麦子，不但有裸麦和大麦，也有燕麦——是的，有最好的燕麦。当它们成熟的时候，看着好似许多黄色的金丝雀落在柔枝上。麦子立在那儿，微笑着。它的穗子长得越丰满，它就把身子越发虔诚谦卑地低垂着。

可是还有一块荞麦田，恰恰是在老柳树的对面。荞麦不像别的谷物，它又骄傲又僵直地挺着身子。

“我和那些麦穗长得一样丰满，”它说，“但我漂亮多了——我的花像苹果花一样美，谁看到我和我的花都会觉得赏心悦目。你这棵老柳树，你还见过比我更美丽的东西吗？”

于是老柳树点点头，好像在说：“是啊，再对不过了！”

荞麦自负地挺起身子，说，“愚蠢的树！它老得连肚子里都长出草来了。”

这时一场可怕的风暴到来了。当风暴横扫而过的时候，田里所有的花儿都把叶子收起来，或者低垂下它们细嫩的头，只有荞麦仍然骄傲地直立着不动。

“像我们一样，低下你的头吧。”花儿们说。

“我无须这样做。”荞麦回答。

“像我们一样，低下你的头吧，”各种庄稼大声说，“风暴飞驰而来，它的翅膀从云层一直伸到地面。你还来不及求饶，它就已经把你斩成两段了。”

“对，但是我不愿意弯腰。”荞麦说。

“合上你的花朵，垂下你的叶子来，”老柳树说，“云层炸裂的时候，无论如何都不要望向闪电——连人都不敢这样做，因为在闪电中，人能一直看入天堂，但是闪电会闪瞎人的眼睛。假如人都不敢这样做，我们这些地里的植物会怎样呢？——我们远不如人类。”

“远不如人类！”荞麦大声说，“我倒要瞧瞧天堂。”

它就这样傲慢而自大地做了。电光掣动得那么厉害，好似整个世界都燃烧起来了。

当恶劣的天气过去以后，花儿和庄稼们依旧站立在这被雨水清洗后的宁静纯净的空气中。可是荞麦却被闪电烧得炭黑，它现在看起来好像地里一棵死去的杂草。

那棵老柳树在风中摆动着它的枝条，大颗的水滴从绿叶上滚下，好像树在哭泣。

于是麻雀便问：“你为什么要哭泣？这里的一切是那么令人愉悦。你看太阳照得多美，你看云帆扬得多好。你没有闻到花儿和灌木林散发的清香吗？你为什么要哭泣，老柳树？”

于是柳树就把荞麦的骄傲、自负以及接踵而来的惩罚讲给它们听。

讲故事的我，而我是从麻雀那儿听来的。有一天晚上我求它们给我讲个故事，它们就把这件事情说给了我听。

钟声

民间流传着一句话：“暮钟响起来，太阳下山了。”缕缕奇妙而悦耳的声音飘向这座城市的大街小巷，听起来像是教堂的钟声，但声音断断续续，很快就被街上川流不息的马车声和人群的嘈杂声淹没了。

人们走在大街上，房子被花园或者小块田埂隔开，渐渐地，夕阳映照下的夜晚分外绚丽，远处的钟声愈加清晰起来。这声音就像是从森林深处传来的，人们向钟声传来的方向张望，沉浸在庄严肃穆的气氛中。

过了许久，人们谈论着："或许森林深处有一处教堂呢！教堂的钟声真是优美动听。我们走进森林，近距离瞧瞧是怎么回事吧。"富人们驾着马车出行，穷人们步行前往，但路似乎太长了，总也走不到头。人们来到森林深处的柳树丛时，就坐下来，欣赏这些纤长细嫩的枝条，发觉已经置身于森林深处。城里的糖果店老板也跟出来，支上自己的货摊开始叫卖。不久又来了一位糖果店主，在看台上吊起一座钟作为装饰或标示，但里面没有铃舌，外层涂上一层焦油用来防雨。所有人都返回家后，向人们述说着那里多么浪漫，而且在森林里来一场野餐或茶会是多么与众不同的事情。

其中有三个人宣称自己走到了森林的尽头，能够一直听到那奇妙的钟声，但对他们来说这钟声好像是来自城里。有人特意写了一首诗，描述说这钟声就像是母亲对着年幼孩子的呓呓低语，世上再没有比这更甜美动听的声音了。国王也被这钟声所倾倒，宣告说有谁发现这钟声的发源地，就会被赐予"世界敲钟人"的称号，即使发现的不是一座真正的钟。

为了找到这个地方，许多人涌入森林，但都只带回来一个解释——因为没有人能够足够深入森林尽头，这一个不过是比上一个更远一点儿罢了。不过有一个人说，这声音来自一只体形巨大的猫头鹰，是那种知识渊博的猫头鹰，站在中空的树枝上，不停地用头敲击着树枝。当然这声音具体是发自猫头鹰的头，还是来自树干，没有人敢确定。这个人因此获得"世界敲钟人"的称号，每年都写一篇关于猫头鹰的文章，但人们读后，聪明程度和以前相比没有两样。

在举行坚信礼的那一天，牧师发表了激情澎湃的演说。接受坚信礼的孩子们深受触动，这一天对他们来说意义重大，他们长大成人，从此孩童的思想一去不复返，转而变成成年人的灵魂。那天太阳格外耀眼，孩子们接受过坚信礼后，纷纷出城来，向森林进发，去寻找那座神秘而奇特的钟。所有人都下定决心立刻出发，除了三个人以外。其中一个要回家试试舞会要穿的裙子，因为这舞会和裙子才是自己参加坚信礼的原因，否则也不会来参加坚信礼。另一个穷苦的孩子参加坚信礼的外套和靴子都是从客栈老板那里借来的，需要在特定时间点前归还。第三个孩子说除非父母陪着，自己还从来没有独自去过一个陌生的地方。他一直是家里的好孩子，即使是参加完坚信礼后还是要乖。别人不应该因此而笑话他。不过其他人仍然取笑他。

因此剩下三个孩子没有去，其他人很快就出发了。太阳当头照，鸟儿正歌唱，孩子们也唱起欢歌，大家手挽着手，这样他们任何人都不会比其他人高出一截，所有人在上帝面前都是平等的。

不久两个最小的孩子就由于太累返回城里，两个小女孩也停下来坐着编起花环来。其他人终于来到大柳树旁，旁边坐着糖果店主。他们说道："我们现在到达目的地了。"而事实上这里并没有钟，不过是人们想象出来的罢了。

就在这时森林深处的钟声又响起来，如此清晰与肃穆，以至于有五六个人决定继续往森林深处探寻。森林太茂密了，枝叶层叠不穷，每向前行进一步都十分艰难。木屋顶和银莲花长得极高，盛开的旋花和黑莓丛吊挂在大树间隔的长长的花环上，上面夜莺在歌唱，阳光也调皮地照了进来。这里景色太迷人了，但女孩们却没办法继续前行，她们的衣服都被划破了。前面横亘着巨型岩石，铺满各色厚厚的苔藓，清泉冒着泡泡，咕咕作响。

"这应该不是那座钟吧。"其中一个孩子说道，并趴下来仔细听着，"我需要再仔细研究一下。"男孩自己留下来，让其他孩子继续往前走。

随后他们来到一所小房子前，房子是由树枝和树皮盖起来的，房顶上玫瑰竞相绽放，上面垂下一棵高大的野生苹果树，好像是房屋的守护神。纤长的树茎缠绕着三角墙，上面悬挂着一座小钟。

莫非这就是人们传闻的那座钟？没错，除了一个人外所有人都认为这就是那座钟。他说这座钟太小巧了，怎么可能通过这么远的距离传到人们的耳朵里，而且这钟发出的声音和人们所听到的动人心弦的声音完全不同，说这话的是国王的儿子。其他人都很不屑：“这样的人总是想表现得比其他人更聪明。”

他们就让王子自己独自前行。他越往前走，森林里就越荒僻，但他仍然能够听到让人心旷神怡的钟声，而且有风吹起的时候，他还能听到糖果店主帐篷那边人们边饮茶边唱歌的声音。尽管如此，钟声越来越响，就像有风琴在伴奏一样，这声音是从左边来的——从心所在的那一边来的。树丛里传出沙沙作响的声音，一个小男孩出现在王子面前，穿着木鞋，夹克太短，连胳膊都露出来了。

他们互相都认识，这是其中一个参加坚信礼的男孩儿，他原本不能前来，而是要回家归还店家儿子的夹克和靴子。办完这件事以后，他就穿着木鞋和破旧上衣出来了。这钟声实在深沉而又有种奇特的力量，必须要来看一看。

王子说，“那我们一起往前走吧。”但刚接受完坚信礼的男孩有些害羞，他看着自己的木鞋，扯了扯夹克的袖子，说道：“我担心自己没办法走那么快，而且我认为钟应该是往右边找，因为那里的景色奇美无比。”

“这样的话我们就不能相遇了。”王子说，对这穷孩子点了点头。穷孩子向森林最隐秘、最茂密的地方走去，丛林的荆棘把他本就破旧的衣服钩破了，把他的脸、手和脚划得流出血来。王子也被划破了，但路上阳光明媚。而王子正是我们故事追随的主人公，他的确是一个优秀而又意志坚定的年轻人。

“我一定要找到这座钟，”王子说道，“即使走遍天涯海角也在所不惜。”

相貌丑陋的猿猴蹲在树上，咧着嘴直笑。“我们要不要往他身上扔东西？”它们说，“他可是国王的儿子啊！”

而王子则继续向前，没有丝毫的退却，森林越来越深了，生长着最最美丽的花。这里长着白色的百合，花朵抽出血红的雄蕊格外艳丽。天蓝色的郁金香在太阳的照耀下摇曳多姿。还有苹果树，挂在树上的苹果就像吹起的肥皂泡：试想一下，这些树在太阳光中该是多么光彩耀眼啊！最令人赏心悦目的草地上生长着高大的橡树和山毛榉，小鹿在周围玩耍嬉戏。而树上树皮脱落的地方，慢慢就会在裂缝里长出盘绕的藤蔓植物或小草。而且这里还有辽阔而明净的湖水，上面天鹅悠闲地游来游去，拍打着翅膀。王子不时地停下来，仔细地倾听。起初他认为这些钟声就来自湖底，很快他就断定声音不是来自这里，而是更远的地方，在森林更深处。

太阳西下，晚霞似火。王子身在森林深处，四周静谧安详，他跪下来，唱着黄昏赞歌，说道："我将永远也看不到搜寻这么久的东西，太阳落山了，夜幕降临了——夜晚，漆黑的夜晚。当太阳还未完全消失前，我或许能再看一眼这轮又圆又红的太阳吧。我要爬到崖石上去，因为它比最高的树还要高！"

他顺着树根和藤蔓在阴湿的石壁上攀爬，石壁上水蛇在蠕动，有些癞蛤蟆也在对他呱呱叫。终于，太阳完全落下去以前，他爬了上去。王子站在高处看着火红的太阳，多么壮观的景象啊！还有逐渐开阔、慢慢映入眼帘的大海！波澜壮阔的茫茫大海，汹涌澎湃地向岸边涌来，不断敲打着海岸。太阳悬在海天相接的水平线上，状如一座闪闪发光的祭坛，都融化进这片艳红壮美的色彩。树林在窸窸窣窣地低吟，大海在高亢嘹亮地高歌，他的心也伴着它们一起唱起来。整个大自然汇成了一座宏伟而神圣的教堂：树木与浮云成了它的支柱，花朵与绿叶点缀成它柔软的地毯，天空搭建成它广阔的圆顶。

天空终于抹去太阳最后一道红色，漫天的繁星点亮了夜空，就像点起的千万盏油灯，王子敞开胸怀尽情拥抱着天空、森林与大海。正在此时，那个穿着短袖破旧夹克与木鞋的穷苦孩子从右方走了过来。他是沿着他自己的道路，和王子一样、同一个时刻来到这里的。他们急切地跑向彼此，站在一起，在这大自然与充满诗歌的教堂中相互紧紧握手。而那座看不见的、神圣的钟在他们的上空发出悦耳的声音。幸福的灵魂在教堂的周围起舞，唱起欢乐的颂歌。